Andrew Wommack

Du hast schon alles, was du brauchst!

Du hast schon alles, was du brauchst!

{ Versuche nicht länger, es zu bekommen }

Andrew Wommack

Grace today
VERLAG

Originally published in the USA by

You've Already Got It!

Die Deutsche Nationalbibliothek verzeichnet diese Publikation in der Deutschen Nationalbibliografie; detaillierte bibliografische Daten sind im Internet über https://dnb.de abrufbar.

Bibelzitate, sofern nicht anders angegeben, wurden der *Revidierten Elberfelder Bibel* entnommen. © 2006 SCM R.Brockhaus, Witten. Alle Rechte vorbehalten. Alle Bibelübersetzungen wurden mit freundlicher Genehmigung der Verlage verwendet. Hervorhebungen einzelner Wörter oder Passagen innerhalb von Bibelzitaten wurden vom Autor vorgenommen.

SLT *Bibeltext der Schlachter*, © 2000 Genfer Bibelgesellschaft.
KJV *King James Version.*

Umschlaggestaltung: Harrison House Publishers
Corporate Design: spoon design, Olaf Johannson
Lektorat: Thilo Niepel, Gabriele Kohlmann
Satz: Grace today Verlag
Druck: CPI Clausen & Bosse GmbH, Birkstr. 10, 25917 Leck
Printed in Germany

7. Gesamtauflage 2025

Paperback: ISBN 978-3-95933-220-0, Bestellnummer 372220
E-Book: ISBN 978-3-95933-221-7, Bestellnummer 372221

www.gracetoday.de

INHALT

EINLEITUNG

Die meisten Christen bringen ihr ganzes Leben damit zu, Dingen nachzujagen, die sie schon besitzen – ganz wie der Hund auf dem Titelbild dieses Buches. Ständig bitten sie den Herrn, etwas zu tun – sie zu segnen, zu heilen, zu befreien oder wohlhabend zu machen –, obwohl sie in Wirklichkeit schon alles bekommen haben, wonach sie streben. Sie glauben daran, dass Gott alles *tun kann*, aber noch nicht besonders viel *getan hat* (Vergangenheit).

Doch der Brief an die Epheser wurde aus einer völlig anderen Perspektive geschrieben: In Christus ist bereits alles vollbracht und dem wiedergeborenen Gläubigen gegeben worden. Es ist sowohl schon vollendet als auch bereits unser!

Ein siegreicher Christ strebt nicht nach Sieg, sondern macht vielmehr den Sieg geltend, der durch den Tod, die Grablegung und Auferstehung Jesu Christi bereits errungen wurde. Wir versuchen nicht, eine Schlacht zu gewinnen, sondern wir kehren von einer Schlacht zurück, die bereits gewonnen wurde! Jesus hat gesiegt, und wir setzen seinen Sieg durch (Röm 8,37).

Als Gläubige versuchen wir deshalb nicht, von Gott etwas zu bekommen, sondern kämpfen darum, die vollständige Manifestation dessen zu empfangen, was uns in Christus bereits gehört. Wir versuchen nicht, geheilt zu werden, sondern kämpfen, weil wir schon geheilt worden sind und der Teufel uns diese Heilung zu stehlen versucht. Wir betteln Gott nicht um finanziellen Wohlstand an, sondern kämpfen den guten Kampf des Glaubens, um zu erleben, wie der Wohlstand, der uns schon verliehen wurde, in Existenz kommt. Wir bitten Gott nicht, uns zu segnen, denn er hat seinen Segen bereits auf uns befohlen. Indem wir glauben, dass wir schon alles haben, was wir brauchen, und auch so sprechen und handeln, eignen wir uns an, was der Herr uns zur Verfügung gestellt hat.

Es ist schon vollbracht!

Wenn du verstehst, dass Gott dich bereits gesegnet, geheilt und erfolgreich gemacht hat, beseitigt das jegliche Form gesetzlicher Leistungsmentalität. Du wirst nicht länger mit Gefühlen der Verurteilung und Unwürdigkeit kämpfen, weil du erkennst, dass dir schon alles gegeben wurde. Tatsächlich wurde diese Vorsorge schon lange, bevor es dich überhaupt gab, getroffen. Und da es sich um ein Geschenk handelt (das nicht auf deiner Leistung beruht), hat deine Würdigkeit – oder deren Fehlen – rein gar nichts damit zu tun!

Wie könntest du daran zweifeln, dass Gott dir etwas geben wird, von dem du weißt, dass er es dir schon zur Verfügung gestellt hat? Das ist unmöglich! Das Wissen darum, dass er es bereits vollbracht hat, räumt jeglichen Zweifel aus. Du wirst nicht länger beten: »O Gott, ich weiß, du kannst es, aber würdest du es bitte auch für mich tun?« Du weißt dann, dass es schon vollbracht ist. Die Frage ist lediglich: Wirst du es auch in Empfang nehmen?

Wenn du diese Wahrheiten verstehst und annimmst, wird dich das für vieles, was man heute als Christentum bezeichnet, untauglich machen. Die Aussage, dass Gott heilen, segnen, befreien und Erfolg schenken *kann*, klingt, oberflächlich betrachtet, gut, ist aber bloß die Bekundung einer »Vielleicht-Mentalität«. Das Wort Gottes erklärt: »Gott hat dich schon geheilt, gesegnet, befreit und erfolgreich gemacht.« Kannst du den Unterschied erkennen?

Gottes Versorgung genießen

Dieses Buch enthält die Wahrheiten, die du brauchst, um in Zukunft eine viel größere Auswirkung der Kraft Gottes in deinem Leben erfahren zu können. Sie werden deinen Glauben beleben, dich in deinem Herzen ermutigen und deine Schritte sicher auf seinen Siegespfad lenken.

Dreh dich nicht länger im Kreis, sondern fang an, Gottes überfließende Versorgung zu genießen!

KAPITEL 1

Wie »verzweifelt« ist deine Sehnsucht?

Als ich einmal in einer Gemeinde diente, fiel mir auf, dass der Pastor und seine Versammlung von ganzem Herzen Lieder darüber sangen, wie »verzweifelt« sie sich nach Gott sehnten. Ich möchte hier nicht missverstanden werden, ich mag diese Lieder und ihre Grundaussage. Ich persönlich singe jedoch lieber: »Ich bin verliebt in dich«, anstatt: »Ich sehne mich verzweifelt nach dir.«

Das Wort »verzweifelt« lässt sich auf ein lateinisches Grundwort zurückführen, das »Aussichtslosigkeit, Hoffnungslosigkeit, Verzweiflung« bedeutet. Schau dir einmal folgende Definitionen aus dem Wörterbuch an:

1. rücksichtslos oder gewalttätig aufgrund von Verzweiflung; getrieben, jedes Risiko einzugehen
2. als letzten Ausweg unternommen
3. beinahe hoffnungslos, kritisch, schwerwiegend, z. B. eine lebensbedrohliche Erkrankung
4. gekennzeichnet durch, entspringend aus Hoffnungslosigkeit und diese darstellend; verzweifelnd, z. B. der verzweifelte Blick des Hungers
5. in einer unerträglichen Situation aufgrund von Not oder Angst, z. B. verzweifelt Beachtung brauchend
6. sich in einem Extrem befindend aufgrund von Angst, Gefahr oder großem Leiden, z. B. in verzweifelter Not sein

»Die Synonyme für *Verzweiflung* sind Aussichtslosigkeit, Hoffnungslosigkeit, Verzagtheit, Mutlosigkeit, Niedergeschlagenheit, Entmutigung und Schwermut. Jedes dieser Substantive weist auf einen emotionalen Zustand hin, der durch gesunkenen Lebensmut oder einen Verlust der Hoffnung gekennzeichnet ist. Verzweiflung und Hoffnungslosigkeit betonen das völlige Fehlen von Hoffnung und beinhalten oft ein Gefühl der Machtlosigkeit oder Resignation. Verzweiflung sieht keinen Grund zur Hoffnung, führt aber gleichzeitig zu dem Gedanken, sich wehren zu müssen, was dann oft blindwütig oder rücksichtslos geschieht« (übersetzt aus dem »New American Heritage Dictionary«).

Was meinst du eigentlich damit, wenn du »Herr, ich sehne mich verzweifelt nach dir« singst? Drückst du damit aus: *Herr, ich bin in dich verliebt und will dich mehr als alles andere?* Falls das so ist, ist es in Ordnung. Aber laut Wörterbuch sagst du in Wirklichkeit: *Ich bin verzweifelt wegen dieser extrem unerträglichen Situation. Es gibt keinen Grund zur Hoffnung, aber aus Angst schlage ich trotzdem rücksichtslos und gewalttätig zurück.* Falls du das unter »verzweifelt nach dem Herrn sehnen« verstehst, liegst du damit absolut falsch!

Hungrig?

Es gibt nur einen Grund, warum ein Christ verzweifelt oder hoffnungslos sein kann, und zwar den, dass er nicht versteht, was Gott schon getan hat. Der Herr hat uns bereits gesegnet, geheilt, befreit und erfolgreich gemacht! Er liebt uns, und nichts wird das jemals ändern. Der einzige Grund, hoffnungslos, hilflos und voller Verzweiflung zu sein, besteht darin, nicht zu wissen, wer wir in Christus sind und was wir in ihm besitzen.

Wir brauchen eine vollständige Offenbarung dessen, was Jesus für uns vollbracht hat! Das bedeutet nicht, dass wir nie wieder Probleme haben werden. Aber inmitten dieser Probleme können wir sagen: Vater, du hast für diese Situation schon Vorsorge getroffen, bevor ich diese Not überhaupt hatte. Ich weiß, dass deine Versorgung da ist, und deswegen rücke ich jetzt ganz dicht an dich heran. Danke, dass du mir zeigst, wie sie aussieht! Christen sollten niemals hoffnungslos oder verzweifelt sein.

Was meinst du damit, wenn du singst: »Ich bin hungrig nach Gott«? Wenn du damit den Wunsch zum Ausdruck bringst: *Gott, ich liebe dich und will dich mehr als alles andere!*, dann ist das gut. Wirft man jedoch einen genaueren Blick auf die Wörterbuchdefinition des Wortes »Hunger«, dann liest man dort: »Schmerz, Qual, Leid, Depression und Verzweiflung, die damit einhergehen, dass Bedürfnisse eines Menschen nicht gestillt werden« (übersetzt aus dem »New American Heritage Dictionary«).

Viele Menschen singen: »Gott, ich sehne mich verzweifelt nach dir und ich bin hungrig nach dir«, meinen damit aber: Es geht mir so schlecht. Das Leben ist schrecklich, aber ich suche dich. Du bist meine Antwort und ich glaube, dass du da draußen bist – irgendwo – und dass du irgendetwas tun wirst, um meinen Nöten zu begegnen.« Das ist das genaue Gegenteil dessen, was uns das Wort Gottes offenbart!

»Was stimmt an diesem Bild nicht?«

Besagte Gemeinde hatte gerade ihre Lieder darüber, wie »verzweifelt sehnsüchtig« und »hungrig« sie sei, zu Ende gesungen, als die Menschen auch schon beteten: »O Gott, bei uns muss sich etwas bewegen! Berühre uns! Bitte, Herr, tu etwas Neues!« Ich stand auf, ergriff das Wort und stellte sofort die Frage: »Wie viele von euch sind hungrig nach Gott? Wie verzweifelt ist eure Sehnsucht nach ihm?« Alle Anwesenden applaudierten und gaben ihrer Begeisterung durch Zurufe Ausdruck.

Ich fuhr fort: »In Johannes 6,35 heißt es: ›Jesus sprach zu ihnen: Ich bin das Brot des Lebens. Wer zu mir kommt, wird nicht hungern, und wer an mich glaubt, wird nie mehr dürsten.‹«

»Was stimmt an diesem Bild also nicht?«, fragte ich weiter. »Eben haben hier noch alle gestanden und bekannt, dass sie hungrig und durstig seien. Doch hier heißt es, dass ihr nie wieder Hunger oder Durst haben werdet. Dasselbe erklärte Jesus der Frau am Brunnen: »wer aber von dem Wasser trinken wird, das ich ihm geben werde, den wird nicht dürsten in Ewigkeit; sondern das Wasser, das ich ihm geben werde, wird in ihm eine Quelle Wassers werden, das ins ewige Leben quillt« (Joh 4,14). Schlagartig wurde es so still, dass man eine Stecknadel hätte zu Boden fallen hören können!

Bitte versteh das, was ich hier sage, nicht falsch. Auch ich benutze die Redewendung »hungrig nach Gott werden«, in dem Sinne, dass man ein tiefes Verlangen nach ihm hat. Mein guter Freund Bob Nichols sagt immer: »Solange du mit weniger von Gott auskommen kannst, wirst du das auch.« Man könnte hier jetzt verschiedene Dinge wie Frieden, Freude, Wohlstand usw. einsetzen. Aber eigentlich geht es darum, dass man nach den Dingen Gottes hungern, sie also heftig begehren und sich auf sie fokussieren muss, wenn man sie tatsächlich erfahren will.

Der Herr kommt nicht zu denen, die ihn nur passiv suchen. Man muss ihm mit ganzem Herzen nachjagen.

Denn ich kenne ja die Gedanken, die ich über euch denke, spricht der Herr, Gedanken des Friedens und nicht zum Unheil, um euch Zukunft und Hoffnung zu gewähren.

... Und sucht ihr mich, so werdet ihr mich finden, ja, fragt ihr mit eurem ganzen Herzen nach mir ... — Jeremia 29,11.13

Diese Art Hunger ist gottgemäß.

Wenn du unter »Hunger« jedoch verstehst: O Herr, ich bin einfach so leer. Ich habe keine Freude, keinen Frieden und keine Hoffnung. Gott, wo bist du? Ich sehne mich so verzweifelt nach dir!, dann ist das nicht richtig. Das ist kein Glaube. Doch genau das wird heutzutage im Leib Christi als die »normale« Erfahrung propagiert und als Vorbild hingestellt. Diese Situation kann mit einem Menschen verglichen werden, der vor einem Zwölfgänge-Menü sitzt. Alles, was das Herz begehrt, ist da, doch er schreit unablässig: »Ich bin so hungrig!« Ein solcher Mensch ist nur auf Mitleid aus oder darauf, gefüttert zu werden. Ich persönlich habe keinerlei Verständnis für jemanden, der vor einem solchen Festmahl sitzt und darüber jammert, wie »verzweifelt« er ist. Wenn du Hunger hast, dann iss!

Schöpfe aus deiner Quelle!

Gott hat uns bereits alles gegeben. In jedem wiedergeborenen Gläubigen befindet sich eine Quelle lebendigen Wassers. Wenn wir hungrig und durstig sind, dann liegt das nicht am Herrn. Es geht nicht darum, ihn zu bitten, er möge kommen und uns berühren. Vielmehr ist es an der Zeit, dass wir anfangen, von dem zu nehmen, zu essen und zu trinken, was er uns bereits gegeben hat!

Ich sage hier nicht, dass wir als Christen niemals Probleme haben oder Entmutigung verspüren dürften oder wir immer vollkommen sein und die Realität einfach verleugnen müssten. Natürlich empfinden Gläubige Hunger in dem Sinne, dass sie sich leer fühlen und Gott eine Million Kilometer weit weg zu sein scheint. Aber wenn wir so etwas erleben, dann ist es der falsche Ansatz, zu Gott zu sagen: »O Herr, ich kann deine Liebe einfach nicht spüren. Bitte liebe mich doch! Tu irgendetwas, um mir zu zeigen, dass du dich um mich kümmerst!« Wir könnten dann genauso gut sagen: »Gott, du hast ja überhaupt nichts getan!«, und ihm die Schuld für unser Gefühl der Leere und unseren Hunger geben.

Durch die Offenbarung, die auch in diesem Buch enthalten ist, lernte ich, dass Gott mich ungleich mehr liebt, als ich es jemals begreifen oder auch nötig haben könnte. Er kann mich nicht mehr lieben oder mir noch mehr Liebe geben, als ich schon habe. Das Wissen darüber bewahrt mich schon seit über 50 Jahren vor Depression und Entmutigung.

Es gab Zeiten, in denen ich durch solche Gefühlsregungen in Versuchung geriet. Ich hatte Probleme und in meinem Leben passierten schreckliche Dinge – so wie bei jedem anderen. Bisweilen kamen mir sogar Gedanken wie: *Mensch, steig in deinen Pick-up, fahr einfach los und komm nicht mehr zurück! Ich halte das nicht länger aus! Ich haue einfach ab!* Obwohl ich solche Gedanken hatte, gab ich ihnen nicht nach, weil ich die Offenbarung habe, dass Gott mich liebt und bereits für alles, was ich brauche, Vorsorge getroffen hat.

Anstatt also Hunger, Entmutigung und Verzweiflung nachzugeben, rufe ich mir Gottes Wort ins Gedächtnis. Ich sage niemals: »Herr, so ist die Lage. Jetzt musst du etwas ganz Neues tun, um mich zu berühren. Ich erwarte, dass von dir mal etwas anderes kommt!« Das wäre eine Beleidigung dessen, was er bereits vollbracht hat. Stattdessen bete ich: »Vater, meine Gefühle trügen einfach! In Johannes 6,35 heißt es, dass ich nie wieder Hunger oder Durst haben werde. Ich weiß, dass in meinem Innern Unmengen von Liebe, Freude und Frieden existieren – die ganze Frucht des

Geistes (Gal 5,22–23). Alles, was ich brauche, ist schon da. Deshalb weiß ich, Vater, dass du deinen Teil schon erfüllt hast. Es ist nicht deine Schuld, dass ich durch Depression, Entmutigung und Gedanken der Resignation versucht werde. Es ist meine Schuld, denn ich bin nicht auf dich konzentriert. Ich habe zugelassen, dass sich meine Augen von dir ab- und den Problemen der Welt zugewandt haben.« Dann sondere ich mich einfach einen Tag oder länger ab und faste, bete und suche Gott. Dadurch fördere ich das zutage, was der Herr schon in mir deponiert hat. Anstatt ihn zu bitten, mir etwas Neues zu geben, hole ich das Leben heraus, das er mir bereits gegeben hat.

Aus diesem Grund kann ich dir glaubhaft versichern, dass ich seit über 50 Jahren nicht mehr deprimiert war. Ich bin mit Depression versucht worden. In mir haben sich deprimierende Gefühle geregt. Doch dann treffe ich innerhalb von zehn bis fünfzehn Minuten die Entscheidung, dass ich Depressionen nicht mag und sie nicht haben will. Gott hat mir eine solche innere Freude geschenkt, dass ich mich entscheiden kann, mich allezeit zu freuen (Phil 4,4).

Nicht passiv!

Im Wort Gottes heißt es: »Ich will den HERRN preisen allezeit, sein Lob soll immerzu in meinem Mund sein.« (Ps 34,2 SLT).

Hier ist nicht die Rede davon, »so zu tun als ob, bis man es schafft«. Hier geht es vielmehr darum, das herauszuholen, was sich in unserem Innern befindet.

Dadurch, dass ich die Freude in Anspruch nehme, die Gott in meinem wiedergeborenen Geist schon deponiert hat, konnte ich ein siegreiches Leben führen und auch inmitten großer Widrigkeiten fortwährend Freude und Frieden erfahren. Ich bin zwar mit negativen Empfindungen versucht worden, aber eines wusste ich in meinem Herzen immer: Gott hat seinen Teil bereits erfüllt.

Ich bin nicht passiv geworden und habe nicht gesagt: »Gott, ich warte auf dich.« Genau das machen viele Menschen und werden dann schwach, während sie auf eine göttliche Erscheinung warten. Sie singen in ihren Liedern: »Ich bin so verzweifelt sehnsüchtig und hungrig! O Gott, wo bist du nur? Ich bin ja nur ein armer Pilger auf der Reise, und das Erdendasein ist so elend!« Ich bete stattdessen: »Vater, was ich empfinde, trügt. Du hast diese Situation nicht geschaffen. Dein Wort zeigt mir, dass du mich schon gesegnet hast. Ich preise dich für das, was du getan hast!« Danach konzentriere ich mich auf den Herrn und sein Wort und hole sein überfließendes Leben aus meinem Inneren heraus.

Aus diesem Grund haben sich Entmutigung oder Niedergeschlagenheit bei mir nun schon seit über 50 Jahren immer nur für kurze Zeit halten können. Ich lehne es schlichtweg ab, mich diesen Gefühlen hinzugeben und ihre Auswirkungen in meinem Leben zu dulden. Es ist großartig!

Viele Menschen wünschen sich vergleichbare Ergebnisse, denken aber, der Weg dorthin sei, Gott passiv zu bitten, doch etwas zu tun, und sich dann zurückzulehnen und zu warten. Wenn sich die Dinge dann nicht ändern und der Sieg – Heilung, Wohlstand, Segnungen, Befreiung – sich nicht sofort einstellt, sind sie über den Herrn verärgert und fragen: »Gott, warum tust du denn nicht endlich etwas?« Das ist weit an der Realität vorbei!

Der Herr hat schon alles getan. Wenn du jedoch nicht siehst, dass es Gestalt annimmt, liegt das nicht daran, dass Gott nichts gegeben hätte – du hast bloß nichts empfangen! Begleite mich auf eine Reise, auf der du lernen wirst zu empfangen, was Gott schon für dich vollbracht hat.

KAPITEL 2

Überprüfe deinen Empfänger!

Der Brief an die Epheser wurde aus der Perspektive eines Ereignisses geschrieben, das bereits stattgefunden hat. Paulus beginnt den Brief mit folgenden Bemerkungen:

> *Paulus, Apostel Christi Jesu durch Gottes Willen, den Heiligen und an Christus Jesus Gläubigen, die in Ephesus sind: Gnade euch und Friede von Gott, unserem Vater, und dem Herrn Jesus Christus! Gepriesen sei der Gott und Vater unseres Herrn Jesus Christus! Er* ***hat*** *uns gesegnet mit jeder geistlichen Segnung in der Himmelswelt in Christus …*
> *— Epheser 1,1–3*

Beachte die hier gebrauchte Ausdrucksweise: »Gepriesen sei Gott! Er *hat* uns *gesegnet*« – Vergangenheitsform, es ist schon vollbracht – »mit jeder geistlichen Segnung in der Himmelswelt in Christus.«

Manche Leute wenden jetzt ein: Nun, das bezieht sich nur auf geistliche Dinge in himmlischen Gefilden, aber nicht auf unser persönliches, praktisches Leben. Wir sind eben nur in der Himmelswelt gesegnet worden. Doch in Wirklichkeit ist die Formulierung »mit jeder geistlichen Segnung in der Himmelswelt in Christus« nur ein anderer Ausdruck für die Wahrheit, dass Gott uns bereits mit allem gesegnet hat, und dass sich dieser Segen in der geistlichen Welt befindet.

Alles, was Gott für dich getan hat, ist bereits in deinem wiedergeborenen Geist deponiert worden. Obwohl es sich dort schon befindet, musst du es aus dem Geist heraus- und in die materielle Welt hineinholen.

Wenn Gott dich also schon gesegnet hat, was aus Epheser 1,3 klar hervorgeht, warum bittest du ihn dann dauernd, dich zu segnen? »Also wirklich, Andrew! Das ist doch Wortklauberei!« Nein, das ist ein wirkliches Problem. Der Grund, warum du fortwährend betest, bittest und Gottes Segen suchst, liegt in deinem mangelnden Glauben, dass du bereits gesegnet worden bist!

Schweigen

Wenn ich vor einer Zuhörerschaft predige, drücke ich manchmal einfach jemandem in der ersten Reihe meine Bibel in die Hand. Dann frage ich die Leute: »Was, glaubt ihr, würde ich tun, wenn die Person, die jetzt meine Bibel in der Hand hält, zu mir käme und mich bitten würde: ›Kann ich bitte mal deine Bibel haben?‹« Wie würdest du reagieren, wenn dich jemand um etwas bitten würde, von dem du genau weißt, dass du es ihm bereits gegeben hast? Ich persönlich wüsste nicht, wie ich damit umgehen sollte. Wahrscheinlich würde ich den Betreffenden einfach anschauen und denken: *Du hast schon alles, was du brauchst – worum bittest du mich also? Was soll ich denn sonst noch tun?*

Wie würde jemand auf dich reagieren, wenn du ihn um etwas bitten würdest, das du seines Wissens bereits hast? Wahrscheinlich würde betretenes Schweigen entstehen. Das klingt ganz danach, wie Gott oft auf uns reagiert!

Wir beten: »O Gott, bitte heile meinen Körper!«, hören dann aber rein gar nichts und wundern uns: *Herr, was ist eigentlich los?*

Warum hast du mein Gebet nicht beantwortet? Wahrscheinlich sitzt Gott dann im Himmel, kratzt sich am Kopf und denkt: *Moment mal! Heißt es nicht in 1. Petrus 2,24, dass ihr durch Jesu Striemen geheilt worden seid (abgeschlossene Vergangenheit)? Es ist bereits vollbracht! Ich habe bereits dieselbe Kraft, die Christus von den Toten auferweckt hat, in eurem Innern deponiert (Epheser 1,19–21).* Könnte Gott verwirrt sein, dann wäre er es vermutlich jetzt. Er würde sagen: »Ich weiß, dass ich ihnen diese Kraft schon gegeben habe, aber hier stehen sie nun und bitten mich darum!« So geht man nicht auf Gott zu!

Wir beten auch noch andere unsinnige Gebete wie beispielsweise: »Gott, wir bitten dich zu kommen und in unserem heutigen Gottesdienst bei uns zu sein! O Herr, begegne uns!« Das Wort erklärt eindeutig: »›Ich will dich nicht aufgeben und dich nicht verlassen‹« (Hebr 13,5) und: »Denn wo zwei oder drei versammelt sind in meinem Namen, da bin ich in ihrer Mitte« (Mt 18,20). Gott ist immer mit uns, aber wir beten noch: »O Herr, komm und sei mit uns!«, und: »Herr, geh mit uns, wenn wir diesen Ort jetzt verlassen!« Wie soll Gott solche Gebete beantworten? Weißt du, was wir da tun? Wir lassen uns von unseren fünf Sinnen beherrschen. Weil wir Gott nicht sehen und nicht fühlen und weil noch niemand *in Verzückung* geraten ist, bitten wir Gott zu kommen, obwohl das Wort sagt, dass er bereits da ist.

Gehe auf Empfang

Richtig wäre ein solches Gebet: »Vater, dein Wort verspricht, dass du uns niemals aufgeben oder verlassen wirst, und dass dort, wo zwei oder drei in deinem Namen versammelt sind, eine besondere Gegenwart des Heiligen Geistes herrscht. Vater, wir danken dir dafür, dass du da bist. Wir glauben daran und wollen, dass du sichtbar wirst. Wir wollen nicht, dass sich deine Anwesenheit hier nur auf die geistliche Ebene beschränkt. Wir sehnen uns danach, uns dir so weit hinzugeben, dass du durch Heilung, Befreiung, Freude, Frieden, Errettung und die Taufe im Heiligen Geist in Erscheinung treten kannst. Wir wollen, dass du hier die Freiheit hast, dich auszudrücken und das zu tun, was du tun willst.« Das ist die richtige Art und Weise zu beten, weil man so in Übereinstimmung mit Gottes Wort betet. Wir sagen damit: »Wir glauben an deine Verheißungen, wollen aber, dass sie für uns erlebbare Wirklichkeit werden. Wir sehnen uns danach, dass du aus der geistlichen Welt herauskommst und hier in der materiellen Welt in Erscheinung trittst!«

Das Gebet »O Gott, komm und sei mit uns!« ist falsch. Es sagt nämlich aus, dass du so lange nicht daran glaubst, dass Gott da ist, bis du ihn sehen oder fühlen kannst. Wenn dann plötzlich jemand ausruft: »Ich fühle den Heiligen Geist!«, sagst du: »Jetzt ist Gott da!« Doch er ist nicht gerade erst eingetroffen. Er war schon die ganze Zeit da. Du hast ihn nur eben erst wahrgenommen.

Wo wir uns auch aufhalten, sind wir von Fernsehsignalen umgeben. Egal, ob wir zu Hause, im Auto, am Arbeitsplatz, im Bus oder irgendwo unter einem Baum sitzen, immer sind Fernsehsignale da. Nur weil wir sie mit unseren natürlichen fünf Sinnen nicht wahrnehmen können, bedeutet das noch nicht, dass sie nicht da sind. In der materiellen Welt kann selbst ein Ungläubiger – jemand, der über keinerlei Glauben verfügt – beweisen, dass wir von Fernsehsignalen umgeben sind. Er muss lediglich ein Fernsehgerät anschließen, es einschalten und einstellen.

Der Moment, in dem man das erste Bild sieht, ist jedoch nicht der Zeitpunkt, an dem der Fernsehsender mit der Ausstrahlung beginnt. Die Fernsehsignale waren schon da, bevor das Gerät eingeschaltet wurde. Doch erst, wenn man den Fernsehempfänger eingeschaltet und richtig eingestellt hat, kann man ein Programm auch empfangen; der Fernsehsender allerdings fängt nicht erst dann an zu senden.

Was tust du, wenn du auf deinem Fernsehgerät plötzlich kein Bild mehr siehst? Rufst du dann den Fernsehsender an und bittest darum, dass er den Sendebetrieb wieder aufnimmt? Nein! Du überprüfst erst einmal dein Empfangsteil, indem du auf ein anderes Programm umschaltest. Wenn du noch andere Programme empfängst, nur ein bestimmtes nicht, kannst du davon ausgehen, dass dieser bestimmte Sender nicht arbeitet. Vielleicht gibt es dort ein Problem mit der Sendetechnik. Falls du aber überhaupt kein Bild mehr hast und keinen einzigen Sender mehr empfangen kannst, rufst du bestimmt nicht beim Fernsehsender an. Du weißt dann: *Ich habe ein Problem mit meinem Fernsehempfänger.* Weil tatsächlich in 99 Prozent aller Fälle das Problem beim Fernsehempfänger und nicht beim Sender liegt, überprüft man immer zunächst einmal den Empfänger.

Bete im Glauben

Gott ist derjenige, der den Sender hat. Er ist der Geber aller irdischen und geistlichen Segnungen (Eph 1,3) und hat sie bereits zu uns »ausgestrahlt«. Alles kommt von ihm, nur hat er es bereits übermittelt. Falls wir nicht erleben, dass es in unserem Leben zum Vorschein kommt, liegt das nicht an Gottes Sender. Wir müssen unseren Empfänger reparieren!

Doch die meisten Christen, wenn sie keine Freude empfinden, gehen zum Herrn und fragen: »O Gott, wo ist meine Freude? Was stimmt bloß nicht?« Hast auch du schon einmal das Lied gesungen

»Lass mir wiederkehren die Freude deines Heils«? Es hat zwar eine schöne Melodie, aber der Text stammt aus dem Alten Testament.

Erschaffe mir, Gott, ein reines Herz, und erneuere in mir einen festen Geist! Verwirf mich nicht von deinem Angesicht, und den Geist deiner Heiligkeit nimm nicht von mir! Lass mir wiederkehren die Freude deines Heils, und stütze mich mit einem willigen Geist! — Psalm 51,12–14

David betete dieses Gebet, als er Buße für seine Sünde mit Batseba tat.

Es ist jedoch eine Beleidigung dessen, was Jesus vollbracht hat, wenn ein Glaubender des Neuen Testaments heute sagt: »O Gott, verwirf mich nicht von deinem Angesicht! Bitte verlass mich nicht!« David hatte keinen Bund, der ihm zusagte, dass Gott in jedem Fall zu ihm halten würde. Der alte Bund basierte auf Leistung, und deshalb kam und ging Gott immer wieder. Menschen im Alten Testament waren nicht wiedergeboren. Sie besaßen keine ewige Erlösung, wie sie im neuen Bund beschrieben wird (Hebr 9,12.14). Doch Jesus versprach: Ich will dich nicht aufgeben und dich nicht verlassen (Hebr 13,5), und: »Und siehe, ich bin bei euch alle Tage bis zur Vollendung des Zeitalters« (Mt 28,20). Wenn du von neuem geboren bist und die Gegenwart Gottes nicht spürst, dann zeugt die Tatsache, dass du dieses Gebet Davids betest (»Verwirf mich nicht von deinem Angesicht, erneuere in mir einen festen Geist und nimm deinen Heiligen Geist nicht von mir«) davon, dass dir das Verständnis fehlt, welche Segnungen dir in deinem Bund mit Gott gehören. Du befindest dich in Unglauben – du glaubst nicht an den neuen Bund!

Anstatt in Unglauben zu beten und dich dann zu fragen, warum du keine besseren Ergebnisse erzielst, musst du im Glauben beten! Es ist das Gebet des Glaubens, das den Kranken retten wird (Jak 5,15). Und es ist das Gebet des Glaubens, das dir Befreiung und Freude bringt.

Bete: »Vater, ich kann nicht spüren, dass du da bist. Es gibt im Moment einfach keine greifbaren Anzeichen für deine Gegenwart in meinem Leben. Alles geht den Bach runter. Aber, Vater, dein Wort sagt, dass du mich nie aufgeben oder verlassen wirst, und deshalb weiß ich, dass du hier bist. Was auch immer diese Probleme in meinem Leben verursacht, du bist es jedenfalls nicht. Ich weiß, du hast mich nicht verlassen. Bitte hilf mir zu erkennen, wie es passieren konnte, dass ich mich von dir abgewandt habe. Jetzt, da ich meinen Blick wieder auf dich richte, hilf mir bitte, die Verbindung zu dir wiederherzustellen und das Leben, das du in mir deponiert hast, wieder freizusetzen. Ich weiß, dass dein Heiliger Geist immer noch da ist. Ich weiß auch, dass deine Segnungen noch da sind. Ich glaube daran, dass sie jetzt freigesetzt werden. Ich will mit all den anderen Dingen nichts mehr zu tun haben!« Das ist ein Glaubensgebet!

Verteidige deine Position

Es existiert immer noch ein Kampf. Aber der Kampf besteht darin, fest in dem Sieg zu stehen, den Gott bereits für uns erkauft hat – und nicht darin, loszuziehen, um selber einen Sieg zu erringen. Das ist ein großer Unterschied!

Als ich in der Armee diente, entdeckte ich, dass es viel einfacher war, eine bereits eingenommene Stellung zu verteidigen, als eine neue zu erobern. Wenn man auf einer Hügelkuppe lag und den Vorteil einer Verteidigungsstellung besaß, konnte man sie mit fünf Leuten halten. Aber man benötigte hundert Soldaten, um dieselbe

Stellung zu erobern. Es kostet viel mehr Mühe, etwas zu erobern, das man noch nicht hat, als etwas zu verteidigen, das einem bereits gehört.

Wir müssen glauben, dass wir bereits gesegnet sind (Eph 1,3). Gott hat uns bereits Heilung, Weisheit, Offenbarung, Wohlstand, Freude und Frieden gegeben – alles, was wir jemals brauchen werden!

Genau auf diese Wahrheit gehe ich in meinem Buch »Geist, Seele & Körper« noch tiefer ein. Darin wird anhand von Gottes Wort offenbart, dass unser wiedergeborener Geist schon so perfekt, vollständig und voll von Gottes Segen und Kraft ist, wie er es in alle Ewigkeit nur sein kann.

Ein Drittel unserer Errettung ist schon vollzogen. Unser Geist ist vollständig gerettet. Er ist identisch mit Jesus. Er besitzt seine Freude, seinen Frieden, seine Erkenntnis, seine Liebe und seine Frucht. Alles, was wahr ist in Bezug auf Jesus, ist auch wahr in Bezug auf unseren wiedergeborenen Geist. Es gibt keine Unzulänglichkeiten. Unser Geist befindet sich nicht in dem Prozess, auf diese Dinge hin zu wachsen. Es ist nicht so, als existierten diese Dinge in unserem Geist in Samenform und müssten noch reifen. Nein, sie sind im Geist schon vollständig und ausgewachsen. Wir müssen nur unsere Denkweise erneuern und diesen Dingen erlauben, durch uns in Erscheinung zu treten. Falls du darüber noch keine Offenbarung besitzt, brauchst du sie, um völlig zu verstehen, was ich hier sage.

Gott hat es bereits vollbracht. Das bedeutet nicht nur »im Prinzip«. Das steht nicht bloß irgendwo auf einem Stück Papier; nein, in dem Moment, in dem du wiedergeboren wurdest, fand in deinem Geist eine tatsächliche Verwandlung statt. Jetzt besitzen wir Liebe, Freude, Friede, Geduld, Freundlichkeit, Güte, Treue bzw. Glauben, Sanftmut und Enthaltsamkeit bzw. Selbstbeherrschung

(Gal 5,22–23). Wir sind – hier und jetzt in unserem Geist – mit Jesus identisch (1Joh 4,17; 1Kor 6,17). Dieselbe Kraft, die Christus von den Toten auferweckt hat, wohnt jetzt in uns (Eph 1,19–20). Es ist ungleich leichter, etwas freizusetzen, wovon man weiß und glaubt, dass man es bereits besitzt, als den Versuch zu unternehmen, etwas zu bekommen, was man nicht besitzt.

Wenn wir nicht absolut davon überzeugt sind, dass wir schon alles haben, was wir brauchen, werden wir uns entweder den Gedanken, es niemals bekommen zu können, unterwerfen oder sie zumindest bekämpfen müssen. Wenn wir jedoch erst einmal wissen, dass etwas uns gehört, wie könnten wir dann noch darüber zweifeln, ob wir es bekommen? Das ist einfach und doch so grundlegend!

Eine Grenze setzen

Als meine Frau und ich in den vollzeitlichen Dienst traten, waren wir so arm, dass wir uns nicht einmal ein Hungertuch leisten konnten, an dem wir hätten nagen können. Ich wusste, der Herr hatte uns bereits mit finanziellem Wohlstand gesegnet, aber ich kooperierte nicht mit seinen Gesetzen, um diesen freisetzen zu können. Tatsächlich verstieß ich sogar gegen eine Reihe von Anweisungen aus Gottes Wort. Aus diesem Grund hatten wir wirklich schwer zu kämpfen, bis ich einige Dinge lernte und mein Leben dementsprechend änderte. Gott liebte uns, und wir verhungerten nicht, aber wir gelangten erst dann zu Wohlstand, als wir verstanden, wie Gottes Reich funktioniert, und anfingen zu kooperieren.

Während dieser Zeit besaß ich noch nicht einmal eine vollständige Bibel. Meine Bibel hatte mich während meines Einsatzes im Vietnamkrieg begleitet. Sie war dermaßen zerfleddert und so sehr mit Randbemerkungen übersät, dass man die meisten Passagen kaum noch entziffern konnte. Ganze Bücher hatten sich daraus gelöst und waren verloren gegangen. Da stand ich nun als Pastor dieser kleinen Gemeinde in Segoville, Texas, und hatte noch nicht einmal eine vollständige Bibel!

Ob nun richtig oder falsch, ich traf eine Entscheidung: »Vater, ich muss ab jetzt einfach erleben, dass deine Kraft irgendwo in Erscheinung tritt. Wenn ich noch nicht einmal daran glauben kann, dass du mir genügend Geld für den Kauf einer neuen Bibel gibst, wie kann ich dann glauben, dass du mir die nötigen Mittel für meinen Dienst gibst, sodass ich Menschen zur Errettung bringen kann und sie geheilt, befreit und im Heiligen Geist getauft werden?« Ich erhob die Sache zum Streitpunkt und sagte: »Gott, entweder funktioniert dieser Glaube oder ich werde auf der Stelle sterben. Der Ausgang dieser Schlacht wird darüber bestimmen, ob ich weitermache oder nicht.« Für mich war das nicht mehr verhandelbar.

Ich fing also an zu glauben, dass Gott für eine neue Bibel sorgen würde. Alles in allem brauchte ich sechs Monate, um das Geld für den Kauf zusammenzubekommen! Zwar war diese Angelegenheit für mich von größter Wichtigkeit, aber wir waren einfach so knapp bei Kasse. Manchmal hatten meine Frau und ich zwei, drei Wochen lang so gut wie nichts zu essen – auch als sie schon im achten Monat schwanger war –, einfach nur, weil wir kein Geld hatten. Und ich übertreibe nicht, wenn ich sage, dass ich sechs Monate brauchte, um im Glauben 25 Dollar für den Kauf einer Bibel zu sparen.

Für manche Menschen bedeuten finanzielle Schwierigkeiten, 1000 Dollar auf dem Konto und Rechnungen in Höhe von 1100 Dollar zu haben. Wir besaßen noch nicht einmal ein Bankkonto – geschweige denn Geld zur Einzahlung! An manchen Tagen hatten wir keinen einzigen Cent in der Tasche. Ich sammelte sogar Colaflaschen ein, um an Geld für Benzin zu kommen.

Während dieser ganzen Zeit wurde ich von Satan gequält und hatte permanent gegen Zweifel anzukämpfen. Über sechs Monate hinweg gab es wahrscheinlich keine zehn Minuten, in denen mir nicht Gedanken kamen wie: *Das klappt sowieso nicht. Das schaffst du nie. Du besitzt noch nicht einmal eine Bibel! Du bist mir ja vielleicht ein Mann Gottes!* Ich musste diese Gedanken unterwerfen, indem ich erklärte: »Nein! Im Namen Jesu habe ich meine Bibel schon!« Ganze sechs Monate lang kämpfte ich so gegen diese ständigen, unerbittlichen Gedanken.

Schließlich hatte ich das Geld zusammen. Also ging ich in eine Buchhandlung, kaufte eine Bibel und ließ meinen Namen eingravieren. Sie gehörte mir! Nachdem ich, meine neue Bibel unter dem Arm, die Buchhandlung verlassen hatte, hegte ich nie mehr den geringsten Zweifel, ob ich sie denn überhaupt bekommen würde.

»Aber natürlich! Warum solltest du daran zweifeln, etwas zu bekommen, was du schon hast?« Genau darauf will ich hinaus!

Weißt du, warum du sofort nachdem du gebetet hast: *O Herr, bitte heile mich!*, den Gedanken parieren musst, *Ich werde sowieso sterben*? Weil du nicht glaubst, dass du schon geheilt worden bist. Du glaubst, dass Gott dich heilen *kann*, aber du wartest darauf, dass er es *noch tut*. Das ist falsch! Gott hat seine Heilungskraft schon freigesetzt. Du wartest nicht darauf, dass Gott dich heilt, sondern Gott wartet darauf, dass du von dem Besitz ergreifst, was er bereits vollbracht hat.

Das ist genau wie mit dem Fernsehsignal. Das Signal ist bereits ausgestrahlt worden. Wenn du kein Bild empfängst, liegt das nicht daran, dass Gott nichts überträgt, sondern dein Empfänger funktioniert nicht richtig. Du musst die Bedienungsanleitung – Gottes Wort – zur Hand nehmen und studieren. Finde heraus, wie man dieses »Ding« einschaltet, abstimmt, atmosphärische Störungen herausfiltert und was man tun muss, um den bestmöglichen Empfang zu erzielen.

Sag nicht: »Ich warte auf Gott!« So funktioniert das nicht. »Durch dessen Striemen ihr *geheilt worden seid*« (1Petr 2,24). Gott wartet darauf, dass du glaubst und empfängst!

Seitdem ich das lehre, habe ich erlebt, dass die Anzahl der Menschen, die ihre Heilung empfangen, enorm gestiegen ist. Diese Menschen bitten nicht länger bloß und warten dann darauf, dass Gott es tut. Stattdessen glauben sie an das, was der Herr bereits vollbracht *hat*. Sie ergreifen ihre Autorität und befehlen den Dingen, die ihnen bereits zur Verfügung gestellt wurden, Gestalt anzunehmen. Die Ergebnisse sind großartig!

Mein ältester Sohn, Joshua, wurde eines Tages krank, und es sah so aus, als würde er sterben. Jamie und ich bekämpften die Krankheit, stellten uns ihr entgegen, und schließlich ging es ihm besser. Das wiederholte sich über mehrere Jahre hinweg. Schließlich erlebte ich es wieder einmal, dass ihn diese Krankheit befiel, und befragte den Herrn darüber. Ich betete: »Herr, was stimmt hier nicht?«, er antwortete: »Das Problem liegt darin, dass du kämpfst, um geheilt zu werden, anstatt zu kämpfen, weil du schon geheilt worden bist. Du versuchst Heilung zu bekommen, anstatt die Heilung zu verteidigen, die du bereits besitzt.« Als ich das einmal verstanden hatte, wendeten sich die Dinge komplett.

Kämpfe nicht, um geheilt *zu werden*, sondern kämpfe, weil du geheilt *worden bist*! Kämpfe nicht in dem Versuch, Heilung zu erlangen, sondern kämpfe, um die Heilung zu verteidigen, die dir in Christus bereits zur Verfügung gestellt worden ist!

Erlaube dieser Offenbarung, auf dich zu wirken und deine Einstellung hinsichtlich all dessen, was du vom Herrn empfängst, zu verändern!

KAPITEL 3

Angenommen und erleuchtet

Wie er uns in ihm auserwählt hat [Vergangenheitsform] vor Grundlegung der Welt ... — Epheser 1,4

Gott wollte dich nicht erst in dem Moment, als du ihn um Rettung angerufen hast. Gott sagte nicht plötzlich, als er dich hörte: »In Ordnung! Ich glaube, ich reagiere jetzt einfach mal und sende meinen Sohn.« Nein, er hatte dich bereits erwählt und auch schon Vorsorge getroffen. Die Erlösung war bereits ein vollendetes Werk. Die Errettung wartete darauf, dass du dich im Glauben nach ihr ausstrecken und sie dir aneignen würdest. Zwar musstest du die Entscheidung treffen, daran zu glauben und sie zu empfangen, aber Gott hatte bereits Vorsorge getroffen, noch bevor für dich die Notwendigkeit bestand, schon bevor du geboren wurdest und überhaupt jemals gesündigt hattest!

Wie er uns in ihm auserwählt hat vor Grundlegung der Welt, dass wir heilig und tadellos vor ihm seien in Liebe, und uns vorherbestimmt hat zur Sohnschaft durch Jesus Christus für sich selbst nach dem Wohlgefallen seines Willens, zum Preise der Herrlichkeit seiner Gnade, mit der er uns ***begnadigt*** *[o. angenehm gemacht]* ***hat*** *[Vergangenheitsform]* ***in dem Geliebten****. — Epheser 1,4–6*

Die meisten Christen versuchen, sich durch Dinge wie heilig leben, das Wort lesen, den Zehnten geben, fasten usw. für Gott angenehm oder annehmbar zu machen. Das ist aber, als ließe man vor der Nase eines Menschen eine saftige Wurst baumeln, die er doch nie erreichen kann. Denn jedes Mal, wenn er sie packen will, wird sie sofort weggezogen, sodass er ins Leere greift. Religion hält solche Christen in ständiger Erwartung des Tages, an dem sie von Gott endlich angenommen werden. Sie sind blind für die Wahrheit, dass er sie schon angenommen hat, weil er sie »begnadigt hat in dem Geliebten« (Eph 1,6).

Das griechische Wort, das hier mit »begnadigt« übersetzt wird, ist exakt dasselbe Wort, das in Lukas 1,28 mit »Begnadete« wiedergegeben wird. »Und er [Gabriel] kam zu ihr [Maria] hinein und sprach: Sei gegrüßt, Begnadete! Der Herr ist mit dir.« Epheser 1,6 und Lukas 1,28 sind die beiden einzigen Stellen im gesamten Neuen Testament, wo dieses Wort gebraucht wird. »Begnadigt« zu sein in dem Geliebten bedeutet, dass wir von Gott »Begnadete« sind, bei ihm also höchste Gunst genießen!

Eine vollendete Tatsache

Die meisten Christen glauben nicht, dass die Begnadigung oder Annahme durch den Herrn und seine Gunst und Liebe ihnen gegenüber bereits eine vollendete Tatsache ist. Für sie ist es etwas, wonach sie sich sehnen und was sie einmal zu erlangen hoffen. Sie begreifen nicht, dass sie all das bereits besitzen. Die Wahrheit ist, dass Gott uns liebt und uns nicht noch mehr lieben könnte, als er es bereits tut! Es gibt absolut nichts, was du tun kannst, damit er dich mehr – oder auch weniger – liebt.

Das steht im Widerspruch zu den meisten der heutigen religiösen Lehren. Religion sagt: »Gott liebt dich in Abhängigkeit von deiner Leistung.« Das ist aber nicht wahr! Du bist aufgrund dessen, was Jesus getan hat, begnadigt. Epheser 1,6 erklärt, dass du »begnadigt … in dem Geliebten« bist. Wer ist damit gemeint? Jesus! »In ihm haben wir die Erlösung durch sein Blut, die Vergebung der Vergehungen, nach dem Reichtum seiner Gnade« (Eph 1,7).

Dir wurde bereits vergeben – und zwar vollständig! Jesus hat sich nicht nur deiner vergangenen Sünden angenommen, die du bereits bekannt hast. Am Kreuz hat er für alle deine Sünden – vergangene, gegenwärtige und zukünftige – bezahlt. Das ist die »ewige Erlösung«, die in Hebräer 9,12 offenbart wird. (Falls du das noch vertiefen möchtest: In meinem Buch »Geist, Seele & Körper« habe ich diesem Punkt ein ganzes Kapitel gewidmet.)

Wenn man dich bitten würde, ein Gebet zu formulieren, von dem Christen auch noch in zweitausend Jahren profitieren könnten, wie sähe es aus? Ausgehend von meiner Erfahrung mit Tausenden von Menschen, nehme ich an, dass der heutige Durchschnittschrist so beten würde: »O Gott, bitte gieße deinen Geist auf diese Generation aus! Sende Erweckung und werde in mächtiger Weise aktiv! O Herr, tu in diesen Tagen etwas Neues auf dieser Erde!« Im Grunde genommen hätte das ganze Gebet den Tenor: *Gott, tu etwas!*

Paulus betete das genaue Gegenteil!

Ich gedenke euer in meinen Gebeten, dass der Gott unseres Herrn Jesus Christus, der Vater der Herrlichkeit, euch gebe den Geist der Weisheit und Offenbarung in der Erkenntnis seiner selbst. Er erleuchte die Augen eures Herzens, damit ihr wisst, was die Hoffnung seiner Berufung, was der Reichtum der Herrlichkeit seines Erbes in den Heiligen und was die

überragende Größe seiner Kraft an uns, den Glaubenden, ist, nach der Wirksamkeit der Macht seiner Stärke.
— Epheser 1,16b–19

Es besteht ein gewaltiger Unterschied zwischen unserem Gebet: »O Gott, berühre diesen Menschen doch!«, und dem Gebet von Paulus: »Herr, bitte hilf ihnen zu erkennen und zu verstehen, was du bereits getan hast!«

Wenn wir wissen, was Gott schon getan hat, dann beten wir mit Zuversicht.

Wer reagiert auf wen?

Jesus liebt die Menschen, für die du Fürbitte tust, viel mehr als du. Nicht dein Gebet veranlasst ihn dazu, sie zu lieben und in ihrem Leben aktiv zu werden. Er liebt sie Millionen Mal mehr, als du es jemals könntest! Du kannst die Liebe, mit der Gott die Menschen liebt, für die du betest, nicht einmal annähernd erreichen. Aber wie oft hast du schon für jemanden gebetet und dabei gedacht: *Gott, würdest du diesen Menschen auch nur halb so sehr lieben wie ich, dann würdest du sein Leben berühren!*

Vor über vierzig Jahren betete auch ich so. Während ich für unsere Stadt Fürbitte tat, weinte, wehklagte, bettelte und flehte ich buchstäblich, weil ich dachte, Gott müsse etwas tun, um Erweckung zu senden. Ich steigerte mich in eine solche Hysterie hinein, dass ich mit den Fäusten gegen die Wand hämmerte und schrie: »Gott, wenn du die Menschen in Arlington, Texas, auch nur halb so sehr lieben würdest wie ich, dann hätten wir hier Erweckung!« Doch sobald das über meine Lippen gekommen war, begriff ich, dass mit meiner Theologie etwas absolut im Argen lag.

Ich dachte, Gott würde auf mein Gebet reagieren. Ich glaubte, meine Fürbitte würde ihn dazu motivieren und bewegen, etwas zu tun. Ich malte mir Gott aus, wie er mit verschränkten Armen im Himmel saß, völlig aufgebracht darüber, wie gottlos wir doch waren. Mir kam es so vor, als habe er uns seinen Geist und seine Segnungen entzogen und wir müssten ihn jetzt anflehen, uns sein Herz wieder zuzuwenden. Viele Menschen glauben, dass man so für Erweckung betet, doch das ist völlig falsch.

Bitte missversteh mich nicht – ich bin für Erweckung und alle damit verbundenen Segnungen. Ich bin eben nur anderer Meinung in Bezug darauf, wie wir dort hingelangen.

Tauche ein, schöpfe heraus und setze frei!

Erweckung kommt nicht, indem man den Herrn anfleht, seinen Geist auszugießen. Sie kommt auch nicht durch einen Appell an ihn, er möge doch bitte aktiv werden und etwas Neues tun. Erweckung kommt, wenn wir beginnen, an das zu glauben, was Gott schon getan hat, und in seinem kraftgeladenen, übernatürlichen Leben zu wandeln.

Wenn du jemanden von den Toten auferweckst, einen Blinden sehen lässt, Menschen dienst und ihre Befreiung erlebst – dann wirst du so viel Erweckung haben, wie du nur verkraften kannst!

Auch Jesus bat Gott nicht, seinen Geist auszugießen. Nachdem er mit dem Heiligen Geist erfüllt worden war, tauchte er in ihn ein, schöpfte den Segen heraus, setzte ihn frei und gab den Menschen das, was der Heilige Geist für sie hatte. Alles, was wir als »Erweckung« bezeichnen würden, fand im Dienst Christi auch statt, doch nicht, indem er Gott anflehte und anbettelte, etwas zu tun. Jesus tat einfach das, was sein Vater ihm zu tun aufgetragen hatte!

Natürlich brauchen wir in unserem Land Erweckung. Doch wie kommt sie? Indem man Abermillionen von Christen dazu rekrutiert, in Übereinstimmung zu beten, einmal wöchentlich zu fasten und Gott um Erweckung zu bitten? Nein! Erweckung kommt, wenn wir uns von ganzem Herzen nach dem Herrn ausstrecken, anfangen zu glauben und aus dem schöpfen, was er bereits vollbracht hat, und uns darin bewegen. Wenn du Feuer fängst für Gott, werden die Menschen kommen und zusehen, wie du brennst!

Erkenne und verstehe

Paulus betete nicht darum, dass Gott etwas Neues tun möge. Stattdessen sagte er: »Deshalb höre auch ich, nachdem ich von eurem Glauben an den Herrn Jesus und von eurer Liebe zu allen Heiligen gehört habe, nicht auf, für euch zu danken, und ich gedenke euer in meinen Gebeten, dass der Gott unseres Herrn Jesus Christus, der Vater der Herrlichkeit, euch gebe …« (Eph 1,15–17). Was gebe? Etwas Neues? Eine weitere Ausgießung? Eine brandneue Welle? Nein! Sondern: »… den Geist der Weisheit und Offenbarung in der Erkenntnis seiner selbst« (Vers 17).

Paulus bat nicht um etwas Neues, sondern darum, dass die Offenbarung dessen, was Gott bereits für uns getan hat und jetzt in uns wohnt, zum Vorschein kommen möge!

> *… die er uns [bereits] reichlich gegeben hat in aller Weisheit und Einsicht. Er hat uns ja das Geheimnis seines Willens zu erkennen gegeben … — Epheser 1,8–9a*

Mit anderen Worten: Die Weisheit und Offenbarung, um die Paulus betete, sind jedem Glaubenden bereits gegeben worden. Es ist nur so, dass nicht jeder Christ sie auch empfängt – viele haben ihren Empfänger nicht angeschlossen, eingeschaltet und auf Empfang gestellt.

Paulus betete: »Er erleuchte die Augen eures Herzens, damit ihr wisst, was die Hoffnung seiner Berufung, was der Reichtum der Herrlichkeit seines Erbes in den Heiligen … ist« (Eph 1,18–19a). Gott muss nichts Neues für uns tun. Wir müssen nur erkennen und verstehen, was er bereits getan hat!

Als wiedergeborene Gläubige sind wir durch Christus mehr als Überwinder (Röm 8,37). Wir sind bereits aus einer sündigen, ungerechten und unheiligen Existenz in eine neue Schöpfung verwandelt worden, die in ihm gerecht und heilig ist (2Kor 5,17.21; Eph 4,24). Wir wurden aus der Herrschaft der Finsternis gerettet und in das Reich des Sohnes seiner Liebe versetzt (Kol 1,13). Dieselbe Kraft (Eph 1,19–20), Weisheit (1Kor 1,30) und Salbung (1Joh 2,20), derselbe Sieg (1Kor 15,57) und Glaube (Gal 2,20) und dasselbe Leben, das Jesus hatte, all das wohnt jetzt in uns. Darüber hinaus brauchen wir gar nichts!

Wir brauchen lediglich eine Offenbarung darüber, was wir schon haben! Genau das betete Paulus: Dass die Augen unseres Herzens erleuchtet werden, damit wir wissen, was die Hoffnung seiner Berufung ist; dass wir eine volle Offenbarung unseres Potentials in Christus bekommen, damit wir erkennen, was der Reichtum der Herrlichkeit seines Erbes in uns, den Heiligen, ist!

Richte deine Aufmerksamkeit richtig aus!

Die meisten Menschen stellen sich die Herrlichkeit Gottes als weit entfernt liegend vor. Sie malen sich die Pracht des Himmels aus – Perlentore, Straßen aus Gold, prächtige Schlösser usw. Aber Epheser 1,18 offenbart uns, dass der Reichtum der Herrlichkeit von Gottes Erbe in den Heiligen existiert. Im Vergleich zu dem, was sich bereits in unserem Inneren befindet, verblasst das, was im Himmel ist!

Wahrscheinlich denkst du jetzt: *Das kann doch nicht wahr sein!* Warum? Du schaust in den Spiegel und siehst Pickel, graues Haar, Tränensäcke und dergleichen. Dann untersuchst du deine Gefühlswelt und stellst fest, dass du weder Frieden noch Freude empfindest. Also schließt du daraus: *Hier kann Gottes Herrlichkeit nicht sein. Mit Sicherheit ist sie hier nicht!* Doch Gottes Herrlichkeit befindet sich in deinem wiedergeborenen Geist und nicht in deinem Körper oder deiner Seele!

Deine natürlichen fünf Sinne sind nicht in der Lage, deinen Geist wahrzunehmen. Du kannst ihn auch nicht mit deiner Seele (deiner Persönlichkeit – Verstand, Wille, Emotionen und Gewissen) »fühlen«. Du musst durch Gottes Wort erkennen, wer du auf geistlicher Ebene bist und was du dort hast, und das dann durch Glauben vertrauensvoll ergreifen. Die meisten Christen wissen es zwar nicht, doch Gottes Herrlichkeit befindet sich bereits in ihrem Geist.

Hätten wir eine Offenbarung darüber, dann besäße Depression keinerlei Macht mehr über uns! Wie könnten wir niedergeschlagen bleiben, wenn wir wahrhaftig die Hoffnung unserer Berufung und den Reichtum der Herrlichkeit seines Erbes, die wir hier und jetzt besitzen, erkennen würden? Um depressiv zu bleiben, müssten wir diese Offenbarung ausblenden und ausschließlich unsere Umstände und andere negative Dinge in der materiellen Welt betrachten. Wenn wir jedoch unsere Aufmerksamkeit darauf richten, wer wir in Christus sind und was wir in ihm haben, und erkennen, dass alles bereits »unter Dach und Fach« ist und die Herrlichkeit, die wir für alle Ewigkeit erleben werden, bereits in uns weilt, wird uns jegliche Depression verlassen und wir fangen an, den Sieg zu genießen. Das wird selbst die Steine jubeln lassen!

KAPITEL 4

Seine Kraft in dir

Paulus betete dafür, dass wir verstehen würden:

> *... was die überragende Größe seiner Kraft an uns, den Glaubenden, ist, nach der Wirksamkeit der Macht seiner Stärke. Die hat er in Christus wirksam werden lassen, indem er ihn aus den Toten auferweckt und zu seiner Rechten in der Himmelswelt gesetzt hat, hoch über jede Gewalt und Macht und Kraft und Herrschaft und jeden Namen, der nicht nur in diesem Zeitalter, sondern auch in dem zukünftigen genannt werden wird. Und alles hat er seinen Füßen unterworfen und ihn als Haupt über alles der Gemeinde gegeben, die sein Leib ist, die Fülle dessen, der alles in allen erfüllt. — Epheser 1,19–23*

Gott möchte, dass wir die überragende Größe seiner Kraft an uns, den Glaubenden, erkennen. Es ist dieselbe Kraft, mit der er Jesus Christus von den Toten auferweckt hat!

Hast du den Herrn schon einmal um mehr Kraft gebeten? Woher glaubst du, nimmt er sie? Epheser 1,19–20 macht deutlich, dass du dieselbe Kraft, die Jesus Christus von den Toten auferweckt hat, bereits in dir hast. Die Auferstehung Christi von den Toten war die größte Manifestation der Kraft Gottes überhaupt!

Jesus von den Toten aufzuerwecken, erforderte mehr Kraft, als das Universum zu erschaffen, das Rote Meer zu teilen und alles andere, was Gott jemals vollbracht hat. Wenn man die Freisetzung von Gottes Kraft auf einem Messinstrument ablesen könnte, dann hätte der Zeiger garantiert den maximalen Ausschlag gehabt, als Christus von den Toten auferweckt wurde. Warum? Satan und alle seine Dämonen unternahmen ihr Möglichstes, um die Auferstehung zu verhindern – doch sie scheiterten!

Vernichtet!

Ich besuche eine große Gemeinde, die zu Ostern immer prächtige Festspiele veranstaltet. Darin gibt es z. B. eine Szene, in der der Teufel Jesus auf dem Berg der Versuchung massiv unter Druck setzt. Danach taucht er in der Menge auf, als die Menschen im Sprechchor schreien: »Kreuzigt ihn!« Dann, nachdem Jesus gestorben und ins Grab gelegt worden ist, stehen der Teufel und all seine Dämonen vor dem Grab und stemmen sich gegen den Stein. Obwohl sie mit aller Macht versuchen, die Auferstehung zu verhindern, gelingt es ihnen nicht. Plötzlich kommt es zu einer Explosion. Rauch quillt hervor, der Stein fällt nach vorn und begräbt den Teufel unter sich, dann schreitet Jesus triumphierend aus dem Grab und steht in Siegerpose auf dem Stein.

Obwohl diese Inszenierung eigentlich nicht dem wirklichen damaligen Geschehen entspricht, so stellt sie in symbolischer Form doch exakt die geistliche Wahrheit dar. Satan tat alles, was er konnte, aber seine Kraft war im Vergleich zur Kraft Gottes einfach nichtig. Die Auferstehung Jesu Christi ist die großartigste Demonstration der Kraft Gottes überhaupt!

Und du hast dieselbe Kraft, die die Toten auferweckt, in deinem Inneren! Sie befindet sich nicht irgendwo da draußen im Himmel. Sie ist in dir drin – in deinem von neuem geborenen Geist. Du brauchst nicht mehr Kraft. Du musst nur daran glauben, dass du sie schon besitzt, und zunehmend entdecken, wie sie funktioniert. Finde heraus, nach welchen Gesetzen die Kraft Gottes funktioniert, und setze sie dann in die Praxis um.

Wenn du diese Offenbarung bekommst, macht sie dich für das Gros religiöser Traditionen, die heute im Umlauf sind und sich als Christentum maskieren, völlig untauglich.

Befehlshaber, keine Bettler

Mit Sicherheit wird diese Offenbarung auch deine Art zu beten verändern! Du wirst aufhören, Gott anzuflehen und zu sagen: »O Herr, ich bin ein Nichts. Ich habe nichts, aber ich glaube, dass du alles tun kannst. Komm und handle bitte!« Stattdessen wird dich eine kühne, dem Neuen Testament entsprechende Haltung zu der Aussage veranlassen: »Aus mir selbst heraus bin ich nichts. Ich besitze keinerlei Tugend und Wert, die sich auf meine eigenen menschlichen Fähigkeiten gründen könnten. Aber ich habe einen Bund mit dir, Vater. Ich bin eine völlig neue Schöpfung, und in meinem wiedergeborenen Geist besitze ich dieselbe Kraft, die Jesus von den Toten auferweckt hat. Du sagst in deinem Wort, dass jeder, dem ich die Hände auflege, geheilt werden wird – und ich glaube daran!« Dann wirst du aufstehen, deine Autorität ergreifen und anfangen, der Kraft Gottes zu befehlen und sie freizusetzen.

Genau das machte Petrus, als er an der Tempelpforte den gelähmten Mann fest ansah. Petrus war sich der Kraft Gottes, die in ihm war, bewusst und erklärte: »… was ich aber habe, das gebe ich dir: Im Namen Jesu Christi, des Nazareners, steh auf und geh umher!« (Apg 3,6 SLT). Danach bückte er sich, ergriff den Mann bei der Hand und richtete ihn auf. Sofort wurden die Füße des Mannes gestärkt und er konnte gehen und hüpfte und pries Gott (Apg 3,7–8).

Petrus erklärte: »Was *ich* aber habe«. Er bezog sich dabei nicht auf seine eigene menschliche Stärke, sondern auf die Kraft Gottes in seinem wiedergeborenen Geist, die Tote auferweckt. Heutzutage würde man für eine solche Aussage aus den meisten Gemeinden rausfliegen. Man würde einwenden: »*Du* kannst gar nichts tun!« Natürlich nicht – nicht aus unserem natürlichen körperlichen Ich heraus. Doch in unserem wirklichen Ich – unserem von neuem geborenen Geist – haben wir Gottes Auferstehungsleben bekommen!

Das Verständnis dieser Tatsache wird dich in einen Befehlshaber verwandeln. Du wirst Gott nicht länger nach dem Motto anbetteln: »Der Arzt hat mir gesagt, dass ich sterben werde und ich kann nichts dagegen tun. O Gott, bitte heile mich!«, um dann einfach nur noch wie ein Häufchen Elend dazusitzen und den Herrn weiter anzuflehen, doch etwas zu tun. Wenn du so betest, zeigt das, dass du keinerlei Offenbarung darüber hast, dass dieselbe Kraft, die Jesus Christus von den Toten auferweckt hat, jetzt in deinem Inneren wohnt. Dieses Verständnis wird dich von einem Menschen, der nörgelt, sich beschwert, quengelt und jammert, in einen Glaubenden verwandeln, der seine Autorität ergreift, einen festen Stand einnimmt und an Satan die klare Forderung stellt, nicht länger zu stehlen, was Gott gegeben hat. Das ist eine völlig andere Haltung!

Anstatt sich von Angst gelähmt in einer Ecke zu verstecken und zu beten: »Gott, bitte schaff mir den Teufel vom Hals!«, wirst du dastehen und fragen: »Wo ist er? Sollte er wagen, sein hässliches Gesicht hier zu zeigen, dann werde ich ihn bis aufs Blut bekämpfen, denn ich besitze Autorität und Kraft!« Das ist nicht nur ein emotionaler Unterschied, sondern wird sich auch in handfesten Resultaten zeigen!

Überlegene Feuerkraft

Kurz nach meiner Ankunft als Soldat in Vietnam gerieten wir in einen heftigen feindlichen Angriff. Wir standen keinen Guerillakämpfern gegenüber, sondern gut ausgerüsteten, von Kommunisten ausgebildeten Nationaltruppen. Fünftausend von ihnen hatten die Bergkuppe umzingelt, auf der nur 120 von uns US-Soldaten stationiert waren. Deshalb bestand für uns »Alarmstufe Rot«, was zur Folge hatte, dass die gesamte Truppe während der Nacht wach bleiben und die Stellung halten musste, anstatt in normalen Wechselschichten Wache zu schieben.

Dennoch blieb ich in der ersten Nacht allein auf dem Posten, weil alle meine Kameraden eingeschlafen waren. Ich hatte sie zwar auf die ausgerufene Alarmstufe hingewiesen, aber sie ignorierten es einfach. So blieb ich die ganze Nacht als Einziger wach. In der folgenden Nacht allerdings war ich zu müde, um das zu wiederholen, und bestand jetzt meinen Kameraden gegenüber darauf, dass sie mit mir aufzubleiben hatten.

Schließlich machte einer von ihnen die Bemerkung: »Du musst hier neu sein!« Als ich das bestätigte, lachten sie nur und erklärten mir dann, wie überlegen unsere Feuerkraft im Vergleich zu der des Feindes war. Jedes Mal, wenn die gegnerischen Soldaten aus ihren Löchern hervorkamen, löschten wir sie innerhalb von wenigen Minuten buchstäblich aus. Meine Kameraden beschrieben mir die verschiedenen Waffensysteme, über die wir verfügten, und wie ungemein schlagkräftig sie waren. Während dieser Alarmstufe Rot kreiste die ganze Nacht über ein »Huey«-Kampfhubschrauber über unseren Köpfen. Ein einziges Kaliber-50-»Minigeschütz« auf diesem Helikopter konnte eine Fläche von der Größe eines Fußballfeldes mit Salven im Fünfzehnzentimeterabstand belegen – und allein schon die Druckwelle, die ein solches Kaliber verursacht, kann einen Menschen töten, wenn das Geschoss zwei Handbreit an seinem Kopf vorbeifliegt. Die ungeheure Überlegenheit unserer Waffen überwältigte mich. Und schon bald darauf war auch ich mit den anderen eingeschlafen.

Die Angst, die ich in dieser Situation empfand, resultierte aus meiner Unwissenheit. Sobald ich aber einmal wusste, was wir hatten, verließ mich die Angst, und Zuversicht stellte sich ein. Natürlich blieb ich weiterhin wachsam, umsichtig und weise, doch jetzt konnte ich ausruhen. Obwohl ich nicht gerade »kampfeslustig« war, so dachte ich doch: *Wenn wir schon kämpfen müssen, dann zu unseren Bedingungen!* Dieser Feind sollte sich nur unterstehen, uns anzugreifen!

Mach deshalb Schluss mit dem Quengeln, dem Jammern, den Beschwerden und dem Betteln bei Gott! Finde heraus, was Jesus bereits vollbracht hat, und lerne, wie man es freisetzt! Wenn du dann zunehmend wie der Befehlshaber handelst, als der du von neuem geboren wurdest, wird Zuversicht die Angst ersetzen!

Die Mehrheit regiert

Eigne dir Paulus' Gebet an und sprich: »Vater, ich habe davon nur eine leise Ahnung, aber ich brauche eine Offenbarung! Öffne die Augen meines Herzens und hilf mir, die Hoffnung meiner Berufung in dir zu erkennen. Erleuchte mich, damit ich den Reichtum deiner Herrlichkeit und die überragende Größe deiner Kraft erkenne, die Tote auferweckt, und die du in meinem wiedergeborenen Geist deponiert hast. Vater, bitte schenke mir eine Offenbarung dessen, was ich bereits besitze!«

Bete also nicht: »O Gott, gib mir mehr, als ich bereits habe! Ich habe einfach nicht genug! Ich weiß, du vermagst alles und ich gar nichts.« Das trifft auf dein fleischliches Ich zu, wenn man deinen wiedergeborenen Geist außer Acht lässt. Aber du bist nicht nur fleischlich! Ein Teil von dir wurde von neuem geboren und birgt schon jetzt das volle Leben, den vollständigen Sieg und die ganze Kraft Christi in sich.

Genau in diesem Moment bist du in deinem Geist wie Jesus. Hier und jetzt bist du in deinem Geist exakt so, wie du für alle Ewigkeit sein wirst. Du brauchst nichts Neues von Gott! Du brauchst nur eine Offenbarung dessen, was er bereits vollbracht hat.

Wir bestehen aus drei verschiedenen Teilen: Geist, Seele und Körper (1Thes 5,23). Unser wiedergeborener Geist ist ganz genauso wie Gott und immer für Gott (Eph 4,24; 1Kor 6,17; 1Joh 4,17). Wenn unsere Seele – unser mentaler, emotionaler Teil – erneuert wird und das glaubt, was Gottes Wort zufolge in unserem Geist ist, werden wir das Leben und die Kraft Gottes in uns erfahren (Geist + Seele = 2 gegen 1). Wenn sich andererseits jedoch unsere Seele mit unserem biologischen Körper eins macht, werden wir das Leben und die Kraft Gottes, die in uns sind, in der natürlichen Welt nicht ausleben können (Seele + Körper = 2 gegen 1). Die Mehrheit regiert!

Wenn du dich von deiner Sinneswahrnehmung beherrschen lässt, wird sich deine Seele mit deinem Körper eins machen und den Fluss von Gottes Leben und seiner Kraft in dir zum Stillstand bringen. Wenn du deine Gedanken ausschließlich von deinen fünf Sinnen kontrollieren lässt, sagst du dir: *Wenn ich die Auferstehungskraft Gottes wirklich in mir hätte, würde ich das fühlen. Da ich aber rein gar nichts fühle, kann ich sie auch unmöglich haben!* Aus diesem Grund hat die übernatürliche Kraft Gottes, die sich in deinem auferstandenen Geist befindet, keine Chance, sich in der natürlichen Welt auszuwirken.

Trockne die Tränen

Denn ich denke, dass die Leiden der jetzigen Zeit nicht ins Gewicht fallen gegenüber der zukünftigen Herrlichkeit, die ***an*** *uns offenbart werden soll. — Römer 8,18*

Beachte, dass diese Herrlichkeit nicht *uns* offenbart werden wird, sondern vielmehr *an uns*. Es ist nicht so, dass wir eines Tages im Himmel ankommen und Gott uns dann plötzlich seine Herrlichkeit verleiht. Nein, tatsächlich werden wir bloß nicht länger fleischlich denken, wenn wir in den Himmel kommen. Dann erst sind wir in der Lage, vollständig zu verstehen, was bereits in uns war!

Deshalb wird Gott auch unsere Tränen trocknen müssen. Das sind jedoch keine Tränen der Trauer darüber, dass nur so wenige Menschen in den Himmel kommen. Nein, wenn wir im Himmel einmal die volle Offenbarung darüber empfangen, was wir bereits auf der Erde besessen haben, dann werden wir darüber weinen, wehklagen und mit den Zähnen knirschen, dass wir dem Teufel erlaubt haben, uns derart zu bestehlen. Eingeschüchtert durch die Lügen Satans, bettelten und flehten wir Gott an, das zu tun, was er bereits getan hatte. Wir glaubten nicht, dass er schon alles vollbracht hatte und lebten weit unter dem Niveau der Privilegien, die wir in Christus besaßen. Ohne den geringsten Grund erlaubten wir dem Teufel, uns zu misshandeln. Deshalb werden wir im Himmel erst einmal weinen und wehklagen. Dann wird der Herr uns übernatürlich trösten müssen, damit wir in der Lage sind, unseren Aufenthalt im Himmel zu genießen.

Das ist eine vollkommen andere Denkweise. Ich treffe ständig Menschen, die dermaßen deprimiert, entmutigt und niedergeschlagen sind, dass sie an dem, was ich sage, Anstoß nehmen. Sie denken, ich sei unsensibel, ohne Mitgefühl und wüsste nicht, was Leiden bedeutet. Ich möchte hier dem Teufel keine Ehre erweisen, indem ich alle meine Probleme aufzähle, doch bin ich selbst schon so tief durch Dinge verletzt worden, dass ich ernsthaft annahm, ich würde die kommende Nacht nicht überleben. Ich habe schon viele Dinge erlebt, die menschlich gesehen weit über die Grenze meiner Belastbarkeit hinausgingen. Doch hier stehe ich heute, lebendig und wohlbehalten! Was mich durch all das hindurchgebracht hat, waren die Wahrheiten, die ich dir hier mitteile.

Die gefühlsduselige Wohlfühlphilosophie der Welt hat das heutige »Christentum« infiltriert. Viele Menschen schwelgen lieber in ihrem Schmerz, als ihn zu überwinden. Sie nehmen lieber das Mitleid anderer entgegen, deren Umarmungen und das Schulterklopfen, mit dem sie darin bestätigt werden, dass »alles schon ein Elend« ist, als aus dem Schmerz herauszukommen. Manche Menschen suchen intensiver nach solch einem momentanen »Trost« als nach einer wirklichen Lösung, die sie auf lange Sicht freisetzen würde.

Die Antwort

Was ich hier mitteile, ist nicht unsensibel. Es ist die Antwort. Nur die Wahrheit, die du erkennst, wird dich frei machen (Joh 8,32). Satan benutzt deine Unwissenheit im Hinblick auf Gottes Wort, um dich in Knechtschaft zu halten. »Mein Volk kommt um aus Mangel an Erkenntnis« (Hos 4,6). Was du nicht weißt, bringt dich um!

Ich verstehe, dass Menschen Probleme haben. Nicht jeder glaubt auf vollkommene Weise und handelt auch immer dementsprechend. Ich habe durchaus Mitleid mit jemandem, der in Schwierigkeiten gerät. Falls das auf dich zutrifft, wäre die richtige Reaktion zu sagen: »Vater, es ist wahr. Durch den Tod, die Grablegung und die Auferstehung Jesu Christi hast du mir schon alles, was ich brauche, zur Verfügung gestellt. Es befindet sich hier und jetzt in meinem wiedergeborenen Geist. Deshalb stehe ich im Namen Jesu auf und glaube dir. Ich fasse den Herzensentschluss, mir anzueignen, was mir rechtmäßig gehört, um aus dieser Misere herauszukommen!« Das ist die richtige Reaktion!

Falls du immer noch lieber leidest und das Mitleid anderer Menschen in Anspruch nimmst, solltest du jetzt den Daumen aus dem Mund nehmen und endlich erwachsen werden! Sitz nicht bloß mit einem traurigen Gesicht herum! Fang an zu erkennen, was Jesus schon für dich getan hat.

Ich verfolge die Absicht, zu helfen, und nicht, zu beleidigen oder zu verletzen. Aber unser heutiges passives sogenanntes Christentum steht so sehr im Widerspruch zu dieser Wahrheit, dass viele Menschen an den Dingen, die ich sage, Anstoß nehmen werden. Ich fordere dich jedoch heraus, über das, was ich hier mitteile, sorgfältig nachzudenken. Diese geistliche Realität zu verstehen, hat mich befreit und in die Lage versetzt, auf einem höheren Siegesniveau zu leben als je zuvor.

Ich habe Dinge vollbracht, die weit jenseits meiner menschlichen Fähigkeiten lagen. Seit 50 Jahren war ich nicht mehr deprimiert, entmutigt oder besiegt. Ich habe Menschen von den Toten auferweckt, Blinde sehend gemacht und tödliche Krankheiten geheilt. All dies geschah dadurch, dass ich mit der Kraft Gottes, die in mir ist, kooperierte.

Direkt von Gott zu dir!

Was ich predige, funktioniert! Es hält mich stabil, wenn alles um mich herum zusammenzubrechen scheint. Wenn du diese Offenbarung bekommst, wird das auch für dich funktionieren!

Deshalb ermutige ich dich, das Gebet in Epheser 1,17–23 mit dem Gebet in Epheser 3,16–21 zu kombinieren und beide zu deinem persönlichen Gebet zu machen. Bete sie immer und immer wieder – nicht als Versuch, Gott zum Handeln zu bewegen, sondern um dir von ihm die Augen deines Herzens öffnen zu lassen, sodass du die Fülle des von ihm bereits Vollbrachten erkennen kannst. Glaub mir: Gott möchte noch mehr als du, dass du diese Offenbarung bekommst. Öffne einfach dein Herz, fang an zu suchen, entwickle auf positive Weise einen Hunger und sage: »Gott, ich kann nicht länger ohne eine Offenbarung dessen, was du schon getan hast, leben. Ich weigere mich, dich weiterhin zu bitten, anzubetteln und anzuflehen, das zu tun, was du bereits getan hast. Ich brauche dieses Verständnis!« Wenn du ihn mit ganzem Herzen suchst, werden diese Wahrheiten dein Leben völlig verändern.

Das ist keine Offenbarung, die man nur einmal empfängt, um dann nie mehr darauf zurückzukommen. Diese Offenbarung gehört zu den Erkenntnissen, die zum Bestandteil unseres tagtäglichen Lebens als Christ werden müssen. Der Rest dieses Buches wird dieses Thema noch weiter ausführen und erläutern. Ich glaube fest daran, dass dir das wirklich helfen wird. Letztendlich brauchst du jedoch den Heiligen Geist, damit er all das für dich zur persönlichen Realität macht. Es muss über ein rein intellektuelles Wissen hinausgehen und zum Offenbarungswissen werden – direkt von Gott zu dir!

Ich mache mich jetzt im Gebet mit dir darüber eins, dass der Herr dir durch das hier Mitgeteilte dazu verhelfen wird, diese Offenbarung zu empfangen: Du hast schon alles, was du brauchst!

KAPITEL 5

Aus Gnade durch Glauben

Der Brief an die Epheser wurde geschrieben, um uns aufzuzeigen, was Gott schon vollbracht hat. Die Gebete in diesem Brief ersuchen Gott nicht um etwas Neues, sondern darum, dass die Augen unseres Herzens erleuchtet werden, damit wir erkennen, was wir schon besitzen (Eph 1,17–18).

Beachte, dass hier die Vergangenheitsform gebraucht wird:

> *Auch euch hat er auferweckt [lebendig gemacht], die ihr tot wart in euren Vergehungen und Sünden … — Epheser 2,1*

Paulus sagt hier nicht: »Ihr könnt lebendig gemacht werden, wenn ihr glaubt, wenn ihr Gott sucht und wenn ihr ihn anfleht.« Nein! Epheser 1 wurde aus der Perspektive geschrieben, dass alle geistlichen Segnungen bereits »unter Dach und Fach« sind. Du hast schon alles, was du brauchst! Gott hat dich bereits lebendig gemacht.

Lebendig!

Wenn du Christus empfangen hast, bist du lebendig gemacht worden. Obwohl die lebensspendende Kraft des Herrn schon für jeden Menschen erkauft wurde – für Christen sowie für Nichtchristen –, haben die Nichtchristen sie noch nicht empfangen, sind also noch nicht lebendig gemacht worden. Doch als ein von neuem geborener Gläubiger bist du bereits auferweckt, d. h. lebendig gemacht worden.

Das Leben Gottes in dir mag noch nicht in Erscheinung getreten sein, aber dein Geist ist so lebendig, wie er nur sein kann. Auch wenn dein biologischer Körper vielleicht schmerzt und deine Seele noch gegen Depressionen kämpft, so ist doch dein wiedergeborener Geist genauso lebendig wie Jesus. Du hast Gottes Auferstehungskraft in deinem Innern. Du versuchst nicht, lebendig gemacht zu werden. In der geistlichen Welt bist du bereits lebendig gemacht worden. Durch Glauben kannst du dieses Leben aus deinem Geist heraus und in deine Seele und deinen Körper hineinholen.

Bete dem Wort Gottes entsprechend, mit einem Verständnis davon, wer du in Christus bist und was du in ihm hast. Flehe Gott nicht aus einer Position des Unglaubens, im Widerspruch zum Wort, an. Bete nicht: »Herr, ich bin tot. Es gibt nichts Gutes in meinem Leben. Ich bin leblos.« Sag stattdessen: »Vater, ich danke dir, dass ich tatsächlich Auferstehungsleben in meinem Innern habe. Der Arzt sagt, ich werde sterben. Der Tod ist in meinem Körper am Werk, und deshalb hole ich jetzt dein Leben, das in mir ist, hervor. Ich danke dir, dass alles schon vollbracht ist. Und nun ergreife ich meine Autorität und spreche: Im Namen Jesu befehle ich jeder Krankheit, zu gehen, und der Heilung, in Existenz zu kommen.« Das ist die richtige Haltung. Du bist schon lebendig gemacht worden!

... in denen ihr einst wandeltet gemäß dem Zeitlauf dieser Welt, gemäß dem Fürsten der Macht der Luft, des Geistes, der jetzt in den Söhnen des Ungehorsams wirkt
— Epheser 2,2

Beachte, dass dieses Leben, in dem wir Satan folgten und von ihm beherrscht wurden, in der Vergangenheit liegt. Du denkst vielleicht: *Ich bin zwar Christ, aber ich werde immer noch vom Teufel beherrscht.* Falls das so ist, liegt das daran, dass Epheser 2, Vers 1 für dich keine Realität ist. Du verstehst nicht, dass du bereits auferweckt und vom Tod als Folge von Verfehlungen und Sünde befreit worden bist. Wenn du wirklich verstehst, dass du lebendig gemacht worden bist, zerbricht das die Macht und Kraft der Sünde, und du lebst im Sieg.

Dann wird dein Leben von Sieg und nicht von Niederlage gekennzeichnet sein. Es geht nicht darum, eine sündlose Vollkommenheit zu erreichen und nie Fehler zu machen. Es geht darum, dass Sieg ein unvermeidliches Nebenprodukt ist, wenn man Folgendes versteht und anerkennt: Christus hat bereits alles vollbracht – wir besitzen das Auferstehungsleben bereits und sind im Geist wie Jesus.

> *... dass die Gemeinschaft deines Glaubens wirksam wird in der Erkenntnis alles Guten, das in uns im Hinblick auf Christus ist. — Philemon 6*

Dein Glaube wirkt und du wirst die Verwirklichung deines Sieges – körperlich, finanziell, emotional usw. – in dem Maße erleben, wie du alles Gute erkennst, das in dir ist, weil du in Christus bist!

Neue Natur – neuer Platz

> *Unter ihnen führten auch wir alle einst unser Leben in den Begierden unseres Fleisches, indem wir den Willen des*

Fleisches und der Gedanken taten; und wir waren von Natur Kinder des Zorns, wie auch die anderen. — Epheser 2,3 SLT

Auch dieser ganze Vers steht wieder in der Vergangenheitsform. Jemand wendet jetzt vielleicht ein: »Aber in mir ist das alles noch am Werk!« Falls das so ist, liegt es an deinem fehlenden Verständnis, dass du im Geist bereits alles besitzt, was du brauchst. Du bist so vollkommen, wie du nur sein kannst. Da du aber die guten Dinge, die in dir sind, weil du in Christus bist, nicht verstanden und anerkannt hast, wirst du noch vom Fleisch beherrscht.

Die Wahrheit ist, dass deine Natur verändert worden ist! Du besitzt nicht mehr die alte Natur, die den Menschen zu einem Leben in Sünde treibt. Die ist in dem Moment gestorben und begraben worden, als du Christus angenommen hast. Deine neue Natur – dein wiedergeborener Geist – wurde in wahrer Gerechtigkeit und Heiligkeit geschaffen (Eph 4,24). Der einzige Grund, warum du immer noch mit diesen alten Tendenzen zur Sünde kämpfst, ist deine unerneuerte Denkweise. In dem Maße, wie Gottes Wort deine Denkweise verändert, wirst du weniger von diesen alten Begierden und mehr von deiner neuen Natur wahrnehmen. (Auch hierauf gehe ich in meinem Buch »Geist, Seele und Körper« noch sehr viel ausführlicher ein.)

Gott aber, der reich ist an Barmherzigkeit, hat um seiner vielen Liebe willen, womit er uns geliebt hat, auch uns, die wir in den Vergehungen tot waren, mit dem Christus lebendig gemacht – durch Gnade seid ihr gerettet! — Epheser 2,4–5

Beachte wieder, dass auch hier in der Vergangenheitsform gesprochen wird. Du bist bereits lebendig gemacht worden. Gott hat dich geliebt, und er hat es bereits vollbracht.

Er hat uns mitauferweckt [Vergangenheitsform] und mitsitzen lassen in der Himmelswelt in Christus Jesus …
— Epheser 2,6.

Dies ist also nichts, wonach man suchen oder um dessen Erlangung man sich bemühen müsste; man nimmt es einfach als Geschenk in Empfang. Es ist bereits vollbracht. Wir haben schon eine Beziehung zu Gott. Wir sind bereits geistlich von den Toten auferweckt worden und haben unseren Platz jetzt mit Christus in der Himmelswelt.

Natrium und Chlor

… damit er in den kommenden Zeitaltern den überragenden Reichtum seiner Gnade in Güte an uns erwiese in Christus Jesus. Denn aus Gnade seid ihr gerettet durch Glauben, und das nicht aus euch, Gottes Gabe ist es; nicht aus Werken, damit niemand sich rühme. — Epheser 2,7–9

Dies ist eine mächtige und uns auch sehr vertraute Schriftstelle. Deshalb nehmen viele Menschen an, sie wüssten ohnehin schon, was sie aussagt. Dann übergehen sie diese Verse und schenken ihnen kaum noch Aufmerksamkeit und Beachtung. Aus diesem Grund empfangen sie auch nicht den vollen Segen dieser Verse.

Du wurdest aus Gnade durch Glauben gerettet, und nicht durch Gnade allein. Genauso wurdest du auch nicht nur allein durch Glauben gerettet. Du wurdest aus Gnade durch Glauben gerettet. Manchmal betone ich die eine Wahrheit auf Kosten der anderen, um Menschen etwas zu erklären. Wenn jemand zum Beispiel behauptet: »Ich glaube, dass man heilig und getauft sein und seinen

Zehnten zahlen muss usw.«, dann antworte ich: »Nein, du bist aus Glauben gerettet. Dein Glaube an das, was Jesus getan hat, rettet dich und nicht das, was du für den Herrn tust.« Um also eine Wahrheit besonders herauszustellen, ist es deshalb nicht falsch, einmal »die Gnadenseite« und ein anderes Mal dann wieder »die Glaubensseite« zu betonen. Rein formal betrachtet, wurdest du jedoch weder allein aus Gnade noch allein durch Glauben gerettet. Es war eine Kombination der beiden. Du wurdest aus Gnade durch Glauben gerettet!

Gnade und Glaube sind wie Natrium und Chlor. Wenn man eine der beiden Substanzen für sich allein einnimmt, ist das giftig. Beide Chemikalien einzeln in ausreichender Dosis eingenommen, würden einen Menschen töten. Wenn man sie jedoch miteinander verbindet, erhält man Natriumchlorid (Speisesalz). Zusammen (miteinander kombiniert) werden sie zu etwas Lebensnotwendigem: Salz. Genauso verhält es sich mit Gnade und Glauben!

Gnade allein (also unabhängig von Glauben) rettet dich nicht! In seiner Gnade hat Gott durch den Tod, die Grablegung und die Auferstehung Jesu Christi Errettung für jeden Menschen zur Verfügung gestellt. Gottes Gnade ist für alle Menschen gleich. Dennoch wird nicht jeder Mensch automatisch gerettet. Warum? Obwohl die Vorsorge für die Errettung schon getroffen wurde (Gnade), muss jeder einzelne Mensch durch Glauben Gottes Gnade für sich selbst in Anspruch nehmen!

Auch Glaube allein (also unabhängig von Gnade) rettet dich nicht! Du musst deinen Glauben in Jesus Christus und das setzen, was er im Sühnewerk am Kreuz (Gnade) zustande gebracht hat. Falls sich dein Glaube auf etwas anderes gründet (heilig zu leben, den Zehnten zu geben, Bibel zu lesen, zur Kirche zu gehen usw.), wird er nicht zur Errettung führen. Entweder glaubst du an Jesus und das, was er getan hat (Gnade), oder an dich selbst und das, was du tust (Werke). Darauf läuft es tatsächlich hinaus! Biblischer Glaube gründet sich immer auf Jesus und nimmt lediglich in Besitz, was Gottes Gnade bereits zur Verfügung gestellt hat.

Gnade kontra Glauben

Ich vertrete die Lehre von der Gnade und betone, was Gott für uns getan hat. Aufgrund dessen bin ich schon von vielen Vertretern der »Glaubensbewegung« abgelehnt worden. Sie denken, ich würde eine zu starke Betonung auf Gottes Gnade und eine zu geringe auf das legen, was wir für Gott tun müssen.

Ich lehre aber auch über Glauben und betone unsere Verantwortung, positiv auf das zu reagieren, was Gott bereits getan hat. Deshalb werde ich auch vom großen Lager der »Gnadenbewegung« abgelehnt. Ihre Vertreter denken, ich würde zu sehr betonen, was wir tun müssen.

Insgesamt ist der Leib Christi in zwei große Lager gespalten – das Gnaden- und das Glaubenslager. Vertreter der Gnadenlehre missverstehen und kritisieren die Vertreter der Glaubenslehre und umgekehrt. Beide Seiten neigen dazu, ihren Standpunkt bis ins Extrem zu treiben.

Die Anhänger der Gnadenbewegung hören nur ungern Predigten über Glauben. Warum? Sie betrachten deren Inhalt als Vorschriften, die man befolgen muss. Deshalb stellen sie in ihren Augen Kompromisse im Hinblick auf Gottes Gnade dar. Sie vertreten die Lehre, dass das Leben eines Christen sich ganz und gar auf Gottes Gnade gründet. Ihrer Meinung nach hat das, was man glaubt, damit nichts zu tun. Aus diesem Grund wird Gnade, für sich allein genommen, einen Menschen töten.

Die Anhänger der Glaubensbewegung wiederum hören nur ungern, wenn über Gnade gepredigt wird. Warum? Sie sind ausschließlich darauf fokussiert, was sie tun müssen. So diskutieren sie darüber, wie man sich im Glauben aufbaut, was der Glaube bewirken kann usw. Prediger aus dem Glaubenslager erwähnen Gottes Gnade nicht gern, weil sie das Gefühl haben, sie schwäche die Motivation der Menschen, kämpferisch zu sein und Dinge anzupacken. Glaube, für sich genommen, wird einen Menschen also auch töten!

Jeglicher Irrtum rührt daher, dass eine Wahrheit aus Gottes Wort auf Kosten anderer, ergänzender Wahrheiten überbetont wird. Man nehme eine Wahrheit und erhebe für sie in Bezug auf andere Wahrheiten einen Ausschließlichkeitsanspruch (entweder aus Unwissenheit oder mit Absicht), und schon wird sie zum Irrtum.

Es muss ein Gleichgewicht geben! Alle Wahrheiten aus Gottes Wort fügen sich zusammen und harmonieren miteinander. Richtig verstanden, ergänzen Gnade und Glaube sich gegenseitig. Wir wurden aus Gnade durch Glauben gerettet (Eph 2,8). Beides war dazu nötig, nicht nur das eine oder das andere!

Unverdient – wie man es auch dreht und wendet

Gnade hat viele Facetten. In 1. Petrus 4,10 ist von der »verschiedenartigen [vielfältigen, facettenreichen] Gnade Gottes« die Rede. Deshalb kann Gnade auf verschiedene Art und Weise definiert werden.

Die meisten Menschen definieren *Gnade* als »unverdiente Gunst«. So richtig das auch ist, ist diese Definition dennoch unvollständig. Sie konzentriert sich auf die Wahrheit, dass Gnade ihrem Wesen nach unerworben und unverdient ist. Gnade ist ein

Geschenk. Müsste man für ihren Erhalt arbeiten, bezahlen oder gewisse Voraussetzungen erfüllen, wäre es keine Gnade. Gnade ist leistungsunabhängige, nicht erarbeitete, unverdiente Gunst.

Ein weiterer wichtiger Aspekt der Gnade ist, dass Gott ohne unser Zutun etwas für uns getan hat. Aus Gnade ist Jesus für die Sünden der ganzen Welt gestorben. Er wartete nicht so lange, bis wir auf die Welt kamen und sündigten, um erst dann auf uns zu reagieren. Nein, Gott brachte die Errettung vor uns und unabhängig von uns zustande. Noch bevor er die Welt erschuf, bevor er die Menschen machte und bevor diese dann sündigten, hatte er bereits festgelegt, dass er seinen Sohn für uns ans Kreuz schicken würde. Die Erlösung schlug im Herzen Gottes, lange bevor wir überhaupt auf der Bildfläche erschienen!

Gottes Gnade traf Vorsorge für unsere Errettung, noch bevor wir sie überhaupt brauchten. Jesus starb vor 2000 Jahren für unsere Sünden – bevor wir geboren wurden und überhaupt jemals sündigten. Gott sorgte für unsere Errettung schon vor unserer Existenz und unabhängig von uns – und allen menschlichen Versuchen, sie zu erwerben oder zu verdienen. Das ist unverdiente Gunst!

Beständig

Gnade ist außerdem beständig. Da Gnade nicht auf unserer Leistung basiert und vor und unabhängig von jeglicher Geltung, jeglichem Wert oder Verdienst unsererseits gewährt wurde, ist Gott – aus Gnade – jedem Menschen gegenüber derselbe. Ob jemand Christ ist oder nicht, ob jemand Gott hasst oder ihn liebt – Gottes Gnade ist für jeden genau dieselbe.

Denn die Gnade Gottes, die das Heil bringt, ist erschienen allen Menschen. — Titus 2,11 KJV

Gnade umfasst alles, was Jesus für uns im Erlösungswerk getan hat. Das Wort sagt, seine Gnade ist »allen Menschen« erschienen, nicht nur denen, die sie schon empfangen haben oder noch empfangen werden. Deshalb ist Gottes Gnade für alle gleich.

Wenn allein die Gnade uns retten könnte, dann würde jeder gerettet. Gottes Gnade ist zwar jedem gegenüber beständig und zu allen Menschen gekommen, doch ist nicht jeder gerettet. Jesus machte ganz deutlich, dass mehr Menschen die weite Pforte und den breiten Weg, der zum Verderben führt, wählen würden als die enge Pforte, die zum Leben führt (Mt 7,13). Warum? Wir werden nicht allein durch Gnade gerettet. Wir werden aus Gnade durch Glauben gerettet. Wir müssen auf Gottes Gnade mit Glauben reagieren, um Errettung zu empfangen.

Gott bietet selbst dem schlimmsten Kriegsverbrecher oder Massenmörder genauso viel Gnade an wie dir und mir. Doch letztendlich liegt es bei jedem selbst, ob er mit Glauben reagiert und diese Gnade annimmt oder nicht. Ob jemand sein Leben im Widerstand gegen den Herrn beendet oder die Herzenshaltung noch in letzter Sekunde ändert – das weiß Gott allein. Aber selbst wenn eine Person Gott hasst und ihn ablehnt, bleibt Gottes Gnade ihr gegenüber dennoch beständig.

Gottes Gnade allein rettet uns nicht. Gottes Gnade, für sich selbst genommen, heilt uns nicht. Sie segnet uns auch nicht. Gottes Gnade allein richtet gar nichts für uns aus. Wenn wir jedoch diese Gnade empfangen und mit Glauben verbinden, wird Gottes Kraft freigesetzt, um Errettung in unserem Leben Realität werden zu lassen.

Deine positive Reaktion

Glaube ist nichts, was man tut, um Gott zu einer Reaktion zu bewegen. Die Bibel zu studieren, das Wort zu bekennen, auf der Grundlage des Wortes zu handeln usw. – all das spielt beim Glaubensprozess mit. Doch an und für sich ist dies alles kein »Glaube«. Glaube bewegt Gott zu gar nichts.

Einer der Hauptgründe, warum Menschen nicht mehr vom Herrn empfangen, ist ihre Annahme, »Glaube« bedeute, dass Gott auf etwas reagiert, was sie tun. Das erlegt Menschen die Last auf, Leistung zu erbringen und Dinge zu produzieren. Man mag sogar eine Zeit lang motiviert sein und denken: *Oh, jetzt werde ich perfekt und tue all das! Dann wird Gott mich heilen.* Letztendlich kann aber niemand diesem Anspruch gerecht werden. Niemand ist gut genug, um Gott zum Handeln zu bewegen. Gott wird nicht durch Glauben »bewegt«; Gott steckt nicht fest. Er ist nicht derjenige, der aktiv werden muss. »Glaube« ist nicht etwas, das wir tun, damit Gott nun seinerseits etwas tut.

Solchen »Glauben« bezeichnet die Bibel als Werke und als Gesetzlichkeit. Man tut etwas, mit dem man Gott dazu bringen will, etwas für einen selbst zu tun. Das ist das Fleisch! Man kann das Wort nehmen, es bekennen, beten, aufstehen, wie ein Geheilter handeln und seine Medikamente wegwerfen, aber unsere Handlungen werden Gott nie dazu veranlassen, uns zu heilen. Tatsächlich verhindern Werke und Gesetzlichkeit, dass das, was Gott bereits zur Verfügung gestellt hat, physisch in Erscheinung tritt. Warum? Gott lässt sich zu nichts nötigen. Alles, was von Gott kommt, muss aus Gnade durch Glauben kommen!

Glaube ist schlicht und einfach unsere positive Reaktion auf das, was Gott aus Gnade schon zur Verfügung gestellt hat. Falls das, was wir »Glauben« nennen, keine Reaktion auf das ist, was Gott bereits vollbracht hat, dann ist es kein wahrer Glaube. Glaube bemüht sich nicht, Gott zu einer positiven Reaktion auf uns selbst zu bewegen. Wahrer Glaube ist unsere positive Reaktion auf das, was Gott aus Gnade schon getan hat.

Glaube eignet sich lediglich das an, was Gott aus Gnade bereits zur Verfügung gestellt hat. Wenn wir Gott dazu bringen wollen, etwas Neues zu tun, dann ist das kein Glauben. Wahrer Glaube empfängt – streckt sich aus und nimmt sich – lediglich das, was Gott bereits vollbracht hat.

KAPITEL 6

»Was ich aber habe ...«

In den Anfängen der charismatischen Bewegung ging es wild zu. Damals trafen sich die Menschen zum Bibelstudium, in Hauskreisen und zum Gebetsfrühstück, weil es noch nicht so viele geisterfüllte Gemeinden gab. Es mangelte an reifer geistlicher Aufsicht, weil die meisten der Beteiligten – die Leiterschaft eingeschlossen – selbst erst innerhalb der letzten ein oder zwei Jahre vom Herrn berührt worden waren. Unreife war daher reichlich vorhanden. In den frühen 1970er-Jahren ereigneten sich viele herrliche Dinge, aber es gab auch viel Wildwuchs!

Zu jener Zeit gelangten einige herausragende Bibelstellen zu großer Popularität, wie z. B.:

> *Habt Glauben an Gott! Wahrlich, ich sage euch: Wer zu diesem Berg sagen wird: Hebe dich empor und wirf dich ins Meer!, und nicht zweifeln wird in seinem Herzen, sondern glauben, dass geschieht, was er sagt, dem wird es werden. Darum sage ich euch: Alles, um was ihr auch betet und bittet, glaubt, dass ihr es empfangen habt, und es wird euch werden.*
> *— Markus 11,22-24*

Und: »Dem Glaubenden ist alles möglich« (Mk 9,23).

Diesen Versen zufolge kann jeder Gott um alles bitten, was er begehrt – und alles ist möglich! Kannst du erkennen, wie einfach es ist, einem Irrtum zu verfallen, wenn man nicht weiß, dass

Glaube nur das ergreift, was Gott aus Gnade bereits zur Verfügung gestellt hat?

»Alles, worum ihr auch betet und bittet«?

In meiner Heimatstadt Arlington, Texas, gründete eine Frau eine Bibelschule, die von zwanzig bis dreißig Studenten besucht wurde. Sie nahm Markus 11,22–24 und wandte die Bibelstelle auf ihren Wunsch an, die Frau von Kenneth Copeland zu werden. Dann setzte sie ihren Glauben frei und bekannte: *Ich glaube es, ich empfange es, und ich werde es auch bekommen!*

Kenneth Copeland war jedoch schon mit Gloria verheiratet. Folglich betrachtete diese Frau Gloria Copeland als ihren »Berg« und betete dafür, dass sie »sich emporheben und ins Meer werfen« sollte. Sie befahl Gloria sogar zu sterben und so den Weg für eine Heirat zwischen ihr selbst und Kenneth Copeland frei zu machen. Besagte Frau veranstaltete im Beisein ihrer Bibelschulstudenten eine Trauungszeremonie als »Glaubensakt« und »heiratete« Kenneth Copeland »im Geist«. Danach wartete sie einfach darauf, dass Gloria Copeland sterben würde, damit Gott sie mit Kenneth zusammenbringen könnte.

Mittlerweile sind 50 Jahre vergangen, und nichts dergleichen ist geschehen – und es wird auch nicht geschehen. Wie kann das sein, wo Gottes Wort doch klar feststellt: »Alles, worum ihr auch betet und bittet ...«? Kann man dann nicht einfach jemanden verfluchen, ihm befehlen zu sterben und daraufhin dessen Ehepartner heiraten? Kann man nicht einfach einen Bankraub planen, um das Geld bitten und anschließend sagen: *Ich glaube in meinem Herzen und ich bekenne mit meinem Mund, dass ich eine Million Euro erbeute und nicht gefasst werde. Ich glaube es und ich empfange es:*

Das Geld gehört mir! Warum kann man diese Dinge nicht einfach tun? Wenn man es einmal verstanden hat, ist es ganz einfach: Gott hat im Erlösungswerk Christi weder Mord noch Ehebruch noch Diebstahl – aus Gnade – zur Verfügung gestellt. Weil Jesus für diese Dinge keine Vorsorge getroffen hat, kann unser »Glaube« sie auch nicht geschehen lassen!

Empfange, was schon gegeben wurde

Gott wird nicht durch Glauben zum Handeln bewegt. Er reagiert nicht auf das, was wir »im Glauben« tun, um daraufhin aktiv zu werden. Aus Gnade hat Gott uns bereits alles zur Verfügung gestellt. Für den Herrn sind unsere Gebete, Bekenntnisse, Bittgesuche, Fastenzeiten, das Einsmachen mit anderen und was wir sonst noch so tun, nichts, was sich aufsummiert und ihn dann, wenn es »ausreicht«, zum Handeln bewegt. Diese Dinge wirken nicht wie eine Brechstange, mit der man nur genügend Druck ausüben muss, um Gottes Kraft in Gang zu setzen. Der Herr reagiert nicht auf unseren Glauben!

Unser Glaube, falls es sich um wahrhaftigen Glauben handelt, ist lediglich eine Reaktion auf das, was Gott bereits vollbracht hat. Er hat – aus Gnade – schon jeden Menschen geheilt. Er nahm am Kreuz alle Sünden und Krankheiten der gesamten Welt auf sich. Er ist mit all diesen Dingen schon fertig geworden. Der Sieg ist bereits »unter Dach und Fach«. Es ist vorbei. Deshalb heißt es in 1. Petrus 2,24: »… durch dessen Striemen ihr *geheilt worden* seid« (Vergangenheitsform). Es ist schon vollbracht. Der Herr heilt Menschen nicht erst heute. Er hat Heilung bereits vor über 2000 Jahren im Tod, dem Begräbnis und der Auferstehung Christi zur Verfügung gestellt. Von dieser Heilung machen Menschen heute im

Glauben Gebrauch und erleben, wie sie sichtbar wird. Doch das für diese Vorsorge notwendige Werk hat Gott schon vor langer Zeit getan.

Vor 2000 Jahren wurde im Erlösungswerk, das der Herr Jesus Christus geleistet hat, Heilung freigesetzt, übermittelt und öffentlich bekannt gemacht. Wenn wir wiedergeboren werden, deponiert Gott in uns dieselbe Auferstehungskraft, die Jesus von den Toten auferweckte. Es geht nicht länger darum, wie wir Gott dazu bringen, uns Heilung zu geben. Das hat er bereits getan. Die Frage ist vielmehr, ob wir uns im Glauben ausstrecken und sie nehmen.

Wenn wir Heilung benötigen, braucht Gott heute keinen Finger mehr zu rühren. Menschen beten: »O Gott, strecke deinen mächtigen Arm aus!« Falsch! Der Herr hat Heilung bereits vollbracht und sie in unserem wiedergeborenen Geist deponiert. Damit diese Heilung dann konkrete Gestalt annimmt, müssen wir sie empfangen. Du musst Gott nicht dazu bringen, sie dir zu geben; du musst auf der natürlichen Ebene nur das in Empfang nehmen, was er dir im Geist schon gegeben hat. Nimm – im Glauben – in Besitz, was Gott aus Gnade bereits zur Verfügung gestellt hat.

Aktives Warten

Wenn du verstehst, worüber ich hier spreche, wird das die Art und Weise, wie du von Gott empfängst, von Grund auf verändern! Die meisten Menschen, denen ich diene, bemühen sich, Gott dazu zu bringen, sie zu heilen. Also beten sie, tun all diese anderen Dinge und lehnen sich dann passiv zurück und warten darauf, dass er sich bewegt. Als Rechtfertigung dafür zitieren sie Bibelstellen wie Psalm 27,14:

Harre auf den Herrn! Sei mutig, und dein Herz sei stark, und harre auf den Herrn.

Sie drehen Däumchen und seufzen: »Jetzt ist Gott dran!« So auf Gott zu »harren«, ist nicht die Art und Weise, tatsächlich von ihm zu empfangen.

»Auf den Herrn harren« bedeutet, auf ihn zu warten oder ihm »aufzuwarten«, wie es Servicekräfte im Restaurant mit ihren Gästen tun. Ein Kellner oder eine Kellnerin setzen sich nicht einfach irgendwo hin und warten darauf, dass du etwas tust. Nein! Wenn sie dir aufwarten, widmen sie dir ihre Aufmerksamkeit. Eine gute Servicekraft bemerkt, wenn dein Glas leer ist, und kommt zu dir herüber, um nachzuschenken. Sie ist den Gästen gegenüber aufmerksam und einfühlsam und fragt immer wieder: »Kann ich sonst noch etwas für Sie tun? Ist alles in Ordnung? Brauchen Sie noch etwas?« Das meint die Bibel, wenn sie von »harren« spricht.

Gottes Wort gibt uns nicht den Rat, auf den Herrn zu warten, wie man auf einen Bus wartet. Man folgt keinem biblischen Prinzip, wenn man betet und dann sagt: »Jetzt ist Gott am Zuge. *Que sera, sera* – was sein wird, wird sein. Er ist jetzt dran. Gott hat schließlich gesehen, was ich getan habe, und nun werden wir mal sehen, was er tut.« Nein, Gott reagiert nicht in dieser Weise auf uns.

Wenn sich Probleme in deinem Leben einstellen, ist das für den Herrn nichts Neues. Er kannte deine Probleme schon lange, bevor du sie überhaupt hattest. Aus Gnade hat er die Lösungen dafür schon im Voraus zur Verfügung gestellt – noch bevor du überhaupt geboren wurdest! Er sorgte für deine Heilung, noch bevor du jemals krank wurdest, und traf Vorsorge für Freude, bevor Tragödien, Trauer und Sorgen in dein Leben kamen. Gott hat bereits jeden Ausweg für dich geschaffen. Er hat schon alles vollendet.

Alles ist aus Gnade »unter Dach und Fach«! Wir warten nicht darauf, dass Gott etwas Neues tut. Er wartet vielmehr darauf, dass wir positiv auf das reagieren, was er bereits vollbracht hat!

Wenn du nach dem Glaubensgrundsatz gelebt hast: *Gott, ich habe jetzt dies und das getan, alles Nötige bekannt, und jetzt warte ich darauf, dass du mich heilst,* dann ist genau das der Grund, warum du keine Heilung erlebst. Es ist die falsche Einstellung! Verändere stattdessen deine Denkweise und bekenne: »Vater, ich danke dir, dass du mich schon geheilt hast. Durch die Striemen Jesu bin ich geheilt worden. Dieselbe Kraft, die Jesus von den Toten auferweckt hat, befindet sich bereits in mir. Im Glauben empfange ich das, was du bereits zur Verfügung gestellt hast!«

»Befiehl du mir!«

Petrus bat Gott nicht einmal im Gebet, den Mann an der Pforte des Tempels zu heilen. Er sagte einfach nur: »Was ich habe, das gebe ich dir!« Wie konnte er das tun? Petrus wusste, dass Gott alles bereits vollbracht hatte. Er hatte verstanden, dass Gottes Heilungskraft schon freigesetzt worden war. Das Lamm war schon geschlachtet und das vollkommene Opfer schon dargebracht worden. Gott hatte – aus Gnade – Heilung bereits hergestellt. Petrus fragte sich nicht: *Ob der Herr ihn wohl heilen wird?,* weil er in seinem Herzen wusste, dass Gott alles bereits vollbracht hatte.

Nur eine einzige Frage stellt sich heute noch und die lautet: *Bist du bereit, zu glauben und zu empfangen?* Wenn du für einen anderen Menschen betest, muss auch auf seiner Seite ein gewisses Maß an Glauben vorhanden sein. Das Verhältnis muss nicht unbedingt ausgeglichen sein. Wenn man selber stark im Glauben ist, kann man einen anderen tragen. Wenn sich jemand im »Leerlauf«

befindet, kann man ihn zumindest schieben. Aber wenn der Betreffende »die Handbremse angezogen« oder »den Rückwärtsgang eingelegt« hat und mit dem Bekenntnis gegen dich ankämpft: »Ich glaube nicht, dass das Gottes Wille ist!«, dann wirst du die Heilung nicht zustande bringen können.

Als Petrus diesem Mann diente, »blickte er fest auf ihn hin« (Apg 3,4). Das bedeutet, er sah ihn mit durchdringendem Blick an. Genau das machte auch Paulus, als er in Apostelgeschichte 14,8–10 einem Gelähmten diente. Dabei stellte er fest, dass dieser Mann »Glauben hatte, geheilt zu werden« (Apg 14,9). Genauso war es auch bei Petrus. Er nahm wahr, dass dieser Mann genügend Glauben besaß, die Heilung in Empfang zu nehmen, wenn er ihm diente.

Also sagte Petrus: »… was ich aber habe, das gebe ich dir …« (Apg 3,6). Wenn du Gnade verstehst und dir somit bewusst ist, dass Gott bereits alles vollbracht hat, wirst du kühn und entschieden werden. Man kann der Kraft Gottes buchstäblich befehlen, in Erscheinung zu treten, denn man befiehlt ja nicht Gott selbst, etwas zu tun. Stattdessen befiehlt man dem, was er bereits vollbracht hat, in der materiellen Welt Gestalt anzunehmen.

Wenn man versteht, wie Gnade und Glaube zusammenwirken, wird man vom Bettler zum Befehlshaber. Das ist ein gewaltiger Unterschied!

> *So spricht der Herr, der Heilige Israels und sein Bildner: Fragt mich das Kommende! Über meine Kinder und über das Werk meiner Hände gebt mir Befehl! — Jesaja 45,11*

Hier fordert Gott seine Kinder in Bezug auf das Werk seiner Hände auf: *Gebt ihr mir Befehl!*

Drück den Schalter!

Das Elektrizitätswerk erzeugt elektrischen Strom in einem Kraftwerk. Dann liefert es ihn zu dir nach Hause. Ob aber in deinem Wohnzimmer das Licht angeht, hat nichts mit dem Elektrizitätswerk zu tun, das den Strom ja lediglich erzeugt. Der Strom ist da, doch du verfügst über ihn. Du musst den Lichtschalter betätigen. Tust du das, dann erteilst du dem elektrischen Strom den Befehl, zu fließen.

Macht dich die Tatsache, dass du die Befehlsgewalt über den Stromfluss besitzt, mächtiger als das Elektrizitätswerk? Nein! Doch das Elektrizitätswerk möchte, dass du den Schalter betätigst. Es hat seinen Teil bereits dadurch erfüllt, dass es den Strom erzeugt, zu deinem Haus geliefert und dir zur Verfügung gestellt hat. Wenn du den Lichtschalter betätigst, bedeutet das nicht, dass du das Elektrizitätswerk »zwingst«, etwas zu tun. Alles, wozu du es »veranlassen« kannst, ist das, womit es sich sowieso schon einverstanden erklärt hat. Du kannst den elektrischen Strom jedoch nicht dazu bringen, unabhängig und außerhalb vom Stromnetz zu fließen.

Man kann Gott nicht zwingen, etwas zu tun, was er nicht schon – aus Gnade – vollbracht hat. Gott (die »Vater & Sohn Elektrizitätsgesellschaft«) hat seinen Teil bereits erfüllt. Durch das Erlösungswerk Christi (das Kraftwerk) ist bereits alles, was du je brauchen wirst, erzeugt worden. Tatsächlich ist der elektrische Strom schon zu deinem Haus (wiedergeborenen Geist) geliefert worden. Du musst nur noch den Schalter betätigen: »… über das Werk meiner Hände gebt mir Befehl!« (Jes 45,11). Wenn du glaubst, was er vollbracht hat, und dich im Glauben danach ausstreckst, um es in Besitz zu nehmen, befiehlst du dem, was Gott bereits zur Verfügung gestellt hat, in Erscheinung zu treten.

Du bist dafür verantwortlich, den Schalter zu betätigen! Wenn du möchtest, dass in deinem Wohnzimmer das Licht brennt, kannst du nicht beim Elektrizitätswerk anrufen und sagen: »Ich bekomme heute Abend Besuch, könnten Sie bitte in meinem Wohnzimmer das Licht einschalten?« Die Antwort wäre: »Nein! Wir haben den Strom bereits erzeugt und zu Ihnen nach Hause geliefert. Wir schicken jetzt nicht auch noch jemanden bei Ihnen vorbei, der ihre Wohnzimmerbeleuchtung einschaltet. Das steht nicht in unserem Vertrag. Sie verfügen über den Strom, also drücken Sie bitte selber auf den Schalter!«

Gott ist die Kraftquelle, nicht du. Es handelt sich um seine Kraft und nicht um deine. Doch er hat diese Kraft in deinen wiedergeborenen Geist deponiert. Du hast die Kraft zwar nicht produziert, aber du verfügst über sie.

Für alles, was du brauchst, hat Gott aus Gnade bereits Vorsorge getroffen – doch du musst darüber verfügen. Glaube reagiert positiv auf das, was Gott schon getan hat, und nimmt es in Besitz. Glaube greift in die geistliche Welt und zieht das, wofür Gott dort schon gesorgt hat, in die materielle Welt hinein. Wenn du das verstehst, wird es dein Leben revolutionieren!

Nichts als Ausreden

Die meisten Menschen bitten Gott, für sie zu tun, was er schon längst getan hat. Sie flehen ihn an, ihnen zu geben, was er bereits gegeben hat. Wenn sie dann in derartigem Unglauben gebetet haben, wundern sie sich, warum sie keinen sichtbaren Heilungserfolg feststellen können. Weil sie denken, der Herr könne alles tun, was er nur wolle, fragen sie sich: *Warum heilt Gott mich denn nicht? Wenn er wollte, dass ich gesund bin, könnte er mich doch hier und jetzt heilen*! Deshalb warten sie mit allen erdenklichen Ausreden auf wie beispielsweise: *Gott will mich durch diese Prüfung vollkommen machen.* Falsch!

Um dieses wichtige Thema weiter zu erhellen, möchte ich dir an dieser Stelle mein Buch »Die Vollmacht des Gläubigen« empfehlen. Es wird dir eine echte Hilfe sein, diese Dinge für dich selbst zu klären. Grundsätzlich ist es wichtig, mit der falschen Vorstellung aufzuräumen, dass der Herr dir in deinem Leben Leiden auferlegt, um dich etwas zu lehren. Das ist einfach nicht wahr!

Menschen ziehen derartige falsche Schlüsse, um dadurch ihren enttäuschenden Erfahrungen einen Sinn zu geben. Sie beten für Heilung und denken, Glaube sei etwas, was sie tun müssten, um Gott zum Handeln zu bewegen. Sie glauben, dass Gott ihren »Glauben« bewertet – ob sie ernsthaft genug sind und genug getan haben – und dann entsprechend auf sie reagiert. Weil keine offensichtliche Reaktion folgt, wundern sie sich: *Warum* beantwortet Gott mein Gebet nur nicht? Dann führen sie alle erdenklichen Ausreden an, wie: »Vielleicht versucht Gott, mich etwas zu lehren. Vielleicht bin ich nicht heilig genug. Vielleicht habe ich nicht genug gebetet. Vielleicht gibt es Sünde in meinem Leben. Vielleicht muss ich noch dies oder das und noch viel mehr tun.« Nein – Gott hat seinen Teil bereits erfüllt!

Wenn wir verstehen, dass Gott schon alles vollbracht hat, dann verflüchtigt sich jedes Gefühl von Verdammnis. Wie können wir annehmen, wir seien nicht heilig genug, wenn er doch schon alles vollbracht hat? Gott hat bereits für alles, was wir jemals benötigen werden, Vorsorge getroffen, ehe wir wiedergeboren wurden und noch bevor wir je irgendetwas Gutes oder Schlechtes taten, ja schon bevor wir überhaupt geboren wurden. Er hat es unabhängig von uns bereitgestellt – aus Gnade. Du musst nur – im Glauben – hinübergreifen und es dir nehmen.

Genauso wurdest du gerettet. Was wäre geschehen, wenn dir jemand erzählt hätte, dass Jesus erst dann kommen würde, um für deine Sünden zu sterben, wenn du beten und Gott suchen, um Erbarmen bitten und betteln, fasten und heilig leben, den Zehnten geben und ernsthaft, verbindlich und sehr verzweifelt sein würdest? Hätte man dir Errettung als etwas vorgestellt, das geschehen könnte, doch noch nicht geschehen ist, dann hätte der Teufel dich nur allzu leicht davon überzeugen können, dass Gott sie vielleicht bewirken könnte und für andere vielleicht auch schon bewirkt hat, er das aber in deinem Fall nie tun würde, weil du einfach zu ________________ bist (setz hier das für dich Passende ein).

Die Vorstellung, dass der allmächtige Gott erst noch Mensch werden, unsere Krankheiten und unsere Sünde auf sich nehmen, an unserer Stelle die Strafe erleiden, in den Hades fahren und sich uns dann zuwenden und das Geschenk der Errettung geben würde, übersteigt das menschliche Fassungsvermögen. Das ist einfach zu verrückt! Das kann man nur glauben, wenn es bereits geschehen ist und Gott uns das durch den Heiligen Geist bezeugt: »Ja, ich habe es schon getan! Du brauchst nur zu empfangen, was ich schon für dich vollbracht habe.« Würdest du jedoch denken, deine Errettung müsse erst noch vollzogen werden und basiere darauf, ob du gut genug dafür seist, dann würdest du schnell zu der Überzeugung kommen: *Bei mir wird das nicht funktionieren!* Da dir Sündenvergebung jedoch als vollendete Tatsache vorgestellt wurde, warst du in der Lage, sie zu empfangen.

Dasselbe gilt für jeden anderen mit der Errettung einhergehenden Segen, einschließlich Heilung. Alles wurde bereits zur Verfügung gestellt. Am Kreuz trug Jesus zur selben Zeit, als er all deine Sünde trug, auch all deine Krankheiten, Gebrechen und

Schwachheiten. Du musst dich nicht fragen: *Wird Gott mich heilen?* Denn genau wie Vergebung ist auch Heilung bereits eine vollendete Tatsache! Es kommt nur darauf an, ob du dich danach ausstrecken und sie durch Glauben in Empfang nehmen kannst. Wenn du die Haltung einnimmst, dass Heilung bereits vollbracht ist, wird sie in deinem Leben auch sichtbar werden. Gepriesen sei der Herr!

KAPITEL 7

Das Beste, was Gott hat

Anfang des Jahres 2000 predigte ich in einer Gemeinde in Lewisville, Texas, über das Thema Gnade und Glaube. Über diese Wahrheit habe ich schon unzählige Male gelehrt (unter anderem liegt auch ein Buch mit dem Titel »Leben im Gleichgewicht von Gnade und Glauben« vor). Wie immer ging es hauptsächlich darum, wie Glaube funktioniert. Dabei räumte ich auch mit einigen weit verbreiteten Missverständnissen auf (z. B. »Glaube« bedeute, darauf zu vertrauen, dass Gott irgendwann einmal in der Zukunft tätig werde). Ich benutzte damals den Bereich der Heilung als Hauptbeispiel, um zu vermitteln, dass wahrer biblischer Glaube auf das vertraut, was Gott bereits aus Gnade getan hat.

Auch Chris Ochenski besuchte diese Veranstaltung und nahm ihrer kranken Tochter Niki meine Predigtkassette nach Hause mit. Niki liebte den Herrn und hatte eine innige Beziehung zu ihm. Doch mit ihren gerade erst 19 Jahren war sie nun schon seit fünf langen Jahren schwer krank.

Fehlgeleiteter Glaube

Niki glaubte, dass Gott sie heilen würde, konnte aber bis zu jenem Zeitpunkt noch keinen sichtbaren Erfolg verzeichnen. Der Herr hatte ihr in Visionen mitgeteilt, dass sie geheilt werden würde, und aus diesem Grund stand sie fest im Glauben und war guter

Dinge. Niki pries Gott, auch wenn ihr Arzt bei seinen wöchentlichen Routinebesuchen immer damit rechnete, dass es der letzte gewesen sein könnte. Niki war schon fast tot!

Obwohl sie Glauben besaß, war dieser Glaube fehlgeleitet. Niki glaubte, Gott werde sie in der Zukunft einmal heilen. So wartete sie passiv ab, dass der Herr etwas tun würde. Dann hörte sie sich meine Lehre darüber an, dass Gott schon alles vollbracht hat und Glaube bloß noch hinübergreift, um sich das anzueignen, wofür Gott bereits Vorsorge getroffen hat. Über meine Bemerkung, dass fortschreitende Wunder nicht das Beste seien, was Gott hat, regte sich Niki zunächst richtig auf.

Ich habe nichts gegen Wunder, die schrittweise geschehen, und es gibt auch keine »schlechte« Weise, geheilt zu werden. Allerdings sind einige Möglichkeiten besser als andere – und Gottes Bestes für jeden ist immer ein sofortiges Wunder! Der einzige Grund, warum sich manche Wunder schrittweise vollziehen, findet sich in dem, was Menschen glauben. Ihre Theologie – ihre Denkweise – erlaubt dem Wunder, sich nur nach und nach einzustellen.

Niki nahm also wie gesagt an meiner Feststellung Anstoß, da der Herr selbst ihr ja erklärt hatte, sie würde ein fortschreitendes Wunder erleben. Doch weil sie eine so gute Beziehung zu Gott hatte, stellte sie ihm Fragen. Als sie sich meine Kassette anhörte, sagte sie in ihrem Herzen: *Also, Gott, was sagst du dazu? Du hast mir doch erklärt, ich würde schrittweise geheilt!* Er antwortete ihr: *Niki, das entspricht deinem Glauben. Genau daran hast du geglaubt. Mehr konntest du nicht empfangen, also bin ich dir da begegnet, wo du gestanden hast. Doch das Beste, was ich habe, kommt immer augenblicklich.*

Als Niki das verstand, erkannte sie, dass sie schon fünf Jahre zuvor hätte geheilt werden können. Sie hatte passiv auf Gott »gewartet« und ihr Glaube war nicht auf eine sofortige Heilung ausgerichtet gewesen. Sie hatte einfach nicht verstanden, wie Gnade und Glaube zusammenarbeiten, um das zur Verwirklichung zu bringen, wofür Gott bereits Vorsorge getroffen hatte. Als sie jedoch erkannte, dass ihre Heilung schon vollbracht war, wurde das für sie zu einer Offenbarung.

Neu ausgerichteter Glaube

Am nächsten Tag besuchte ich die Ochenskis. Ich hatte vorher dafür gebetet, dass Niki im Verlauf meines Besuchs eine solche Wut packen würde, dass sie sich in kämpferischem, gewaltsamem Glauben nach ihrer Heilung ausstrecken und sie ergreifen würde (Mt 11,12). Bis zu diesem Tag war sie nicht einmal mehr in der Lage gewesen, selbstständig zu essen, auf die Toilette zu gehen oder auch nur ihre Haare zu kämmen. Niki war zwar nicht gelähmt, aber so schwach und gebrechlich, dass sie nicht einmal mehr ihre Hand heben, geschweige denn sich bewegen oder gar umhergehen konnte. Als ich dann da war, wurde Niki zu guter Letzt tatsächlich so ärgerlich, dass sie mich beiseitestieß, aufstand und ging.

Ich hatte ihren Glauben einfach nur neu ausgerichtet. Niki hatte gedacht, »Glaube« sei etwas, das sie produzieren müsse, und dass Gott dann früher oder später darauf reagieren und ihr Heilung gewähren würde. Ich erklärte ihr ganz einfach: *»Nein, das ist kein biblischer Glaube. Du musst glauben, dass Gott deine Heilung schon vollbracht hat, und dann – durch Glauben – in die geistliche Welt hineinlangen und ergreifen, was dir schon rechtmäßig gehört.«* Kaum hatte Niki diese Offenbarung empfangen, als sich auch schon schlagartig ihre Heilung vollzog.

Das war auch mir dienlich, denn ich erkannte, wie das Verständnis dieser geistlichen Zusammenhänge den Glauben eines

Menschen tatsächlich neu ausrichten kann. Deshalb versuche ich seitdem, diese Erkenntnis mit so vielen Menschen wie möglich zu teilen. Da Nikis Heilung diese Wahrheit so dramatisch veranschaulicht, produzierten wir ein Video darüber und nannten es »Niki Ochenski – The Story of a Miracle!« Dieses mächtige Video hat bereits das Leben Zehntausender Menschen beeinflusst.

In den letzten Jahren habe ich mehr Heilungen gesehen, als in den vielen Jahren davor. Das liegt einfach daran, dass die Menschen jetzt das richtige Verständnis bekommen und dann sagen können: »Ich bitte Gott nicht länger, mich zu heilen; ich empfange jetzt meine Heilung, die er mir bereits zur Verfügung gestellt hat.« Auch wenn ich jetzt für einen anderen bete, bitte ich Gott nicht länger, den Betreffenden zu heilen. Stattdessen teile ich Heilung aus. Ich gebe ihm Heilung – dieselbe übernatürliche Heilungskraft, die Gott in mich gelegt hat!« Sowohl andere als auch ich selbst sehen dadurch unvergleichlich bessere Ergebnisse – Ehre sei Gott!

Lange hinüber und empfange!

All das Gesagte trifft natürlich auch auf deine Finanzen zu. Gott hat bereits Segen und die Kraft, Vermögen zu schaffen, auf dich befohlen. Du musst jetzt nur lernen, wie du im Glauben hinüberlangen und diesen Reichtum in Empfang nehmen kannst.

Gott gibt dir Vermögen nicht direkt, sondern er gibt dir die Kraft, es zu erlangen.

> *Sondern du sollst an den Herrn, deinen Gott, denken, dass er es ist, der dir Kraft gibt, Vermögen zu schaffen; – damit er seinen Bund aufrechterhält … — 5. Mose 8,18*

Als wiedergeborener Gläubiger besitzt du bereits Gottes Salbung für Reichtum und seine Kraft für Vermögen. Doch musst du in deinem Herzen auch glauben, dass du sie schon hast, um sie dann durch Glauben arbeiten zu lassen.

In dem Prozess, diese Kraft zum Einsatz zu bringen und zu erleben, wie das Vermögen dann in Existenz kommt, spielen viele Dinge eine Rolle. Zunächst einmal muss man von ganzem Herzen nach Gott und seinem Reich trachten (Mt 6,33). Man muss auf ihn vertrauen und anfangen zu geben. Dabei ist es wichtig zu verstehen, dass zwischen Saat und Ernte immer eine Zeitspanne liegt. Darüber hinaus muss man auch arbeiten gehen. Es gibt viele praktische Dinge, die man tun kann, um im Hinblick auf Wohlstand mit Gottes Glaubensgesetzen aktiv zu kooperieren.

Der Herr hat diese Wahrheiten tief in meinem Leben verankert. Nach einer Vergangenheit, in der wir als arme und junge Diener Gottes manchmal fast verhungerten, erleben meine Frau und ich heute eine Zeit, in der Gott durchschnittlich Jahr für Jahr, Woche für Woche und Tag für Tag 1200 US-Dollar pro Stunde für die Verkündigung des Evangeliums zur Verfügung stellt. Ich habe mehrere Lehrserien, die dir zu einem besseren Verständnis und der Verwirklichung von Wohlstand verhelfen können. Dazu gehören die Einzel-Lehreinheit »Grace and Faith in Giving« und die Lehralben »Financial Stewardship«, »Blessings and Miracles« und »The Power of Partnership«. Auf Deutsch ist zudem das Buch »Treu mit Finanzen umgehen« erhältlich. Wohlstand bedeutet, einfach genug von Gottes Versorgung zu haben, um seinen Willen für unser Leben vollständig erfüllen zu können. Ich bete, dass du diese Offenbarung ergreifst und deine Bestimmung in ihm voll und ganz erreichst!

Wenn du einmal völlig davon überzeugt bist, dass Gott aus Gnade Wohlstand bereits zur Verfügung gestellt hat, wirst du im

Glauben in die geistliche Welt hinüberlangen und ihn ergreifen. Dann kooperierst du mit der Kraft und der Salbung, Vermögen zu schaffen, die sich schon in deinem wiedergeborenen Geist befinden. Anstatt bloß zu beten und Gott zu bitten, dir das Geld in den Schoß regnen zu lassen, während du im Sessel hockst und stundenlang fernsiehst, wirst du aufstehen, ins Leben hinausgehen und Dinge in Angriff nehmen. Warum? Weil du weißt, dass Gott versprochen hat, alles Tun deiner Hand zu segnen (5Mo 28,8.12).

Wenn du also anfängst, Dinge zu tun – darauf vertraust, dass diese Salbung Gestalt annehmen und sich der Wohlstand einstellen wird –, dann wirst du diesen Wohlstand auch zunehmend erleben. Solltest du allerdings nur zu Hause sitzen, beten und darauf warten, dass Gott auf magische Art und Weise Geld in deine Brieftasche steckt, wirst du nie zu Wohlstand kommen. Gott sagte, dass er das Werk deiner Hände segnen wird. Hundert Mal null ist null (100 x 0 = 0). Du musst glauben, dass Gott seinen Teil schon erfüllt hat, und dann selbst etwas tun. Das funktioniert nicht nach dem Motto: *Gott, hast du nicht gesehen, wie ich gearbeitet habe? Jetzt setz du aber auch deine Kraft frei!* Nein! Du arbeitest, weil du glaubst, dass Gott dir diese Salbung, Vermögen zu schaffen, bereits gegeben hat, und handelst im Glauben, um diese Kraft freizusetzen, damit der vom Herrn schon zur Verfügung gestellte Wohlstand zum Vorschein kommt. Erkennst du den Unterschied?

Gott war schon aktiv

Bekenntnisse veranlassen Gott nicht, aktiv zu werden. Falls du glaubst, dass dein 599-maliges Aufsagen von *Durch seine Striemen bin ich geheilt worden!* Gott dazu zwingen wird, dich zu heilen, dann irrst du. Du kannst Gott zu gar nichts veranlassen! Glaube lässt ihn nicht aktiv werden. Gott ist bereits – aus Gnade – ein für alle Mal aktiv gewesen. Er hat bereits alles zur Verfügung gestellt. Deiner Not ist schon im Überfluss begegnet worden, bevor du sie jemals hattest. Weil der Herr bereits alles vollbracht hat, bekennst du Gottes Wort, um dein eigenes Herz zu ermutigen und den Teufel in die Flucht zu schlagen. Es mag nötig sein, dass du das Wort 599 Mal bekennst, bevor du es wirklich glaubst (Röm 10,17), aber Gott ist nicht derjenige, der aktiv werden muss. Er war bereits aktiv. Das Bekenntnis von Gottes Wort versetzt dich in die Position des Glaubens und schafft den Teufel aus dem Weg, sodass dein Segen Gestalt annehmen kann (Offb 12,11).

Du musst die Bibel nicht lesen, damit Gott dich liebt! Wenn du das Wort liest, wird er dich deswegen nicht mehr lieben, als er es ohnehin schon tut – und im anderen Fall auch nicht weniger. Allerdings wirst *du* Gott mehr lieben, wenn du die Bibel liest – und weniger, wenn du sie nicht liest. Gottes Liebe ist unveränderlich – deine nicht. Gott hat in seinem Wort Dinge deponiert, die diese Liebe und all das andere, was er in dein Leben hineingelegt hat, zum Vorschein bringen.

Gott liebt dich auch nicht mehr, wenn du ein heiliges Leben führst. Ein Mangel an Heiligkeit veranlasst ihn aber auch nicht, dich weniger zu lieben. Gott verhält sich – aus Gnade – jedem gegenüber gleich. Aber wenn du nicht heilig lebst, wirst du Gott nicht so sehr lieben. Sünde wird dein Herz hart machen und dich gegenüber den Dingen Gottes abstumpfen lassen (Hebr 3,13).

Du musst das Wort studieren, mit Gläubigen Gemeinschaft haben und gute Werke tun – aber nicht, um Gott zu aktivieren. Er war bereits aktiv. Aber du erkennst dadurch, dass du – im Glauben – in die geistliche Welt hineinlangen und empfangen musst. Eine Gemeinde zu besuchen, die Bibel zu lesen und gute Bibellehre zu hören, veranlassen Gott nicht dazu, in deinem Leben aktiv zu werden, sondern das alles hilft lediglich deinem Glauben.

Auch die Lektüre dieses Buches wird Gott nicht dazu veranlassen, dich mehr zu lieben. Er beobachtet dich nicht vom Himmel aus und stellt fest: »Ah! Du liest Andrews Buch! Dafür bekommst du drei Sternchen, und wenn du sechs davon hast, erhöre ich eines deiner Gebete!« Nein, Gott arbeitet nicht nach diesem Prinzip! Der Herr liebt dich und seine Gnade für dich ist immer gleich, egal, ob du dieses Buch liest oder nicht. Aber deine Einstellung zu Gott und seiner Gnade wird nicht dieselbe sein, wenn du diese Wahrheiten nicht verstanden hast. Ohne diese Offenbarung wird in deinem Leben nicht derselbe Grad an Glauben wirksam sein. Diese Lehre hilft deinem Glauben – deiner positiven Reaktion auf das, was Gott bereits vollbracht hat.

Die Bibel zu lesen und eine Gemeinde zu besuchen, hilft dir. Das Studium des Wortes und Gemeinschaft mit anderen Gläubigen entfachen deine Liebe zu Gott (Hebr 10,23–25). Der Herr allerdings würde dich auch dann noch genauso lieben, wenn du nie mehr eine Gemeinde besuchen oder sein Wort lesen würdest. Aber das wäre dumm! Warum solltest du dich selber von eben den Dingen abschneiden, die Gott dir als Hilfe für dein Glaubensleben gegeben hat?

Glaube als Reaktion auf Gnade

Obwohl diese Dinge unverzichtbar sind, solltest du dennoch niemals denken, dass dein Handeln Gott zu einer Reaktion veranlasst. Das tut es nie. Er hat aus Gnade bereits alles vollbracht, und Glaube ist unsere Reaktion auf ihn. Fleisch, Werke und Gesetzlichkeit versuchen allesamt, etwas zu tun, um Gott eine positive Reaktion abzunötigen. Aber der Herr sagte, dass er seinen Ruhm niemals mit jemandem teilen werde. Du hast Gott nicht »veranlasst«, dich zu retten, zu heilen oder mit Wohlstand zu segnen. Er hatte schon alles vollbracht. Du hast lediglich im Glauben positiv darauf reagiert, dich danach ausgestreckt und dir das angeeignet, was er bereits zur Verfügung gestellt hatte.

Verwechsle auf keinen Fall die beiden folgenden Dinge: deine Bemühungen, Gott durch deinen Glauben zum Handeln zu »veranlassen«, und deinen Glauben, der das sichtbar werden lässt, was Gott schon vollbracht hat. Du kannst Gott zu nichts zwingen. Aber du kannst – durch Glauben – das, was er bereits zur Verfügung gestellt hat, dazu bringen, sichtbar zu werden. Das ist ein großer Unterschied!

Glaube ist einfach deine positive Reaktion auf das, was Gott bereits getan hat, und dafür bekommst du keine Ehre; denn du kannst nicht behaupten, du hättest etwas geschehen lassen. Es war Gottes Kraft, nicht deine. Gott hat nicht auf dich oder auf etwas, was du getan hast, reagiert. Du hast einfach nur auf seine Gnade reagiert!

Glaube oder Gnade, für sich allein genommen und unabhängig voneinander, wird dich töten. Beide müssen einander ergänzen, damit du das überfließende Leben, das du nach Gottes Absicht genießen sollst, auch wirklich erfahren kannst. Die sogenannte Glaubenslehre, die nur nach dem Grundsatz operiert: *Tu etwas, um Gott zum Handeln zu bewegen!*, wird dich töten. Du wirst im Fleisch enden – enttäuscht, gesetzlich und werkeorientiert. Extreme Gnade wird dich andererseits ebenso umbringen. Wenn dein Leben nach der Devise verläuft: *Gott macht alles und wir haben nichts damit zu tun*, wird deine daraus resultierende Passivität verhindern, dass sich das, was der Herr bereits getan hat, in deinem Leben auswirkt. Dann musst du dir alle möglichen Entschuldigungen ausdenken, warum du das überfließende Leben nicht erlebst, das Gott in seiner Gnade zur Verfügung gestellt und in seinem Wort eindeutig verheißen hat. Gnade und Glaube müssen zusammenarbeiten!

»Ich habe viel mehr gearbeitet«

Paulus verstand und lebte durch diese Wahrheit.

> *Aber durch Gottes Gnade bin ich, was ich bin; und seine Gnade mir gegenüber ist nicht vergeblich gewesen, sondern ich habe viel mehr gearbeitet als sie alle; nicht aber ich, sondern die Gnade Gottes, die mit mir ist.*
> *— 1. Korinther 15,10*

Paulus kooperierte mit Gottes Gnade. Er arbeitete nicht, um diese Gnade zu erlangen, sondern, nachdem die Gnade erschienen war, arbeitete er im Glauben, um danach zu greifen und das zu empfangen, was Gott bereits getan hatte. Das ist eine mächtige Offenbarung!

Ich bitte Gott, dass er dir geistliches Verständnis und Weisheit gibt, wenn du diese Offenbarung von Gnade und Glauben zunehmend in Einklang miteinander bringst und in deinem täglichen Leben anwendest. Dieses Buch wird im Weiteren auf den Fundamenten aufbauen, die bisher gelegt worden sind. Ich werde einige Dinge mitteilen, die dich wirklich ermutigen und dir helfen werden, das Erkannte erfolgreich in die Tat umzusetzen.

KAPITEL 8

Im Geist sehen

Wir sind schon gesegnet worden (Eph 1). Gott hat es bereits vollbracht. Er hat uns schon mit jeder geistlichen Segnung in Christus gesegnet (Eph 1,3). In uns lebt dieselbe Kraft, die Jesus Christus von den Toten auferweckt hat (Eph 1,19–20). Alles, was wir jemals benötigen werden, wurde uns bereits zur Verfügung gestellt. Es geht nicht darum, Gott zu bitten, etwas zu tun, sondern vielmehr darum, zu glauben, dass alles schon getan ist, und es freizusetzen, damit es in der materiellen Welt Gestalt annimmt.

Gott hat – aus Gnade – schon alles vollbracht. Glaube ist keine Aktivität, mit der wir Gott zum Handeln veranlassen, sondern unsere positive Reaktion auf das, was Gott bereits getan hat. Da Gott schon alles vollbracht hat, ist Glaube einfach und kein Kampf. Wir müssen nicht mehr alle erdenklichen Dinge tun, um Gott zu etwas zu überreden. Glaube ist einfach unsere positive Reaktion auf das, was Gott schon vollbracht hat.

Wie kann das sein?

Viele Menschen fragen sich verwundert: *Wie kann das sein?* Es übersteigt ihr Fassungsvermögen und bringt sie an ihre Grenzen. Sie erklären: »Ich fühle mich elend und kämpfe gegen Depression an. Ich verstehe nicht, wie du behaupten kannst, der Herr hätte schon alles ihm Mögliche getan und ich wäre schon geheilt. Das kann nicht stimmen. Hier ist der schriftliche Befund meines Arztes, der beweist, dass es falsch ist!« Oder sie haben Schmerzen und andere körperliche Symptome und schließen daraus: »Nein, ich bin nicht geheilt.« Für viele Menschen übersteigen diese Wahrheiten einfach ihren Glauben, weil sie in so offensichtlichem Widerspruch zu dem stehen, was sie gegenwärtig auf körperlicher Ebene erfahren.

Doch die Bibel lehrt eindeutig, dass Gott uns schon gesegnet hat. Wir besitzen dieselbe Kraft, die Christus von den Toten auferweckt hat. Alles ist bereits eine vollendete Tatsache, und du hast schon alles, was du brauchst. Wahrscheinlich fragst du dich nun: *Wenn das alles stimmt, wo ist es dann?* In der geistlichen Welt!

Gott war bereits aktiv und hat uns mit jeder geistlichen Segnung gesegnet. Alles, was wir jemals benötigen werden – Freude, Friede, Weisheit, Offenbarungswissen und dergleichen –, wurde uns schon zur Verfügung gestellt. Aber das alles befindet sich im Bereich des Geistes.

Wenn du nicht verstehen kannst, dass alles, was Gott dir schon zur Verfügung gestellt hat, auf der geistlichen Ebene existiert, dann wird dir die Wahrheit, die ich hier lehre, entgehen. Warum? Weil die physische Welt nicht exakt widerspiegelt, was in der geistlichen Welt wahr ist. Glaube ist wie eine Brücke und bringt das, was in der geistlichen Welt wahr und real ist, in die physische Welt hinein. Die Wahrheit aber ist, dass nur sehr wenige Gläubige ihrem Glauben gestatten, eine solche Brücke zu bilden, über die all das, was Gott bereits vollbracht hat, in die natürliche Welt hineingelangt. Wir erleben einfach nicht sehr viele Manifestationen unseres Glaubens.

Meine neue Identität

Zu den ersten klaren Offenbarungen, die mir Gott gab, gehörte die Wahrheit, dass ich gerecht geworden war. Das war keine Gerechtigkeit, die ich mir durch mein Handeln verdient hätte, sondern ein Geschenk Gottes, das ausschließlich auf seinem Handeln beruhte (2Kor 5,21). Diese Gerechtigkeit resultierte nicht aus der Tatsache, dass ich heilig lebte und alles richtig machte. Als ich von neuem geboren wurde, wurde Jesus Christus selbst zu meiner Gerechtigkeit (1Kor 1,30). Mein wiedergeborener Geist wurde »in wahrhaftiger Gerechtigkeit und Heiligkeit« geschaffen (Eph 4,24). Meine neue Natur wurde dazu geschaffen, gerecht zu sein. Ich werde nicht gerade erst gerecht oder muss mich noch in diese Richtung entwickeln. In meinem Geist bin ich gerecht. Und das gilt für jeden wiedergeborenen Gläubigen!

Doch obwohl ich diese Wahrheit im Wort und in meinem Herzen erkannt hatte, konnte ich sie mit meiner Erfahrung nicht nachvollziehen. Ich schaute in den Spiegel und sah Pickel, Falten und Tränensäcke. In meine Gefühle und Gedanken mischten sich bisweilen Wut, Bitterkeit, Begierde und viele andere üble Dinge. Wenn ich das alles in Betracht zog, war mir eins klar: Ich war nicht wie Jesus. Zu jener Zeit dachte ich, dass die Bibel, wenn sie davon sprach, gerecht zu sein – als Gerechtfertigter vor Gott zu stehen –, damit eine sündlose Perfektion in Bezug auf meine Gedanken, Gefühle und Handlungen meinte. So überprüfte ich sorgfältig meine Handlungen (Körper), meine Gedanken und Gefühle (geistig-emotionaler Bereich, auch als Seele bekannt), konnte aber diese Gerechtigkeit nicht wahrnehmen. Damit kämpfte ich für eine lange Zeit. Dann gab mir der Herr eine Offenbarung über das Verhältnis von Geist, Seele und Körper. (Für ein intensiveres Studium empfehle ich mein Buch »Geist, Seele & Körper«.)

Durch diese Offenbarung über Geist, Seele und Körper wurde mir klar, dass die Bibel, wenn sie mich als gerecht bezeichnet, von meinem wiedergeborenen Geist spricht und nicht von meinen Gedanken, Gefühlen, Handlungen und meinem biologischen Körper. Ich begann zu verstehen, dass sich in meinem Geist eine totale Veränderung vollzogen hatte. Ich war eine neue Schöpfung. Ich besaß eine neue Identität.

Daher, wenn jemand in Christus ist, so ist er eine neue Schöpfung; das Alte ist vergangen, siehe, Neues ist geworden.
— 2. Korinther 5,17

Ich erkannte nun, dass ich in meinem Geist zu einer vollkommen neuen Person geworden war.

Als ich aufhörte, mich nach dem zu richten, was ich im Spiegel sah, was ich dachte und was ich in meinem Handeln beobachtete, erfuhr ich in meinem Leben als Christ zunehmend Sieg. In dem Maße, wie ich meine Identität zu einer neutestamentlichen, geistlichen Identität umformte, kam ich mehr und mehr in den wirklichen Genuss des überfließenden Lebens, das die Bibel verheißt (Joh 10,10). Wie geschah das? Durch Gottes Wort!

»... sind auch wir in dieser Welt«

Gottes Wort ist die einzig zuverlässige und zutreffende Darstellung der geistlichen Welt. Jesus erklärte:

Der Geist ist es, der lebendig macht; das Fleisch nützt nichts. Die Worte, die ich zu euch geredet habe, sind Geist und sind Leben. — Johannes 6,63

Gottes Wort ist geistlich. Die Bibel erklärt uns, was in der geistlichen Welt wirklich abläuft.

Aus diesem Grund tun sich manche Menschen auch so schwer damit, Gottes Wort zu verstehen. Sie versuchen das, was die Bibel über ihren Geist sagt, in der natürlichen Welt wahrzunehmen. Nehmen wir zum Beispiel 1. Johannes 4,17: »... denn wie er [Jesus Christus] ist, sind auch wir in dieser Welt«. Hier ist nicht die Rede von unseren natürlichen Handlungen (Körper), unseren Gedanken und Gefühlen (Seele); denn das Wort Gottes offenbart klar, dass unser Körper und unsere Seele (vergänglich) ihren Veränderungsprozess erst eines Tages (Zukunft – wenn wir in den Himmel kommen) abgeschlossen haben werden, um dann vollkommen zu sein (Unvergänglichkeit angezogen haben). (Siehe 1Kor 13,9–12; 15,50–54.) Doch Christus ist genau jetzt vollkommen. Also welcher Teil von uns ist schon jetzt so vollkommen wie Jesus? Unser von neuem geborener Geist!

So wie Jesus ist, so sind auch wir – genau in diesem Moment in dieser Welt. Hier ist nicht von dem Zeitpunkt die Rede, wenn wir in den Himmel kommen, sondern vom Hier und Jetzt auf dieser Erde. Wir können allerdings nicht behaupten, dass wir jetzt schon genauso wie Jesus handeln. Du handelst vielleicht besser als ich oder besser, als du zuvor gehandelt hast, doch auf der körperlichen, emotionalen und intellektuellen Ebene verkörpern wir alle Jesus nicht hundertprozentig. Wir können 1. Johannes 4,17 nur dann richtig verstehen, wenn wir uns klarmachen, dass hier von unserem wiedergeborenen Geist die Rede ist. Im Geist bist du eine vollkommen neue Person. Dein wahres Ich – wer du in alle Ewigkeit sein wirst – ist, wer du in Christus bist. Auf der Grundlage dessen zu leben, wer wir in Jesus Christus sind, bezeichnet das Wort als »Wandel im Geist« (Gal 5,16). Wenn wir anfangen, im Geist zu wandeln, werden wir erleben, wie Gottes Kraft in unserem Leben sichtbar wird.

Der geistliche Spiegel

Gottes Wort ist ein geistlicher Spiegel. Wenn wir hineinschauen, erkennen wir, wer wir im Geist sind (2Kor 3,18). Er spiegelt immer »Christus in uns, die Hoffnung der Herrlichkeit« (Kol 1,27) wider. Diese Tatsache wirft auch ein erhellendes Licht auf Jakobus 1,22–25:

> *Seid aber Täter des Wortes und nicht allein Hörer, die sich selbst betrügen! Denn wenn jemand ein Hörer des Wortes ist und nicht ein Täter, der gleicht einem Mann, der sein natürliches Gesicht in einem Spiegel betrachtet. Denn er hat sich selbst betrachtet und ist weggegangen, und er hat sogleich vergessen, wie er beschaffen war. Wer aber in das vollkommene Gesetz der Freiheit [das Wort, besonders das Neue Testament] hineingeschaut hat und dabei geblieben ist, indem er nicht ein vergesslicher Hörer, sondern ein Täter des Werkes ist, der wird in seinem Tun glückselig sein.*

In dem Maße, wie wir in den Spiegel (Gottes Wort) schauen, unsere Identität in Christus entdecken (wer wir im Geist sind) und im Glauben dieser Erkenntnis entsprechend handeln, erleben wir, wie das Leben Gottes in uns zum Vorschein kommt.

Wenn ich dir sagte, dass dein Haar unordentlich ist, wie könntest du dann feststellen, ob das wirklich der Fall ist? Du kannst nicht danach gehen, wie es sich anfühlt. In den Spiegel zu schauen, ist die einzige Möglichkeit, um tatsächlich Bescheid zu wissen. Dann glaubst du es einfach und handelst dementsprechend. Falls dein Haar nicht richtig liegt, kämmst du es. Du vertraust darauf, dass dir der Spiegel die Wahrheit sagt.

Doch was du im Spiegel siehst, ist nur eine Reflexion von Lichtstrahlen und nicht dein eigentliches, wirkliches Gesicht. Das hast du in Wirklichkeit noch nie gesehen. Das ist wahr; denk einmal darüber nach! Du magst dein Bild zwar im Spiegel betrachten, es von Fotos oder Leinwandporträts kennen, aber du hast noch nie wirklich in dein eigenes Gesicht geschaut. Woher weißt du dann, dass diese Abbildungen deines Gesichts wirklichkeitsgetreu sind? Kennst du auch diese lustigen Zerrspiegel, die es im Vergnügungspark oder auf der Kirmes gibt? Jeder weiß auch, dass die Fotos der Menschen, die man in Illustrierten findet, »geschönt« sind; und das Zeichnen von Karikaturen wird sogar als eine Form von Kunst angesehen. Deshalb musst du darauf vertrauen, dass das Bild, das du im Spiegel siehst, der Realität entspricht.

Genauso verhält es sich, wenn wir in den geistlichen Spiegel von Gottes Wort hineinschauen. Das Wort erklärt uns, wer wir in Christus sind und was wir in ihm haben. Es offenbart uns geistliche Wahrheiten und was in der geistlichen Welt geschieht. Wenn wir Leben und Frieden erfahren wollen, müssen wir geistlich gesinnt sein.

> *Denn die [nicht notwendigerweise sündige, sondern natürliche] Gesinnung des Fleisches ist Tod, die Gesinnung des Geistes aber Leben und Frieden. — Römer 8,6*

Wenn wir uns von der Ebene des natürlichen Daseins – dem, was wir sehen, schmecken, hören, riechen und fühlen können – beherrschen lassen, werden wir uns nie in die übernatürlichen Dinge Gottes hineinbewegen können. Wenn wir nichts glauben können, was jenseits der Wahrnehmung oder der Bestätigung durch unsere fünf Sinne liegt, dann haben wir eine fleischliche Gesinnung. Wenn etwas zunächst wissenschaftlich bewiesen werden muss, ehe man an seine Existenz glaubt, dann ist man im Bereich des Natürlichen gefangen. Gott ist Geist und in der geistlichen Welt aktiv (Joh 4,24). Um zusammen mit Gott im Übernatürlichen zu fließen und Leben und Frieden zu genießen, muss man eine geistliche Gesinnung annehmen.

KAPITEL 9

Die geistliche Welt ist real

Einige Menschen erkennen in der Bibel, was Gott vollbracht hat, stehen dann aber vor einem scheinbar unlösbaren Problem: »Das Wort sagt, dass mir schon alles gehört. Aber man sieht mir nicht an, dass ich gesegnet bin, ich fühle mich nicht geheilt und es scheint auch nicht so, als besäße ich die Macht und die Salbung Gottes. Ich spüre kein Kribbeln in meinen Händen oder sonst irgendetwas! Wie kannst du behaupten, ich könne Kranke heilen, Tote auferwecken und ähnliche Dinge vollbringen?« Das alles geschieht auf der geistlichen und nicht auf der natürlichen, physischen Ebene. Wir haben es hier mit zwei verschiedenen Welten zu tun.

In 2. Könige 6 führt der König von Syrien Krieg gegen den König von Israel. Er legte zahlreiche Hinterhalte, um die Armee des israelitischen Königs zu vernichten. Aber jedes Mal, wenn er das tat, geriet er seinerseits in einen Hinterhalt. Es war, als wüsste der König von Israel über die Kriegspläne des syrischen Königs genau Bescheid.

Nachdem das einige Male geschehen war, zeigte sich der König von Syrien ziemlich perplex.

> *Da wurde das Herz des Königs von Aram über diese Sache sehr beunruhigt, und er rief seine Knechte und sagte zu ihnen: Könnt ihr mir nicht mitteilen, wer von den Unseren zum König von Israel hält? — 2. Könige 6,11*

Eigentlich fragte er damit: »Wer ist der Verräter? Irgendjemand hier muss ein Spion sein!«

Da sagte einer von seinen Knechten: »Nein, mein Herr und König, aber der Prophet Elisa, der in Israel ist, teilt dem König von Israel die Worte mit, die du in deinem Schlafzimmer redest« (2Kön 6,12).

Elisa, der die Stimme Gottes hörte, hielt den König von Israel auf dem Laufenden. Der König vertraute dem, was der Prophet im Geist sah, hörte auf seinen Rat und handelte entsprechend. Aus diesem Grund war er in der Lage, die syrische Armee jedes Mal zu besiegen.

Geistliche Wahrheit kontra physische Wahrheit

Deshalb entschloss sich der König von Syrien Jagd auf Elisa zu machen.

> *Da sandte er Pferde und Kriegswagen dorthin und ein starkes Heer. Und sie kamen bei Nacht und umringten die Stadt [in der Elisa war]. – Und als der Diener des Mannes Gottes früh aufstand und hinausging, siehe, da umringte ein Heer die Stadt und Pferde und Kriegswagen. Und sein Diener sagte zu ihm: Ach, mein Herr! Was sollen wir tun? — 2. Könige 6,14–15*

Elisas Diener sah die gewaltige Armee, erkannte, zu wem sie gehörte, und geriet in Panik, weil er wusste, dass sein Herr die Schlachtpläne des syrischen Königs wiederholt an den König von Israel weitergegeben hatte. Beachte jedoch die Reaktion des Propheten:

Fürchte dich nicht! Denn zahlreicher sind die, die bei uns sind, als die, die bei ihnen sind. — 2. Könige 6,16

Menschen, die nicht verstehen, dass das Leben mehr ist als das, was man sehen, schmecken, hören, riechen und fühlen kann, würden jetzt mit dem Blick auf Elisa behaupten: »Da hat er gelogen!« Für solche Menschen existiert keine Realität jenseits der physischen Welt. Deshalb haben sie für jemanden, der im Glauben handelt, kein Verständnis. Sie denken, dass ein Gläubiger lediglich behauptet, geheilt zu sein – obwohl er es in Wirklichkeit gar nicht ist –, in der Hoffnung, dass es dann irgendwann so sein wird. Ich hörte einmal, wie ein Mann Folgendes predigte: *Du musst sagen, dass es so ist, auch wenn es nicht so ist, damit es so sein wird.* Das ist nicht wahr! Das sind nur Lügen, Täuschungen und Gedankenspielchen. Ein Mensch des Glaubens beschreibt ganz einfach, was auf der geistlichen Ebene wahr, auf der materiellen Ebene aber noch nicht in Erscheinung getreten ist.

Wir müssen erkennen, dass geistliche und physisch greifbare Wahrheit nicht immer übereinstimmen. Wenn wir der geistlichen Wahrheit jedoch glauben, sie aussprechen und demgemäß handeln, wird sie die physische Wahrheit überwinden. Dein unerschütterlicher Glaube an Gottes ewiges Wort veranlasst die im Widerspruch dazu stehende zeitliche Existenzebene, sich zu verändern. Auf diesem Wege wird das, was in der geistlichen Welt wahr ist, dann auch in der materiellen Welt wahr.

Jemand, der wirklich im Glauben handelt, bekennt, was Gott in der geistlichen Welt bereits vollbracht hat. So sagt er auch durchaus die Wahrheit, wenn er behauptet: »Ich bin gesegnet! Ich habe alles, was ich brauche. Ich bin ein wohlhabender Mensch«, obwohl sein Konto im Minus steht. Und deshalb kann er auch, wenn sein Körper von Schmerzen und anderen Symptomen geplagt wird, erklären: »Durch seine Striemen bin ich geheilt. Ich bin schon geheilt worden. Danke Jesus!« Dieser Mensch gibt nicht bloß etwas vor, bis es dann tatsächlich eintritt. Wenn man im Glauben nicht lockerlässt, wird das, was in der geistlichen Welt wahr ist, in der materiellen Welt schließlich Gestalt annehmen.

Genau das tat Elisa. Er erklärte: »Fürchte dich nicht! Denn zahlreicher sind die, die bei uns sind, als die, die bei ihnen sind« (2Kön 6,16). Wäre nur das Realität, was in der physischen Welt existiert, was man also sehen, schmecken, hören, riechen und fühlen kann, dann hätte der Prophet mit dieser Aussage gelogen. Aber die geistliche Welt existiert in der Tat.

»Herr, öffne doch seine Augen«

Elisas Diener agierte jedoch nicht in gleicher Weise im Glauben wie sein Herr. Offensichtlich schockierte ihn die zuversichtliche Antwort des Propheten. Deshalb betete Elisa:

> *Herr, öffne doch seine Augen, dass er sieht! Da öffnete der Herr die Augen des Dieners, und er sah. Und siehe, der Berg war voll von feurigen Pferden und Kriegswagen um Elisa herum*
> — *2. Könige 6,17*

Die physischen Augen des jungen Mannes waren bereits weit aufgerissen. Ich wette, sie waren so groß wie Untertassen, als er all diese Syrer sah, die gekommen waren, um sie gefangen zu nehmen. Aber Gott öffnete nun die Augen seines Herzens, sodass er im Geist sehen konnte. Und das ermöglichte es ihm, all die feurigen Pferde und Kriegswagen um sie herum wahrzunehmen!

Wir besitzen die Fähigkeit, das Unsichtbare zu sehen. Beschränke dich deshalb nicht auf das, was du mit deinen natürlichen Augen wahrnehmen kannst. Blicke durch Gottes Wort über die rein materielle Welt hinaus! Mit den Augen deines Herzens kannst du in die geistliche Welt hineinschauen.

Jesus bewegte sich auf genau dieser Ebene, als er sagte: »Wer Ohren hat, der höre!« (Mt 11,15). Selbstverständlich hatte jeder seiner Zuhörer natürliche Ohren und hörte damit, was er sagte. Aber Jesus bezog sich auf diejenigen, die ihn mit ihrem Herzen hören und seine Worte in ihrem tiefsten Inneren empfangen würden.

Um mit Gott zu gehen und große Taten zu vollbringen, müssen wir in der Lage sein, Dinge in unserem Herzen wahrzunehmen, die sich der Wahrnehmung durch unsere fünf Sinne entziehen. Genau darum betete Elisa für seinen Diener. Gott reagierte, und die geistlichen Augen des Mannes öffneten sich, sodass er die vielen Engel sehen konnte, von denen sie umgeben waren.

Die Engel stellten sich jedoch nicht erst dann ein, als der Diener sie sah. Sie waren schon vorher da gewesen. Nur war sich der Diener dessen nicht bewusst.

Glauben heißt sehen

Das Wort liefert uns keinerlei Hinweis darauf, dass auch Elisas geistliche Augen geöffnet wurden. Er sah nichts von alledem. Er hatte es nicht nötig. Denn auf der Grundlage von Gottes Verheißungen glaubte er es einfach.

Zu dieser Zeit hatte Gott seinem Volk schon viele Verheißungen geschenkt. König David, einer seiner Propheten, hatte früher schon zahlreiche Dinge niedergeschrieben, so auch die Verheißung:

Denn er bietet seine Engel für dich auf, dich zu bewahren auf allen deinen Wegen. Auf den Händen tragen sie dich, damit du deinen Fuß nicht an einen Stein stößt — Psalm 91,11–12

Doch es gab noch viele andere Verheißungen über Engel. Darüber hinaus hatte Elisa Gottes Pferde und Streitwagen auch schon vorher einmal gesehen (2Kön 2,11–12). Da Elisa also offensichtlich einfach glaubte, brauchte er im Natürlichen nichts zu sehen.

Für uns Gläubige gibt es viele geistliche Wahrheiten und Realitäten in uns und um uns herum, die die meisten noch nie wahrgenommen haben. Beherrscht von einer fleischlichen Einstellung, beschränken wir uns in dem, was wir glauben, lediglich darauf, was wir mit unseren natürlichen fünf Sinnen wahrnehmen können. Doch wir müssen über die physische Ebene hinausgehen und erkennen, dass es eine reale geistliche Welt gibt!

In dieser geistlichen Welt hat Gott dich bereits geheilt. Er hat seinen Segen schon auf dich befohlen. Freude, Frieden und Liebe wurden dir bereits gegeben. All das und noch viel mehr befindet sich im Überfluss in dir – in deinem von neuem geborenen Geist. Doch bevor du diese Dinge außerhalb von dir (im Physischen sichtbar) siehst, musst du sie erst einmal in dir (mit den Augen deines Herzens) sehen.

Die geistliche Welt ist nicht vorgetäuscht. Sie ist kein Fantasiereich. Sie ist Realität! Tatsächlich hat die geistliche Welt die materielle Welt geschaffen. Das Sichtbare, d. h. alles, was wir sehen und berühren können, wurde durch das Unsichtbare erschaffen.

Durch Glauben verstehen wir, dass die Welten durch Gottes Wort bereitet worden sind, sodass das Sichtbare nicht aus Erscheinendem geworden ist. — Hebräer 11,3

Gott nahm geistliche Substanz – Dinge, die in der geistlichen Welt real waren – und machte daraus alles, was in der physischen Welt existiert. Die geistliche Welt ist die übergeordnete Kraft und die übergeordnete Kraft ist immer größer. Der Schöpfer ist immer größer als die Schöpfung. Aus Gottes ewiger Perspektive ist die geistliche Welt realer als die natürliche.

Das verstand auch Elisa. Da er glaubte, dass ihn schützende Engel umgaben, begab er sich kühn mitten unter die Feinde, hob seine Hand und schlug sie mit Blindheit. Augenblicklich tappte das gesamte Heer im Dunkeln. Elisa befahl den Soldaten, sich an den Händen zu fassen, und führte sie dann im Gänsemarsch direkt zum König von Israel. Dort angekommen betete er und ihre Augen wurden geöffnet (2Kön 6,18–20). Elisa nahm die gesamte syrische Armee gefangen, weil er an die Kraft glaubte, die ihm in der geistlichen Welt zur Verfügung stand. Er wusste, dass sie dort existierte und nahm sie in Anspruch. Elisa bediente sich keiner natürlichen, sondern ausschließlich geistlicher Waffen, um das alles zu vollbringen. Die geistliche Welt ist real!

KAPITEL 10

Wo Gott wirkt

Auch das Leben von Daniel ist ein deutliches Beispiel für die Realität der geistlichen Welt. Daniel betete, weil er in Bezug auf die Prophezeiung Jeremias, die zu seiner Zeit offensichtlich nicht in Erfüllung zu gehen schien, Offenbarungswissen empfangen wollte (Dan 9,2).

> *Und dieses ganze Land wird zur Trümmerstätte, zur Wüste werden; und diese Nationen werden dem König von Babel dienen siebzig Jahre lang. — Jeremia 25,11*

Mittlerweile waren schon mehr als siebzig Jahre vergangen. Später in diesem Kapitel zeigte der Herr Daniel, dass es sich dabei jedoch in Wirklichkeit um Jahrwochen, das heißt Abschnitte zu je sieben Jahren, handelte (490 Jahre) und nicht nur um 70 Jahre (Dan 9,24).

Daniel bat also um Offenbarung und betete.

> *Und ich richtete mein Gesicht zu Gott, dem Herrn, hin, um ihn mit Gebet und Flehen zu suchen, in Fasten und Sack und Asche. Und ich betete zum Herrn, meinem Gott, und ich bekannte und sprach … — Daniel 9,3–4*

Er setzte sein Gebet fort und in Vers 19 heißt es dann:

»Herr, höre! Herr, vergib! Herr, merke auf und handle! Zögere nicht, um deiner selbst willen, mein Gott! Denn dein Name ist über deiner Stadt und deinem Volk ausgerufen worden.«

Drei Minuten

Während ich noch redete und betete und meine Sünde und die Sünde meines Volkes Israel bekannte und mein Flehen für den heiligen Berg meines Gottes vor den Herrn, meinen Gott, hinlegte – und während ich noch redete im Gebet, da, zur Zeit des Abendopfers, rührte mich der Mann Gabriel an [derselbe Engel, der auch Zacharias und Maria in Lukas 1,19.26–28 erschien], den ich am Anfang in der Vision gesehen hatte, als ich ganz ermattet war. Und er wusste Bescheid, redete mit mir und sagte: Daniel, jetzt bin ich ausgegangen, um dich Verständnis zu lehren. — Daniel 9,20–22

Daniel brauchte ungefähr drei Minuten, um dieses Gebet zu sprechen (Dan 9,4–19). Und noch während er betete, tauchte der Engel Gabriel auf und verkündete: »Ich bin mit deiner Antwort hier!« Wäre es nicht wunderbar, wenn die Antwort auf alles, wofür du betest, schon nach drei Minuten vor deinen Augen Gestalt annähme?

Beachte, zu welchem Zeitpunkt Gott dieses Gebet tatsächlich schon beantwortet hatte:

***Am Anfang deines Flehens ist ein Wort ergangen**, und ich bin gekommen, um es dir mitzuteilen. Denn du bist ein Vielgeliebter. So achte nun auf das Wort und verstehe die Erscheinung. — Daniel 9,23*

Gott wurde also schon gleich zu Anfang von Daniels Gebet in der geistlichen Welt aktiv und erteilte seinen Befehl (ließ sein Wort ergehen). Trotzdem dauerte es annähernd drei Minuten, bis Gabriel auftauchte!

Warum keine sofortige Manifestation?

Die meisten Menschen nehmen an, dass Gott mit Dingen wie Zeit, Raum oder Entfernung nichts zu tun habe. Anhand dieses Beispiels aus dem Buch Daniel können wir jedoch ganz klar erkennen, dass zwischen dem Befehl Gottes an einen seiner Engel und dem Erscheinen dieses Engels an seinem Bestimmungsort eine Zeitspanne von nahezu drei Minuten lag. Das ist nicht lange, aber dennoch offenbart es deutlich, dass Gott zuerst in der geistlichen Welt aktiv wurde, ehe es dann einen Beweis in der materiellen Welt dafür gab.

Die meisten Menschen glauben, dass Gott nur etwas zu denken braucht, wenn er etwas geschehen lassen will, und dass es dann auch schon im selben Moment in der natürlichen Welt Gestalt annimmt. Sie denken, dass der Herr keinerlei Einschränkungen oder Beschränkungen unterliegen könnte. Das vorliegende Beispiel zeigt jedoch auf, dass Gott einen Befehl gab – sein Wort ergehen ließ – und der ganze Prozess daraufhin annähernd drei Minuten in Anspruch nahm.

Die Bibel gibt uns keine Erklärung darüber, was während dieser kurzen Zeitspanne passierte. Vielleicht musste Gabriel packen. Vielleicht befand er sich gerade am anderen Ende des Universums und brauchte drei Minuten, um hundert Milliarden Lichtjahre zurückzulegen. Wer weiß, was los war? Aber hier wird das Prinzip aufgerichtet, dass Gott in der geistlichen Welt etwas befiehlt, ehe das Ergebnis dann in der materiellen Welt sichtbar wird.

In Kapitel 10 betete Daniel noch einmal. Nach der schnellen Gebetserhörung in Kapitel 9 hätte sein Herz jetzt eher ermutigt und sein Glaube sogar noch gestärkt sein müssen. Doch obwohl derselbe Mann betete, sah das Ergebnis diesmal ganz anders aus.

Dämonischer Widerstand

Ich benutze Daniel gerne als Beispiel dafür, wie Gott Gebet beantwortet. Würde ich diesen Punkt mit einem Beispiel aus meinem eigenen Leben veranschaulichen, wärst du versucht, das mit dem Kommentar abzutun: »Nun gut, Andrew, du bist eben anders als ich. Du musst wohl zu Gottes Lieblingen gehören. Auf manche Menschen reagiert er eben bereitwilliger.« Aber von Daniel kannst du das nicht behaupten. Ein und derselbe Mann betete zwei Mal und erzielte zwei völlig unterschiedliche Ergebnisse.

Beim zweiten Mal dauerte es ganze drei Wochen und nicht bloß drei Minuten, ehe Daniel mit seinen eigenen Augen das sah, wofür er gebetet hatte.

> *In jenen Tagen trauerte ich, Daniel, drei volle Wochen. Köstliche Speise aß ich nicht, und weder Fleisch noch Wein kamen in meinen Mund; und ich salbte mich nicht, bis drei volle Wochen um waren. — Daniel 10,2–3*

Wieder fastete und betete Daniel, doch war das Ergebnis schlechter und nicht besser.

Und siehe, eine Hand rührte mich an und rüttelte mich auf, so dass ich wieder auf meine Knie und Handflächen kam. Und er sprach zu mir: Daniel, du vielgeliebter Mann! Achte auf die Worte, die ich zu dir rede, und steh an deinem Platz! Denn ich bin jetzt zu dir gesandt. Und als er dieses Wort mit mir redete, stand ich zitternd auf. — Daniel 10,10–11

Hast du dich jemals gefragt, warum Gott manche Gebete in drei Minuten und andere in drei Wochen beantwortet? Hast du auch schon einmal erlebt, dass Gott für dich etwas schnell erledigt hat und dass es bei anderer Gelegenheit Wochen, Monate, ja sogar Jahre dauerte? Während dieser ganzen Zeit hast du im Glauben gestanden und dich gewundert: *Gott, warum tust du das? Warum brauchst du so lange, um mein Gebet zu beantworten?* Doch das ist die falsche Fragestellung. Der folgende Vers zeigt, warum:

Und er sprach zu mir: Fürchte dich nicht, Daniel! Denn ***vom ersten Tag an****, als du dein Herz darauf gerichtet hast, Verständnis zu erlangen und dich vor deinem Gott zu demütigen,* ***sind deine Worte erhört worden****. Und um deiner Worte willen bin ich gekommen. — Daniel 10,12*

Gott gab den Befehl und beantwortete das Gebet gleich am allerersten Tag, die Antwort darauf manifestierte sich jedoch erst drei Wochen später. Warum? Es gab dämonischen Widerstand!

Aber der Fürst des Königreichs Persien [eine dämonische Macht] stand mir 21 Tage entgegen. Und siehe, Michael, einer der ersten Fürsten [ein anderer Engel; siehe Judas 9 und Offenbarung 12,7], kam, um mir zu helfen, und ich wurde dort entbehrlich bei den Königen von Persien. — Daniel 10,13

Dieser Engelsbote benötigte drei Wochen und zusätzliche Hilfe, um den dämonischen Widerstand zu durchbrechen und Daniels Gebetsantwort in die sichtbare Welt hineinzubringen.

Hindernisse

Gott aber hatte in beiden Fällen sofort reagiert. Es war durchaus nicht so, dass er beim ersten Mal nach drei Minuten und das zweite Mal erst nach drei Wochen geantwortet hätte. Gott beantwortete Daniels Gebet in beiden Fällen sofort. Gott war nicht die Variable. Bei ihm hatte sich nichts geändert. Er blieb konstant. Im Alten Testament sah Daniel im Glauben dem entgegen, was Jesus noch tun würde. Als Gläubige des Neuen Testaments schauen wir heute auf das zurück, was Gott durch Christus bereits getan hat. Alles ist schon »unter Dach und Fach«!

Gott beantwortet nicht manche Gebete nach drei Minuten und andere erst nach drei Wochen. Der Herr beantwortet alles sofort! Alles ist schon bereitgestellt. Es ist schon vollbracht. Gott traf die Vorsorge, noch bevor du jemals ein Bedürfnis hattest. Es ist nicht so, dass Gott für verschiedene Menschen auf unterschiedliche Weise aktiv wird, sondern vielmehr so, dass die Menschen auf unterschiedliche Weise empfangen. Gott hat seinen Teil bereits erfüllt, doch es gibt Dinge, die das, was er auf der geistlichen Ebene vollbracht hat, daran hindern, in die materielle Welt zu gelangen.

Viele Menschen nehmen fälschlicherweise an, der Teufel sei allmächtig und allwissend. Im Prinzip glauben sie, Satan sei zuverlässiger als Gott. Sie sind sich einfach nicht sicher, ob der Herr ihr Gebet erhört, selbst wenn sie alles richtig machen. Doch sind sie absolut davon überzeugt, dass der Teufel sie sofort verschlingt, wenn sie nur den geringsten Fehler machen. Solche Menschen denken, der Teufel sei immer da und lasse niemals eine Gelegenheit aus. Deshalb sagen sie: »Der Feind macht dies und Satan tut das. Er sagt dies und er sagt das. Bla, bla, bla!«

Wir müssen erkennen, dass es nur einen Teufel gibt und dass er nicht allgegenwärtig ist. Er kann sich immer nur an einem Ort aufhalten. Deshalb ist es auch für uns Gläubige absolut unzutreffend zu behaupten, Satan habe persönlich zu jedem von uns gesprochen und uns tagtäglich persönlich in Versuchung geführt. Natürlich ist das Reich der Finsternis gegen uns, aber wir messen dem Teufel zu große Bedeutung bei. Er ist keineswegs allmächtig und macht auch nicht immer alles richtig.

Es ist sehr wahrscheinlich, dass der Teufel in Daniel 9 eine Gelegenheit verpasste. Vielleicht leckte er gerade seine Wunden, hatte schlechte Laune, schmollte und verkannte, wie gefährlich Daniel war. Vielleicht war Satan auch im Urlaub. Oder er war müde und schlief gerade. Wir schenken dem Teufel zu große Aufmerksamkeit. Jeder, der gegen Gott kämpft, ist mit Sicherheit nicht besonders klug. Ich sage nicht, dass Satan dumm ist, sondern nur, dass ihm manchmal einfach etwas durch die Lappen geht.

Die Variable

Daniels Gebet in Daniel 9 drang also zu Gott durch und Gabriel erschien innerhalb von drei Minuten mit der Antwort. Satan spielte hier nicht die geringste Rolle. Doch nachdem Daniel eine so machtvolle Offenbarung empfangen hatte und mehrere grundlegende Prophetien im Hinblick auf den Messias ausgesprochen hatte, ordnete der Teufel seine Streitkräfte, um sicherzustellen, dass Daniel nie wieder ungehindert beten würde.

Satan war also die Variable, nicht Gott oder Daniel. Manchmal kämpft der Teufel gegen uns und manchmal nicht. Ich kenne längst nicht alle Gründe dafür, aber wir messen dem Teufel viel zu große Bedeutung bei, wenn wir denken, er wäre beständig und würde immer nur alles richtig machen. Viele Male scheitert er einfach auf ganzer Linie.

Die Bibel liefert keinerlei Hinweise darauf, dass sich Dämonen fortpflanzen und Babydämonen kriegen. Deshalb ist die Aussage zuverlässig, dass die Anzahl der bösen Geister, die hier auf der Erde tätig sind, im Verlauf von Jahrhunderten und Jahrtausenden nicht zugenommen hat. Entweder gab es zu Zeiten von Adam und Eva eine riesige Anzahl von Dämonen pro Kopf oder heute herrscht »Dämonenknappheit«. Die heutige Weltbevölkerung beträgt knapp acht Milliarden Menschen. Falls heute jeder einen persönlichen Dämon hätte, dann müssten Adam und Eva sowie ihre Kinder damals von Milliarden von Dämonen angegriffen worden sein. Sollten es aber von Anfang an weniger gewesen sein, dann herrscht heute eine Knappheit an Dämonen. Ich persönlich glaube, dass der Teufel nicht alles tun kann, was er zu tun versucht. Seine Fähigkeit, uns zu bekämpfen, ist nicht grenzenlos. Ich glaube, dass Satan einige Menschen unbehelligt lässt, weil es ihm an Arbeitskräften fehlt.

Daniel brachte also, aus welchem Grund auch immer, sein Gebet in Kapitel 9 ohne Widerstand zu Gott durch, doch in Kapitel 10 behinderte Satan sein Gebet. Die meisten Gläubigen, die heute beten und keine umgehende Gebetsantwort sehen, ärgern sich über Gott und fragen sich, was eigentlich los ist. Anstatt zu sagen: »O Gott, ich habe gebetet und nichts ist geschehen. Wann wirst du mir antworten?«, müssen wir beten: »Vater, ich weiß, du bist treu. Danke, dass du mich erhörst. Ich weiß, dass die Antwort schon fast da ist!« Verlier nicht gleich den Glauben, nur weil du drei Wochen auf das Sichtbarwerden deiner Gebetsantwort warten musst!

Die Brücke

Was wäre geschehen, wenn Daniel seinen Glauben aufgegeben und in Kapitel 10 sein Gebet am zwanzigsten Tag eingestellt hätte? Er hätte seine Entscheidung leicht begründen können: *Nun, beim letzten Mal hat Gott mein Gebet in drei Minuten beantwortet. Doch Morgen werden schon ganze drei Wochen vergangen sein. Ich höre auf!* Hätte Daniel so gehandelt, dann wäre die Antwort auf sein Gebet niemals ins Sichtbare durchgedrungen. Obwohl Gott seinen Befehl bereits erlassen hatte und der Botschafter schon unterwegs war, hätte der dämonische Widerstand die Oberhand gewonnen, falls Daniel seinen Glauben zurückgezogen hätte.

Gott tut Dinge gemäß der Kraft, die in uns wirkt (Eph 3,20). Aus diesem Grund müssen wir glauben! Glaube ist die Brücke, die Gott benutzt, um seine Versorgung aus der geistlichen Welt in die materielle Welt zu bringen. Wir müssen diese Brücke bereitstellen. Gott ist Geist, und er wirkt in der geistlichen Welt (Joh 4,24). Ob das, was geistlich zutrifft, jemals auf der natürlichen Ebene Gestalt annimmt oder nicht, hängt nicht davon ab, ob Gott Gebete beantwortet, sondern davon, ob wir im Glauben in die geistliche Welt hineingreifen und das, was dort bereits vollbracht worden ist, in der materiellen Welt zur Existenz bringen können. Unser Glaube bildet für Gott die Brücke, über die er in diese physikalische Welt hineingelangt.

Gott tut nichts ohne uns, und wir können sicherlich nichts ohne ihn tun. Gott ist derjenige, der zunächst einmal die Vorsorge in der geistlichen Welt treffen musste. Doch dann fließt er durch uns, um diese Vorsorge in den Bereich des Natürlichen gelangen zu lassen. Das ist eine gewaltige Offenbarung!

Autorität + Kraft = Verantwortung

Daniel harrte im Gebet aus. Mag sein, dass er all diese Dinge verstand, vielleicht aber auch nicht. Auf jeden Fall wusste er, dass Gott seine Antwort hatte und lehnte es deshalb schlichtweg ab, vor ihrem Sichtbarwerden aufzugeben. Das Wort liefert keinen Hinweis darauf, dass Daniel vor der Ankunft des Engels und dessen Erklärung wusste, was während seines Gebets in der geistlichen Welt vor sich ging. Aus seiner Perspektive sah es vielleicht so aus, als würde Gott nur schweigen und ihn völlig ignorieren. Doch Daniel hielt durch und betete weiterhin im Glauben. Aber selbst wenn Gott ihm gezeigt hätte, dass eine dämonische Macht den Boten daran hinderte, seine Antwort zu überbringen, hätte Daniel nichts daran ändern können. Warum? Im Alten Testament hatten Heilige keine Macht oder Autorität über den Teufel.

Dir als Gläubigem des Neuen Testaments hat Gott Autorität und Macht gegeben. Damit ist aber auch Verantwortung verbunden.

Unterwerft euch nun Gott! Widersteht aber dem Teufel! Und er wird von euch fliehen. — Jakobus 4,7

Wenn du dem Teufel nicht widerstehst, wird er nicht fliehen. Gottes Kraft steht hinter dir und verleiht deinem Widerstand Wirkung, aber nichtsdestoweniger flieht der Teufel vor *dir.* Du kannst Gott nicht bitten, den Teufel für dich in die Schranken zu verweisen. Gott hat dir die Autorität dazu gegeben!

Heutzutage beten viele Christen und dann stehen und stehen und stehen sie passiv »im Glauben«, geduldig darauf wartend, dass sie am Ende – vielleicht – ihre Antwort empfangen. Falls sie wirklich empfangen, liegt das daran, dass sie sich wie ein Hund verhalten, der seinen Knochen verteidigt. Sie weigern sich, loszulassen, und bleiben standhaft durch all die Schmerzen, Umstände und die Verfolgung hindurch, die der Teufel ihnen entgegenschleudert. Die Antwort auf ihr Gebet empfangen sie sozusagen »kampflos«, weil sie auch dann noch stehen, wenn Satan alles ihm zur Verfügung Stehende gegen sie aufgeboten hat. Diese Gläubigen versagen in zweierlei Hinsicht. Erstens: Sie erkennen nicht, dass der Teufel ihre Gebetsantwort aufhält und sie deswegen nicht zum Vorschein kommt. Zweitens: Sie üben nicht die ihnen von Gott verliehene Macht und Autorität aus, um daran etwas zu ändern.

Als wiedergeborene Gläubige brauchen wir nicht mehr so zu beten, wie es die Menschen im Alten Testament taten. Um das hier Gesagte zu veranschaulichen, wollen wir einmal annehmen, Daniel wäre von neuem geboren gewesen und hätte in Kapitel 10 die Privilegien eines Gläubigen aus dem Neuen Testament besessen. Nachdem er dann gebetet und nach drei Minuten keine Manifestation seiner Antwort gesehen hätte, könnte er gesagt haben: »Gott, du bist derselbe gestern, heute und in Ewigkeit (Hebr 13,8). Wenn du bei meinem letzten Gebet deinen Befehl schon gleich zu Anfang gegeben hast, dann weiß ich, dass du diesmal dasselbe getan hast. Du hast schon geantwortet. Vater, ich danke dir, dass diese Antwort unterwegs ist. Da du deinen Befehl ja schon gegeben hast, könntest du mir jetzt bitte erklären, was diese Verzögerung verursacht?«

Daraufhin hätte Gott Daniel gezeigt: *Es gibt dämonischen Widerstand gegen dein Gebet.* Daniel hätte dann seinerseits wiederum dagegen aufstehen und diese dämonische Macht in ihre Schranken verweisen können. Als wiedergeborener Gläubiger hätte er seine Autorität über den Teufel ergreifen und ihm befehlen können, aus dem Weg zu gehen. Das hätte die Zeitspanne zwischen seinem Gebet und dem Sichtbarwerden seiner Gebetsantwort dramatisch verkürzt. Als neutestamentlicher Gläubiger hätte Daniel das alles tun können. Da er aber ein alttestamentlicher Heiliger war, konnte er das nicht; Daniel konnte lediglich im Glauben stehen.

Wenn du aber diese Prinzipien verstehst, dann wirst du großen Trost in dem Wissen finden, dass Gott schon alles vollbracht hat. Er hat deine Antwort schon angeordnet, aber sie muss noch aus der geistlichen in die materielle Welt gelangen. Es gibt eine Reihe von Dingen, die das verhindern können. Ich habe in diesem Buch nicht ausreichend Raum, alles aufzulisten, was Gott mir gezeigt hat, aber ich werde dir zur Veranschaulichung noch verschiedene hilfreiche Beispiele geben.

KAPITEL 11

Die Antwort liegt in der geistlichen Welt

Viele Menschen beten um Versorgung und erwarten dann von Gott, dass er ihre Antwort sofort in Existenz bringt. Falls das nicht geschieht, fangen sie gleich an zu zweifeln und fragen: »Gott, warum hast du nichts getan?« Das stimmt nicht, der Herr hat seinen Teil bereits erfüllt. Er hat finanziellen Segen schon auf alle Gläubige befohlen (5Mo 8,18). Gott hat jedem Christen schon Macht, Salbung und die Fähigkeit gegeben, Wohlstand zu erlangen. In Psalm 35,27 heißt es, dass Gott Gefallen habe am Wohlergehen seines Dieners. Im Geist gibt es für jeden wiedergeborenen Gläubigen unbegrenzte Versorgung (2Kor 8,9).

Gott selbst gibt dir jedoch kein Geld. Er verleiht dir Kraft, Vermögen zu schaffen, aber er steckt dir nicht selber das Geld in die Tasche. Der Herr gibt dir eine Salbung – das Vermögen bzw. die Kraft –, und dann musst du hingehen und mit deinen Händen etwas in Angriff nehmen. Einer der Gründe dafür, dass viele Christen, die für finanziellen Segen beten, ihn in ihrem Leben noch nicht in Empfang genommen haben, liegt darin, dass sie denken, Gott selbst würde ihnen seine Segnungen persönlich zukommen lassen. Gott segnet die Arbeit deiner Hände, aber zuerst einmal musst du mit deinen Händen etwas tun!

Gottes Versorgung fließt durch Menschen

Wir können das, was Gott in der geistlichen Welt bereits angeordnet und getan hat, daran hindern, in der stofflichen Welt Gestalt anzunehmen. Viele Menschen leben z. B. lieber auf Staatskosten, als zu arbeiten, weil sie bei McDonald's weniger verdienen würden. Also tun sie lieber gar nichts und beten weiterhin dafür, dass Gott ihnen die Versorgung in den Schoß legt. Gott aber kann staatliche Sozialleistungen nicht segnen und vermehren, weil wir nichts dafür tun, sie zu bekommen. Wenn wir aber z. B. einen Job bei McDonald's annehmen – selbst wenn die Bezahlung unter den staatlichen Zuwendungen liegt –, kann Gott mit Vermehrung beginnen. Wenn wir arbeiten, kann er uns erfolgreich sein lassen und uns Finanzen verschaffen.

Gott benutzt Menschen, um uns zu segnen.

> *Gebt, und es wird euch gegeben werden: ein gutes, gedrücktes und gerütteltes und überlaufendes Maß wird man in euren Schoß geben ... — Lukas 6,38*

Gott schickt seine finanzielle Versorgung durch Menschen zu dir.

Geld ist ein irdisches Gut. Gott selbst benutzt kein Geld. Und genauso wenig werden wir es im Himmel brauchen. Natürlich gibt es im Himmel Gold, Silber und Edelsteine, aber sie werden dort nicht als Zahlungsmittel benutzt. Geld ist eine menschliche Erfindung, derer wir uns hier auf der Erde bedienen.

Gott wird kein Geld fälschen, um es dir dann zu geben. Er wird auch nicht einfach Geld vom Himmel regnen lassen. Ich hörte einmal, dass ein Mann versprach, einem nach Einsendung von zehn Dollar ein grünes Bändchen zu schicken. Er behauptete, dass Gott es benutzen würde, um Geld zu schaffen, und man nie wieder bankrottgehen würde, wenn man nur dieses grüne Bändchen in seine Geldbörse steckte. Das ist ein Trick. So etwas kann niemals geschehen. So etwas macht Gott nicht; Gott benutzt Menschen.

Wenn du also wegen einer finanziellen Notlage betest, wird Gott Menschen benutzen, die dir helfen werden, dieser Not zu begegnen. Die Abhilfe wird also nicht einfach so vom Himmel fallen. Wenn du nur passiv wartest, dass etwas geschieht, wartest du vergeblich. Du wirst dann denken: *Gott, warum hast du nicht auf mein Gebet reagiert?* Das hat er! Er hat dich schon mit allen geistlichen Segnungen gesegnet. Er hat seine Gunst auf dich befohlen, und er hat dir Kraft gegeben, Vermögen zu schaffen. All diese Dinge sind in der geistlichen Welt real. Aber du musst im Glauben kooperieren!

Verkauft

Einer meiner Freunde bot früher einmal sein Haus zum Verkauf »durch den Eigentümer« an. Er stellte in seinem Vorgarten ein Schild auf. Ganze zwei Jahre gelang es ihm jedoch nicht, sein Haus zu verkaufen. Nur ein paar Interessenten hatten es sich überhaupt angesehen. Zu allem Überfluss sah es zu jener Zeit auf dem Immobilienmarkt auch nicht allzu gut aus. Weil Häuser schlecht zu verkaufen waren, wurde das Ganze für ihn langsam zu einer ernsten Angelegenheit.

Dann hörte er meine Lehre und der Herr sprach zu ihm: »Gleich am ersten Tag, als du dein Haus zum Verkauf angeboten hast, habe ich für dich einen Käufer in Bewegung gesetzt, aber Satan hat ihn bis heute behindert.« Es lag also nicht an meinem Freund, sondern an dämonischem Widerstand, der seine Gebetsantwort nicht durchbrechen ließ.

Da mein Freund die genaue Ursache für diese Situation nicht kannte, betete er in Sprachen dafür und glaubte, dass der Heilige Geist selbst durch ihn Fürbitte tat. Zwei Tage später wurde sein Haus verkauft. Bei Vertragsabschluss erzählte ihm der Käufer: »Gleich am ersten Tag, als Sie das Schild in Ihrem Vorgarten aufgestellt hatten, sagte ich zu meiner Frau: ›Das ist unser Haus.‹ Und seit zwei Jahren versuche ich nun schon, meine Finanzen zu ordnen, doch ohne Erfolg. Vor zwei Tagen passierte dann etwas ganz Merkwürdiges. Der Mann, der schon seit Langem mein Haus zu kaufen versuchte, tauchte plötzlich mit Bargeld auf und wir wurden uns handelseinig. Ich habe jetzt ungefähr einen Tag gebraucht, um meine finanziellen Angelegenheiten zu regeln, damit ich hierherkommen und den Kauf tätigen kann. Hier bin ich also!«

Gott hatte das Gebet meines Freundes am Tag seiner Bitte erhört, auch wenn es erst zwei Jahre später zu sichtbaren Ergebnissen kam. Der Stillstand rührte nicht daher, dass der Herr nicht gewirkt hätte. Es war Satan gewesen, der andere Menschen benutzt hatte, um den Verkauf zu verhindern. Wenn man das nicht versteht, dann betet man und bittet Gott um Hilfe beim Hausverkauf, und wenn es dann nicht verkauft wird, fragt man: »Herr, warum hast du mein Gebet nicht erhört?« Doch Gott hat dein Gebet erhört. Gott erhört jedes Gebet. Alles ist schon vollbracht und Gott hat bereits zu den entsprechenden Menschen gesprochen. Er hat den spezifischen Segen schon auf uns befohlen, doch der existiert in der geistlichen Welt. Durch Glauben müssen wir ihn nun aus der geistlichen in die physische, natürliche Welt hineinbringen.

Glaube, dass es vollbracht ist

Wenn du verstehen kannst, dass alles schon vollbracht ist, wird das die Art und Weise verändern, wie du von Gott empfängst. Wenn ich heute z. B. für Heilung bete und der Heilungserfolg nicht sofort sichtbar wird, sage ich nicht: »Gott, ich weiß zwar nicht, warum du mich oder diesen anderen Menschen nicht geheilt hast. Aber wir bitten dich, endlich zu reagieren!« Ich faste dann auch nicht oder rekrutiere andere Menschen, um gemeinsam mit ihnen den Himmel zu bestürmen, Gott zu beknien und zum Handeln zu veranlassen. Dieser ganze Denkansatz ist nichts anderes als Unglaube; du hast einfach nicht geglaubt, dass du zum Zeitpunkt deines Betens auch gleich empfangen hast.

> *Darum sage ich euch: Alles, um was ihr auch betet und bittet, glaubt, dass ihr es empfangen habt, und es wird euch werden.*
> *— Markus 11,24*

Wir müssen glauben, dass wir in demselben Moment, in dem wir beten, auch schon empfangen haben, und nicht erst dann, wenn wir Ergebnisse sehen. Wie können wir denn glauben, dass Gott unser Gebet schon erhört hat, wenn wir die Heilung nicht sofort spüren? Wir müssen verstehen, dass in dem Moment, in dem wir beten, im Geist schon alles schlagartig vollbracht ist und unsere Gebetsantwort in der geistlichen Welt bereits Realität ist.

Wenn sie im Sichtbaren nicht sofort Gestalt annimmt, dürfen wir dennoch nicht daran zweifeln, dass Gott das, was sein Wort sagt, auch wirklich getan hat! Wir müssen glauben, dass wir empfangen haben, als wir gebetet haben. Dann müssen wir unser Gebet fortsetzen – nicht, um erneut zu bitten, sondern um unsere Autorität zu ergreifen und sie gegen alle dämonischen Mächte zu benutzen, die unsere Gebetserhörungen daran hindern, in der natürlichen Welt zustande zu kommen. Falls wir bestimmte Dinge zu tun haben, müssen wir Gott um diesbezügliche Offenbarung bitten. Falls wir für Finanzen beten, müssen wir uns unter Umständen erst einmal eine Arbeit suchen oder einen Geldbetrag säen. Aber wir dürfen nicht daran zweifeln, dass Gott bereits gewirkt und die Antwort auf unser Gebet schon gegeben hat!

Gott hat bereits alles, was wir brauchen, zur Verfügung gestellt. In der geistlichen Welt ist alles schon da. Wir müssen nur glauben, dass es vollbracht ist.

Auf einem Auge blind

Als ich dieses Prinzip verstand, revolutionierte das die Art und Weise, wie ich betete. (Für weiterführende Informationen zum Thema Gebet empfehle ich mein Buch mit dem Titel »Ein besserer Weg zu beten«.) Schon bald nachdem der Herr mir diese Wahrheiten anhand von Daniel 9 und 10 gezeigt hatte, hielt ich eine Versammlung in Childress, Texas, ab. Das war im Jahr 1977 und ich predigte dort eine Botschaft mit dem Titel »Was tun, wenn deine Gebete unbeantwortet scheinen?« Thema dieser Lehre war, dass Gott alles schon vollbracht hat, dass Gott Heilung nicht erst noch produzieren muss, sondern in der geistlichen Welt bereits alles vorhanden ist. Ich erläuterte in meiner Botschaft, wie Glaube in den geistlichen Bereich hineinlangt und Dinge dann in der physischen Welt in Existenz bringt. Aus diesem Grund können wir auch kontrollieren, wie schnell Heilung zustande kommt. Da Gott ja schon alles vollbracht hat, können wir seine Heilungskraft dazu bringen, in der natürlichen Welt in Erscheinung zu treten.

Nachdem ich diese Botschaft vor ungefähr hundert Menschen gepredigt hatte, verkündete ich: »Wir wollen das jetzt demonstrieren! Gibt es hier jemanden, der krank ist?« Ein siebzehnjähriger junger Mann kam nach vorne. Er war auf einem Auge blind. Ich legte ihm die Hände auf, betete, wies alle möglichen Dinge zurück und befahl ihm zu sehen. Dann sagte ich zu ihm: »Halt dir das gesunde Auge zu und benutze das andere. Wie viele Finger sind das hier?« Ich hielt ihm meine Hand direkt vors Gesicht, aber er konnte nicht das Geringste sehen – keine Hand, kein Licht, rein gar nichts! Es gab keinerlei sichtbare Heilung. Ich musste seinen Kopf sogar in die richtige Richtung drehen, weil er nicht einmal dorthin schaute, wo sich meine Hand befand.

Viele der Anwesenden dachten sofort: *Nun, das hat wohl nicht funktioniert!* Ich konnte das Ächzen und Stöhnen des Unglaubens nicht nur spüren, sondern wirklich hören. Deshalb wandte ich mich der Menge zu und sagte zu den Anwesenden: »Wisst ihr, ich glaube, dass das, was ich lehre, wahr ist. Wir haben zwar bis jetzt noch keinen sichtbaren Erfolg gehabt, doch liegt das nicht daran, dass Gott diesen jungen Mann noch nicht geheilt hat. Es liegt nicht daran, dass wir immer noch darauf warten, dass Gott endlich etwas tut, sondern daran, dass wir Schwierigkeiten haben, das, was Gott getan hat, aus der geistlichen Welt in unsere physische Welt hineinzubringen. Es liegt an uns, nicht an Gott! Wenn ihr wollt, könnt ihr jetzt gerne gehen. Doch wenn ihr das, was ich gelehrt habe, glaubt und noch bleiben und mit mir weiterbeten wollt, seid ihr herzlich willkommen.« Ungefähr 25 Personen blieben übrig.

Wir umringten also den jungen Mann und beteten für ihn, allerdings nicht nach dem Motto: »O Gott, beim ersten Mal hast du es nicht gemacht, aber bitte heile ihn jetzt!« Stattdessen sagten wir: »Vater, wir glauben, dass es wahr ist und du ihn schon geheilt hast. Deine Kraft ist schon freigesetzt worden. Wir binden alles, was diese Kraft daran hindert, im Natürlichen wirksam zu werden. Gib uns Weisheit und zeige uns, was sich hier abspielt!« Wir beteten auch in neuen Sprachen, um unseren Glauben gemäß Judas 20 aufzubauen.

Das ging ungefähr eine halbe Stunde lang so. Alle fünf Minuten hielt ich inne, ließ den jungen Mann sein gesundes Auge abdecken und das andere ausprobieren. Kein einziges Mal konnte er auch nur meine Hand sehen und so flehte ich Gott geradezu um Weisheit an.

Heilung oder Wunder?

Plötzlich sagte der Herr: »Er braucht keine Heilung, sondern ein Wunder!« Sobald ich diesen Eindruck empfing, war mein nächster Gedanke auch schon: *Was ist denn der Unterschied?* Darüber hatte ich mir noch nie Gedanken gemacht. Seit damals habe ich etwas davon begriffen, aber ich lerne in diesem Bereich ständig dazu. In dieser Situation jedenfalls dachte ich zum ersten Mal überhaupt darüber nach. Ich betete weiter in Sprachen und fragte mich gleichzeitig: *Ist das wirklich Gott? Was für einen Unterschied gibt es denn zwischen einer Heilung und einem Wunder? Und würde das irgendwelche Konsequenzen für unser Gebet haben?*

Da meldete sich mein Co-Pastor Don Krow – er steht auch heute noch gemeinsam mit mir im Dienst – zu Wort und erklärte mir: »Andrew, Gott hat mir gerade gesagt, dass der Junge keine Heilung, sondern ein Wunder braucht!« Genau das hatte der Herr gerade wortwörtlich zu meinem Herzen gesprochen. Deswegen hörten wir auf zu beten und fragten den jungen Mann: »Was fehlt deinem Auge eigentlich?«

Er erwiderte: »Als Säugling hatte ich eine Augeninfektion. Das Auge musste operiert werden und man entfernte mir Linse und Netzhaut. Mein Auge besitzt nicht einmal mehr die notwendigen Teile, um überhaupt sehen zu können! Sofort entgegnete ich: »Du brauchst keine Heilung, du brauchst ein Wunder! Gott muss an dir ein schöpferisches Wunder vollbringen und dir diese Teile neu einsetzen.« Ich legte meine Hände auf sein Gesicht und erklärte: »Linse und Netzhaut, im Namen Jesu, ich befehle euch, in dieses Auge zu kommen!«

Daraufhin forderte ich ihn wieder auf, sein gesundes Auge abzudecken und das andere Auge auszuprobieren. Und noch einmal fragte ich ihn: »Wie viele Finger sind das hier?« Er antwortete: »Eins, zwei …«, und konnte wieder sehen! Der Herr hatte sein Auge wiederhergestellt!

Gott hatte seine Heilungskraft durch Jesus schon freigesetzt, bevor dieser junge Mann überhaupt geboren wurde. Durch Jesus stand sie in der geistlichen Welt bereit und war dort jederzeit verfügbar. In demselben Moment, in dem wir beteten, war Gottes Kraft auch schon in Bewegung, um dieses Wunder körperliche Gestalt annehmen zu lassen. Doch zuvor hatte es einige Hindernisse gegeben.

Bleib dran!

Ich verstehe bis heute noch nicht alles und bin mir nicht sicher, warum ich erst eine Offenbarung darüber bekommen musste, dass hier ein Wunder nötig war und keine Heilung. Ich denke, ich brauchte das einfach. Als Don diesen Eindruck bestätigte, belebte das meinen Glauben und ließ ihn rasch ansteigen. In dieser Situation ergriff ich dann Autorität und sprach den Berg an (Mk 11,23). Die meisten Menschen sprechen ihr Problem nicht direkt an.

Stattdessen reden sie mit Gott darüber. Das Wort sagt, dass wir zu dem Berg sprechen müssen!

Das Problem hatte darin bestanden, dass dieser junge Mann weder Linse noch Netzhaut besaß, die zum Sehen notwendig sind. Deswegen musste ich sie ansprechen.

Tod und Leben sind in der Gewalt der Zunge, und wer sie liebt, wird ihre Frucht essen — Sprüche 18,21

Die ganze Situation hatte dazu geführt, dass mein Glaube auflebte und ich einer Linse und einer Netzhaut befahl, in dem Auge des jungen Mannes in Existenz zu kommen. Und so konnte er wieder sehen.

Hätten wir nicht hartnäckig weitergebetet, wäre das Auge dieses jungen Mannes vielleicht nie wiederhergestellt worden. Der Grund dafür wäre jedoch nicht der gewesen, dass Gott nichts getan hatte. Gott hatte die spezifische Vorsorge bereits getroffen, und sie stand in der geistlichen Welt zur Verfügung. Aber wenn Menschen innerhalb einer bestimmten Zeit keinen sichtbaren Erfolg verzeichnen können, geben die meisten Entmutigung, Zweifel und Unglauben nach.

Wir tun anderen keinen Gefallen, wenn wir für ihre Heilung beten, sie dann aber einfach gehen lassen, bevor sie in der sichtbaren Welt überhaupt Gestalt angenommen hat. Ich habe einige sehr gute Freunde im Heilungsdienst, die buchstäblich für einen Menschen nach dem anderen beten und niemals zurückschauen. Sie lehnen es sogar ab, über Erfolg oder Misserfolg nachzudenken, weil sie nicht in Unglauben verfallen wollen. Das funktioniert bis zu einem gewissen Grad. Es passieren auch einige gute Dinge, doch ist diese Methode mit allen erdenklichen Problemen behaftet; der Glaube der meisten Menschen wird schwächer und nicht stärker, wenn sich mit der Zeit kein sichtbarer Erfolg einstellt.

KAPITEL 12

Gott hat schon vorgesorgt

Gott hat bereits alles vollbracht. Er hat schon Vorsorge getroffen. Alles, was wir jemals benötigen werden, ist in der geistlichen Welt schon »unter Dach und Fach«. Sobald wir glauben und zunehmend lernen, wie Gottes Kraft wirkt, können wir Dinge dazu veranlassen, in der materiellen Welt Existenz anzunehmen.

Viele der größten Heilungsevangelisten verstanden dieses Konzept. Sie mögen es nicht von denselben Bibelstellen hergeleitet oder es mit denselben Begriffen ausgedrückt haben, aber sie glaubten es.

So hatte z. B. John G. Lake über 100.000 bestätigte und dokumentierte Fälle von Heilung. Tatsächlich wurde damals sogar in Spokane, Washington, ein Krankenhaus für eine gewisse Zeit geschlossen, weil es nur noch wenige Menschen in Anspruch nahmen. So effektiv waren Lake und seine »Heilungsfachkräfte«!

Weil John G. Lake einen solch fruchtbaren Dienst besaß, sollten wir seine Meinung in Betracht ziehen. Er hatte den Eindruck, dass der Hauptgrund, warum Menschen in ihrem Leben keine Manifestation von Heilung erleben, in ihrer Passivität beim Empfangen liegt. Solche Menschen beten, bitten und warten dann passiv darauf, von Gott geheilt zu werden, ohne zu verstehen, dass er schon alles vollbracht hat. Anstatt ihre Autorität zu ergreifen und der Heilung zu befehlen, in der materiellen Welt Gestalt anzunehmen, lassen sie es zu, dass sich der Heilungsprozess über Tage, Wochen, Monate, ja sogar Jahre hinzieht. Sie besitzen kein Verständnis darüber, wie man Gott glaubt und wie man bewirkt, dass das, was er im Geist bereits getan hat, in die physische Welt gelangt. Nach John G. Lakes Einschätzung liegt genau darin das Hauptproblem.

Gott hat bereits alles vollbracht. Glaube daran, dass schon alles zur Verfügung steht, und nimm das, was du brauchst, dann durch Glauben in Empfang. Falls du auf dein Gebet hin nicht sofort die physische Sichtbarwerdung erfährst, musst du dir deinen Unglauben vornehmen und ihn bekämpfen. Lass dir Weisheit schenken, falls es für dich bestimmte Dinge zu tun gibt. Wenn dämonische Mächte mit im Spiel sind, dann brich sie! Aber über allem steht ganz eindeutig das Prinzip der Bibel: Gott hat bereits alles vollbracht.

Eine Atmosphäre des Unglaubens

Jesus handelte in eben diesem Verständnis.

> *Und sie kommen nach Betsaida; und sie bringen ihm [Jesus] einen Blinden und bitten ihn, dass er ihn anrühre. Und er fasste den Blinden bei der Hand und führte ihn aus dem Dorf hinaus; und als er in seine Augen gespien und ihm die Hände aufgelegt hatte, fragte er ihn: Siehst du etwas? Und er blickte auf und sagte: Ich sehe die Menschen, denn ich sehe sie wie Bäume umhergehen. Dann legte er wieder die Hände auf seine Augen, und er sah deutlich, und er war wiederhergestellt und sah alles klar. Und er schickte ihn nach seinem Haus und sprach: Auch nicht ins Dorf sollst du gehen!*
> *— Markus 8,22–26*

Das ist ein ungewöhnliches Beispiel einer Heilung und die einzige Begebenheit in der Bibel, bei der Jesus, nachdem er für jemanden gebetet hatte, fragte: »Wie geht es dir jetzt?« Es ist auch das einzige Ereignis, bei dem Jesus für ein körperliches Gebrechen ein zweites Mal betete. Also liegt hier eine wirklich einzigartige Situation vor.

Beachte zunächst einmal, dass Jesus sich in Betsaida aufhielt. Dort nahm er den blinden Mann an der Hand und führte ihn aus dem Dorf hinaus. Einige Menschen nehmen an, dass Jesus befremdliche Dinge tat, um uns daran zu hindern, aus seinem Verhalten eine Formel zu machen. Ihr Argument ist: *Man kann Gott nie ergründen. Sein Verhalten scheint keiner Logik zu folgen. Er hat einfach Freude daran, Dinge auf ungewöhnliche Art und Weise zu tun!* Das ist nicht wahr! Schließlich handelt es sich hier um den Schöpfer des Universums, das uns mit einer Fülle von äußerst genau konzipierten Details in Erstaunen versetzt. Alles ist vollkommen und funktioniert in perfekter Harmonie. So kann man z. B. vorhersagen, welche Position ein beliebiger Stern in einer Million Jahren haben wird – falls der Herr seine Wiederkehr so lange verzögert – oder, wo sich der betreffende Stern z. B. vor zehntausend Jahren befand, so geordnet ist die ganze Schöpfung. Es ist einfach absurd zu denken, dass dieser Gott der Ordnung irgendetwas auf völlig willkürliche Art und Weise tun würde. Diese Sichtweise ist schlichtweg falsch!

Jesus führte diesen Mann zum Dorf hinaus, weil Betsaida einer der schlimmsten Orte war, den er je aufgesucht hatte!

> *Wehe dir, Betsaida! Denn wenn in Tyrus und Sidon die Wunderwerke geschehen wären, die unter euch geschehen sind, längst hätten sie, in Sack und Asche sitzend, Buße getan. — Lukas 10,13*

Jesus kündigte das Gericht über Betsaida wegen des Unglaubens seiner Bewohner an. Mit demselben Unglauben war der Herr auch in seiner Heimatstadt Nazareth konfrontiert.

Und er konnte dort kein Wunderwerk tun, außer einigen wenigen Schwachen die Hände aufzulegen und sie zu heilen. Und er wunderte sich über ihren Unglauben (Mk 6,5–6).

Jesus wollte in diesen beiden Ortschaften mehr vollbringen, doch es war ihm nicht möglich. Weil die Menschen dort über keinen Glauben verfügten, konnte er für sie, abgesehen von ein paar Kleinigkeiten, nicht wirklich beten.

Jesus handelte in hundertprozentigem Glauben. Deshalb wissen wir, dass das Problem keinesfalls auf seiner Seite liegen konnte. Es musste jedoch auch ein gewisses Maß an Glauben aufseiten des »Empfängers« vorhanden sein. Genau hier, glaube ich, sind die Dinge für uns völlig aus der Verhältnismäßigkeit geraten. Wenn sich keine Heilung einstellt, reden wir uns manchmal damit heraus, dass allein der Empfänger schuld daran sei. Das ist einfach zu simpel! In den meisten Fällen hat der Betende genauso seinen Anteil daran wie der Empfänger. Wie auch immer, die Wahrheit bleibt: aufseiten des Menschen, der Heilung empfangen soll, muss ein gewisses Maß an Glauben wirksam sein.

»Wie geht es dir jetzt?«

Im Bewusstsein dieser Tatsache ergriff Jesus den blinden Mann bei der Hand und führte ihn aus dem Dorf hinaus. Der Herr hatte viel zu tun – unendlich mehr als ich. Wenn du heute Heilung brauchst, kann ich nicht zu dir kommen, um für dich zu beten. Ich habe nicht die Zeit, dich bei der Hand zu nehmen, mit dir dann eine Stunde lang aufs Land hinauszugehen und dann zu beten. Jesus machte hier nicht bloß einen Spaziergang. Er verfolgte die Absicht, diesen Mann von dem Unglauben in Betsaida wegzubringen, weil er wusste, dass eben dieser Unglaube Gottes Kraft daran hindern konnte, die sichtbare Heilung dieses Mannes zu bewirken.

Doch obwohl Jesus diesen Mann aus dem Dorf herausgebracht hatte, bemerkte er, dass er das Dorf noch nicht vollständig aus dem Mann herausgebracht hatte. Jesus stellte fest, dass der Mann immer noch unter dem Einfluss dieser Atmosphäre des Unglaubens stand. Deshalb fragte er ihn, nachdem er für ihn gebetet hatte: *Was siehst du?*

Nun fragte Jesus nicht: »Hat Gott mein Gebet erhört? Ist irgendetwas passiert?« Nein, denn das wäre Unglaube gewesen. Im Wort heißt es, man muss glauben, dass man empfangen hat, wenn man betet. Wenn Jesus gefragt hätte: »Hat es funktioniert?«, hätte er gegen seine eigene Lehre verstoßen. Der Herr wusste, dass Gott gewirkt hatte. Er wusste, dass Gottes Kraft gegenwärtig war, doch dass sie sich in der geistlichen Welt befand und erst noch in die physische Welt gelangen musste. Jesus war sich der Tatsache bewusst, dass der Unglaube jenes Dorfes und die Auswirkungen, die dieser auf den Mann hatte, eine sofortige und völlige Sichtbarwerdung dessen, was Gott bereits vollbracht hatte, behinderten.

Deshalb fragte Jesus: *Wie geht es dir jetzt?* Der Mann antwortete: »Ich sehe die Leute, als sähe ich wandelnde Bäume!« (Mk 8,24 SLT). Gottes Kraft hatte also bereits teilweise Wirkung gezeigt. Vorher war der Mann völlig blind gewesen, doch nun konnte er schon ein wenig sehen. Und wieder tat Jesus etwas Ungewöhnliches. Er legte ihm die Hände auf und betete ein zweites Mal.

»Aber das ist doch Unglaube, zwei Mal für etwas zu beten!« Nein! Es ist nur Unglaube, zweimal zu bitten, denn dann hat man mindestens einmal im Unglauben gebetet. Wenn wir beten, müssen wir glauben, dass wir empfangen haben. Es ist jedoch kein Unglaube, wenn wir weiter beten, unsere Autorität ergreifen und das, was Gott in der geistlichen Welt bereits zur Verfügung gestellt hat, dazu veranlassen, in der materiellen Welt Gestalt anzunehmen.

Hindernisse frontal in Angriff nehmen

Es ist nicht falsch, Gebet fortzusetzen, wenn man versteht, dass Gott seine Kraft bereits freigesetzt hat. In der geistlichen Welt liegt die Lösung schon vor. Aber wir wollen nicht, dass sie dort bleibt. Wir wollen, dass sie in der materiellen Welt offenbar wird. Deshalb beten wir ein zweites Mal, nicht aus Zweifel daran, dass Gott bereits gegeben hat, sondern um den Teufel in seine Schranken zu verweisen. Wir beten, um Weisheit und Offenbarung für den Fall zu empfangen, dass wir etwas Bestimmtes tun müssen. Wir beten, um unseren Glauben aufzubauen und uns selbst zu ermutigen. Anstatt nur einmal zu beten und das Ganze dann vergessen zu wollen, setzen wir unseren Glauben aggressiv frei, um mit jedem Hindernis fertigzuwerden und die Lösung für unser Problem in die materielle Welt hineinzuziehen.

Jesus nahm Hindernisse frontal in Angriff. Im vorliegenden Fall zweifelte er nicht die Zuverlässigkeit seines Vaters an, sondern den Glauben des Blinden, ob nicht etwa der Unglaube seines Dorfes ihn immer noch daran hinderte zu empfangen. Das war der Grund, weshalb Jesus dem Mann diese Frage stellte. An seiner Antwort erkannte Jesus, dass die völlige Sichtbarwerdung der Heilung noch auf sich warten ließ. Anstatt den Mann nun aufzugeben, betete Jesus so lange für ihn weiter, bis dieser seine vollständige Heilung empfing. Es ist wesentlich einfacher, etwas zu behalten, das man schon hat, als erst noch etwas zu bekommen, das man noch nicht hat. Deshalb betete Jesus ein zweites Mal für den Mann. Wenn Satan, Unglaube oder welches Hindernis auch immer einer Dosis Heiliger Geist widerstehen können, dann verpass ihnen eine zweite! Triff den Widerstand noch einmal mit derselben Kraft. Auf die Situation des Blinden bezogen, nahmen die Augen beim zweiten Gebet ihre Heilung an und der Mann konnte alles völlig klar sehen.

Danach befahl Jesus ihm, nicht in das Dorf zurückzugehen und niemandem von dort etwas zu erzählen. Er gab dem Mann die Anweisung, nach Hause zu gehen, doch was glaubst du, wo er lebte? Dieser Mann besaß vielleicht Beruf, Familie und Freunde, doch Jesus befahl ihm, niemandem etwas zu sagen und auch nicht nach Betsaida zurückzugehen. Das sind sehr strenge Auflagen! Warum das alles? Jesus wusste, dass dieser Mann seine Heilung, obwohl er sie tatsächlich empfangen hatte, immer noch verlieren konnte, falls er sofort zu all dem Unglauben in Betsaida zurückkehrte.

Dass man Heilung behält, ist nicht automatisch garantiert. So warnte Jesus den Mann, der an dem Teich Bethesda geheilt worden war: »Sündige nicht mehr, damit dir nichts Ärgeres widerfahre!« (Joh 5,14). Der Teufel kommt, »um zu stehlen, zu töten und zu verderben« (Joh 10,10 SLT). Er liebt nichts mehr, als dir deine sichtbar gewordene Heilung wieder wegzunehmen, deinen Glauben zu töten und dein Zeugnis zu verderben. Du musst deine Heilung durch Glauben aufrechterhalten. Aus diesem Grund befahl Jesus dem Mann, nicht in dieses Umfeld von Zweifel und Unglauben zurückzukehren.

Jesus wusste, dass Gott diesen Mann vollständig geheilt hatte. Diese Heilung war bereits vollbracht. Doch er stellte fest, dass es in dem Prozess, sie aus der geistlichen in die materielle Welt zu bringen, ein Hindernis gab. Deshalb betete der Herr ein zweites Mal mit dem Mann, damit der dieses Hindernis überwinden konnte.

Danach erklärte Jesus ihm, wie er die einmal empfangene Heilung auch in Zukunft behalten konnte.

Ich mache oft dieselbe Erfahrung. Wir helfen den Menschen, die zu meinen Treffen kommen, ihre Heilung im Sichtbaren zu empfangen. Doch anschließend gehen sie dann in ihre Gemeinden zurück, die voller Unglauben sind, und ordnen sich einer Lehre unter, die in krassem Widerspruch zu dem steht, was sie von mir empfangen haben. Folglich kehren Krankheiten und Gebrechen zurück, und dieselben Menschen tauchen auf meiner nächsten Veranstaltung in ihrer Stadt wieder auf. Dann stellen sie mir die Frage: »Was ist passiert?« Nicht Gott hat ihre Heilung weggenommen oder wieder ein Gebrechen auf sie gelegt, sondern sie haben aufgehört zu glauben. »... sie haben keine Wurzel in sich, sondern sind Menschen des Augenblicks« (Mk 4,17).

Kooperiere und befiehl

Gott hat bereits alles vollbracht. Wir sind schon gesegnet, geheilt und wohlhabend. Wir besitzen schon Freude, Frieden und Weisheit. Alles, was wir jemals benötigen könnten, ist schon da – in der geistlichen Welt. Wir müssen jetzt nur noch glauben und empfangen!

Wenn die Antwort auf deine Gebete nicht sofort sichtbar wird, dann zweifle nicht daran, dass Gott es schon vollbracht hat. Erkenne, dass Gott Geist ist und in der geistlichen Welt agiert (Joh 4,24). Damit das, was er bereits vollbracht hat und in der geistlichen Welt schon real ist, in der materiellen Welt sichtbar wird, ist die Mitwirkung eines Menschen erforderlich. Glaube ist die Brücke, über die Gottes Versorgung aus der geistlichen in die stoffliche Welt hinübergelangt. Manchmal brauchen wir eine Weile, um uns im

Glauben so weit aufzubauen, dass wir empfangen können. Gott benötigt jedoch keinerlei Zeit, um sich zum Geben bereit zu machen, weil er alle Vorsorge bereits getroffen hat.

Zuweilen erschwert dämonischer Widerstand das Sichtbarwerden dessen, was Gott schon längst getan hat. Manchmal spielen bei unserer Gebetserhörung auch andere Menschen eine Rolle. Aus diesem Grund müssen wir uns Weisheit in Bezug darauf schenken lassen, welcher Natur die Behinderung durch Satan ist, damit wir den Berg ansprechen und ihm befehlen können, aus dem Weg zu gehen.

Wir müssen über die Gesetze Gottes Bescheid wissen und mit ihnen kooperieren. Widersteh du dem Teufel. Sprich du das Problem direkt an. Übe du die Autorität und die Macht aus, die Gott dir gegeben hat. Es ist wichtig, dass du deine Gebete spezifisch und zielgerichtet betest, damit du auch die gewünschten Resultate erzielst. Gott hat bereits alles vollbracht, aber es ist deine Verantwortung, zu glauben und seine Versorgung in die natürliche Welt hineinzuziehen. Sobald du dich selbst in eine Position des Glaubens versetzen kannst und lernst, wie man das macht, kannst du das, was Gott bereits vollbracht hat, in der materiellen Welt sichtbar real werden lassen.

Anstatt ein Leben als Bettler, Bittsteller, Quengler und Querulant zu führen, wirst du nun zum Befehlshaber. Du glaubst Gott und nimmst seine Verheißungen beim Wort, ergreifst deine Autorität und befiehlst ihnen dann, im Sichtbaren Existenz anzunehmen. Anstatt bloß für Heilung zu beten, befiehlst du Heilung. Anstatt bloß für Segen zu beten, befiehlst du dem Segen. Das ist ein Riesenunterschied!

Sei eine Brücke!

Wir müssen begreifen, dass es eine real existierende geistliche Welt gibt. Diesen Bereich des Geistes können wir durch das Fenster von Gottes Wort sehen und exakt wahrnehmen. Genauso wie wir das Handeln anderer Menschen betrachten und darüber nachdenken, was wohl »hinter den Kulissen« vorgegangen sein mag, können wir auch in Bezug auf unser eigenes Leben gewiss sein, dass sich hinter dem Sichtbaren vieles im Unsichtbaren, in der Dimension des Geistes, abspielt. Auch wenn sich diese Dinge unserer natürlichen Sinneswahrnehmung entziehen, können wir sie doch mit den Augen unseres Herzens wahrnehmen.

Erneuere deine Gedanken an dem Maßstab von Gottes Wort und werde so zu einer Brücke, über die Gott aus der jenseitigen, geistlichen Welt in die diesseitige materielle Welt gelangen kann!

KAPITEL 13

Das Schlachtfeld

Gott ist Geist und er bewegt sich in der geistlichen Welt (Joh 4,24). Alles, was Gott – aus Gnade – zur Verfügung gestellt hat, ist im geistlichen Bereich bereits Realität. Aber ob etwas in der materiellen Welt Gestalt annimmt oder nicht, hängt von deiner Fähigkeit zu empfangen ab – nicht von Gottes Geben.

Es gibt Dinge, die wir tun können, um die Zeit bis zum Sichtbarwerden zu verkürzen. Es gibt aber auch Dinge, die diese Zeit verlängern. Was man gemeinhin als »geistliche Kriegs- oder Kampfführung« bezeichnet, meint, dass man sich mit dem Teufel auseinandersetzt und die Hindernisse überwindet, die er der Manifestation dessen, was Gott schon zur Verfügung gestellt hat, entgegensetzt. Weil sich dieser Standpunkt gegenwärtig so starker Popularität erfreut, sind die folgenden Kapitel vielleicht die kontroversesten des ganzen Buches.

Geistliche Kriegsführung

Satan existiert tatsächlich. Es gibt Böses in dieser Welt. Dämonische Kräfte kämpfen beständig gegen Gott und sein Reich. Bis vor wenigen Jahrzehnten hatte der Großteil des Leibes Christi so gut wie keine Ahnung von den Kunstgriffen Satans. Viele waren davon überzeugt, dass sich samtliche Teufel in Afrika oder anderen unterentwickelten Teilen der Welt aufhielten, und glaubten nicht, dass es in einem entwickelten, »zivilisierten« Land der westlichen Welt so etwas wie dämonische Aktivität geben könnte. Im Verlauf der letzten zwanzig Jahre ist diese Ansicht allerdings gründlich erschüttert worden, besonders unter charismatischen Christen. Es mag noch einige Evangelikale oder andere, den Hauptdenominationen angehörige Christen geben, die diesbezüglich unwissend sind, doch nicht sehr viele.

Jeder, der dem Wort Gottes wirklich glaubt, muss anerkennen, dass Satan ein realer Gegner ist. Der Teufel führte Jesus in Versuchung und stellte sich ihm während seines gesamten Dienstes entgegen. So verzeichnet die Bibel viele Beispiele dafür, dass der Herr Menschen dadurch heilte, dass er Dämonen austrieb.

Jesus von Nazareth, wie Gott ihn mit Heiligem Geist und mit Kraft gesalbt hat, der umherging und wohltat und alle heilte, die von dem Teufel überwältigt waren, denn Gott war mit ihm. — Apostelgeschichte 10,38

Gottes Wort stellt sehr klar fest, dass es sich bei Krankheit und Gebrechen um Unterdrückung durch den Teufel handelt.

Insgesamt betrachtet ist die Erkenntnis der Tatsache, dass Satan existiert und seine dämonischen Kräfte auch heute noch aktiv sind, gut für uns Christen gewesen. In diesem Erkenntnisprozess jedoch ist ein Großteil des Leibes Christi von völliger Unkenntnis in ein anderes, äußerst bizarres Extrem verfallen. Genau das ist der Grund dafür, dass heutzutage viele Lehren und Praktiken »geistlicher Kriegsführung« dem Teufel tatsächlich Fähigkeiten und Kräfte andichten, die er in Wirklichkeit gar nicht besitzt.

Satan stellt einen Faktor dar; denn seine Behinderungen sind tatsächlich dagegen gerichtet, dass das, was Gott in der geistlichen Welt bereits vollbracht hat, in der stofflichen Welt in Existenz kommt. Zu lernen, wie man dem Teufel widersteht und Autorität über ihn ergreift, ist deshalb wichtig. Aber eines möchte ich hier in aller Deutlichkeit feststellen: Satan ist ein besiegter Feind. Der einzige Grund, warum er imstande ist, irgendetwas zu tun, liegt in unserer Unwissenheit, unserem Unglauben und unserer Furcht. Obwohl der Leib Christi heute zu einem Bewusstsein der Existenz Satans gelangt ist, blieb er jedoch im Hinblick auf dessen wirkliche Kunstgriffe zum größten Teil praktisch unwissend (2Kor 2,11).

Zwischen deinen Ohren

Noch einmal, der Brief an die Epheser wurde aus der Perspektive geschrieben, dass alles bereits vollbracht ist. Jetzt geht es nur noch darum, von dem, was Gott schon zur Verfügung gestellt hat, Besitz zu ergreifen, und nicht darum, ihn dazu zu bewegen, uns etwas Neues zu geben. Mit diesem Wissen im Hinterkopf wollen wir uns einmal ansehen, wie Paulus den Epheserbrief im letzten Kapitel zum Abschluss bringt.

> *Schließlich: Werdet stark im Herrn und in der Macht seiner Stärke! Zieht die ganze Waffenrüstung Gottes an, damit ihr gegen die Listen des Teufels bestehen könnt! Denn unser Kampf ist nicht gegen Fleisch und Blut, sondern gegen die Gewalten, gegen die Mächte, gegen die Weltbeherrscher dieser Finsternis, gegen die geistlichen Mächte der Bosheit in der Himmelswelt. — Epheser 6,10–12*

Diese Verse machen eines ganz deutlich: Wir befinden uns inmitten einer Schlacht – und wer das nicht glaubt, ist zur Niederlage verurteilt!

Diese Schlacht findet jedoch zwischen unseren Ohren statt und nicht irgendwo da draußen in der »Himmelswelt«. Sie tobt in deinen Gedanken.

Bevor du nun Anstoß nimmst, möchte ich dich dazu ermutigen, dieses Buch nicht zur Seite zu legen, sondern meine Ausführungen ganz bis zum Ende zu lesen. Betrachte die Bibelstellen für dich selbst und zieh dann deine eigenen Schlüsse aus dem Wort Gottes und nicht bloß aus aktuellen Lehren oder populären Beispielen, wie sie heute im Leib Christi angepriesen werden.

Wir stehen in einer Schlacht, aber die findet nicht dort draußen in der Himmelswelt statt. Wir kämpfen zwar gegen dämonische Mächte, die in der Himmelswelt tatsächlich existieren, aber das Schlachtfeld (der Austragungsort) sind unsere Gedanken.

Täuschungen und Lügen

Beachte Epheser 6, Vers 11 (SLT):

> *Zieht die ganze Waffenrüstung Gottes an, damit ihr standhalten könnt gegenüber den listigen Kunstgriffen des Teufels.*

Listen sind Lügen, Tricks und Irreführungen. Alle drei Wörter lassen darauf schließen, dass Satans einzige Macht in der Täuschung besteht. Er selber besitzt keine wirkliche Macht, jemanden zu irgendetwas zu zwingen. Zunächst einmal müssen wir uns ihm ausliefern. Deshalb stellt der Teufel für diejenigen, die die Wahrheit kennen und verstehen, in Wirklichkeit keinen Faktor dar.

Im Weiteren werde ich diese Tatsache noch durch viele andere Bibelstellen belegen, doch zunächst möchte ich einige ergänzende Feststellungen machen. Und noch einmal rege ich dazu an, die

Lektüre fortzusetzen, bis ich auf die Verse zu sprechen komme, die meine Aussagen bestätigen. Leg das Buch nicht einfach deshalb weg, weil es im Gegensatz zur »Populärtheologie« der heutigen Zeit steht. Jemand, der an Christus glaubt, muss die Wahrheit verstehen!

Satan ist ein Feind, der völlig besiegt ist! Er besitzt keinerlei Macht, etwas zu tun. Er kann uns lediglich durch Listen, Tricks, Irreführung und Lügen täuschen und dann genau die Macht, die wir ihm überlassen, gegen uns benutzen. Deshalb kommt Unwissenheit auch so teuer zu stehen! Ziel des Teufels ist es, uns in Unkenntnis der Wahrheit und im Glauben an seine Lügen zu halten.

Nachdem Paulus die Korinther gründlich zurechtgewiesen hatte, weil sie auf alle möglichen bizarren Dinge verfallen waren, bekennt er:

> *Ich fürchte aber, dass, wie die Schlange Eva durch ihre* ***List verführte****, so vielleicht euer Sinn von der Einfalt und Lauterkeit Christus gegenüber* ***abgewandt und verdorben*** *wird.*
> *— 2. Korinther 11,3*

Beachte die Wörter, die Täuschungspraktiken bezeichnen: »List«, »verführte« und »verdorben«. Satan greift uns an, indem er unsere Gedanken der Einfalt und Lauterkeit Christus gegenüber verdirbt. Er versucht mit anderen Worten, uns glauben zu machen, das Evangelium sei komplizierter, als es in Wirklichkeit ist.

Versucht

Warum wählte der Teufel im ersten Buch Mose nicht die Verkleidung eines Tigers? Er hätte Eva dann schon mit einem ein- oder zweimaligen Gebrüll einschüchtern können. Warum ließ er kein riesiges Mammut seinen Fuß auf Evas Kopf setzen und fordern: »Iss diese Frucht oder ich zermalme deinen Schädel«? Warum entschied sich Satan für die Schlange – das gerissenste Tier auf der ganzen Erde –, um gegen Eva vorzugehen? Weil der Teufel wusste, dass er absolut keine Macht besaß, Adam und Eva zu irgendetwas zu zwingen oder durch Einschüchterung dazu zu bringen. Stattdessen musste er sie täuschen (1Mo 3,1).

Satan leitete sein Täuschungsmanöver mit der Frage ein: »Hat Gott wirklich gesagt …?« (1Mo 3,1). Er stellte das Wort Gottes infrage. Es ist die Wahrheit des Wortes Gottes, die uns befähigt, Gott zu suchen, uns ihm auszuliefern und dem Teufel zu widerstehen. Hätte Satan nicht das Wort infrage gestellt und Adam und Eva dazu gebracht, es anzuzweifeln und zu kritisieren, hätte seine Versuchung zu nichts geführt. Die Schlange kam nicht, um den Menschen zu zwingen oder einzuschüchtern, sondern um ihn zu täuschen. (Meine Lehre mit dem Titel »Christian Philosophy« geht noch viel detaillierter auf dieses Thema ein. Im Prinzip ist sie eine eingehende Studie von 1. Mose 3.)

Satan versuchte Adam und Eva mit etwas, das sie bereits besaßen. Er fragte: *Wollt ihr nicht wie Gott sein?* Die Wahrheit war: Sie waren schon wie Gott. Tatsächlich waren sie Gott ähnlicher, bevor sie von der Frucht des Baumes der Erkenntnis von Gut und Böse aßen, als danach.

Der Teufel wird sagen: »Aber sicher liebt Gott die Welt. Aber was veranlasst dich zu der Annahme, dass er *dich* liebt?« Dann bringt er dich dazu, auf gefühlsmäßige, körperliche und natürliche Weise feststellen zu wollen, ob Gott dich denn auch wirklich liebt. Da stehst du nun in der materiellen Welt auf dem Spielfeld des Teufels, ohne vom Wort Gottes her zu verstehen, dass in der geistlichen Welt alles bereits vollbracht ist. Weil du dich nicht geliebt fühlst und du keine Gänsehaut hast, betest du dann: »O Gott, gieß doch bitte deine Liebe in mein Leben aus!« Tatsächlich aber ist das ein Gebet des Unglaubens!

Satan liebt es, Menschen daran zu hindern, zum Herrn zu kommen, doch seine einzige »Macht« besteht in Täuschung und Lügen. Der Teufel kann dich von gar nichts abhalten. Könnte er es, dann hätte er dich davon abgehalten, von neuem geboren zu werden. Damals warst du so elend und schwach wie noch nie. Du bist nicht zur Kirche gegangen, hast nicht gefastet, nicht gebetet, hast weder das Wort studiert noch den Zehnten gegeben und dein Lebenswandel war auch nicht richtig. Vielleicht warst du sogar ein Ehebrecher, ein Drogensüchtiger, ein gemeiner, selbstsüchtiger Mensch oder anderes mehr. Doch in diesem trostlosen Zustand riefst du Gott an und empfingst das größte Wunder überhaupt – die neue Geburt. Wäre Satan wirklich so mächtig, wie er vorgibt, hätte er dich daran gehindert, deine Errettung zu empfangen. Doch tatsächlich kann er nichts weiter tun, als dich sofort danach zu verhöhnen und zu sagen: »Du hast keine Errettung empfangen, das bildest du dir bloß ein!« Satan kann dich auch nicht im Geringsten daran hindern, irgendetwas zu tun! Er kann dir ohne deine Zustimmung und dein Mitwirken nichts antun.

Natürlich hätte der Teufel lieber, du wärest erst gar nicht wiedergeboren worden, aber da du jetzt schon einmal errettet bist, ist seine zweitbeste Strategie, dich zu überzeugen: »Ja, natürlich kann Gott diese Dinge tun, aber er hat sie noch nicht getan.« Satan liebt das!

Fall nicht auf den Hosenboden

Ich erinnere mich noch daran, wie wir als Kinder eine besondere Variante des Tauziehens spielten. Das Seil wurde über ein großes

Schlammloch gespannt, an dem sich die beiden gegnerischen Mannschaften gegenüberstanden. Dann versuchte jedes Team, den Gegner mit aller Kraft in den Schlamm zu ziehen. Wenn wir in unserer Mannschaft jedoch merkten, dass die anderen die Oberhand gewannen und diese Schlammgrube immer näher kam, ließen wir das Seil dann einfach plötzlich los. Wir hatten zwar nicht gewonnen, aber zumindest waren alle aus der gegnerischen Mannschaft auf den Hosenboden gefallen!

Genau dasselbe macht Satan heute. Wenn er deinen Sieg nicht verhindern kann, ändert er ganz einfach seine Taktik, erwischt dich in einem unachtsamen Moment und lässt dich auf deinen Hosenboden fallen. Der Teufel kommt grundsätzlich mit der Frage zu Gläubigen: »Wenn du wirklich so ein großartiger Christ bist, warum besitzt du nicht dieses und tust nicht jenes?« Der Teufel wird dich wegen dem verdammen, was du nicht hast, und versuchen, dich lediglich auf die natürliche Welt fixiert zu halten.

Die Wahrheit ist jedoch, dass du im Geist bereits alles besitzt. Der Schlüssel, um das, was dir im Geist gehört, auch in deinem Leben manifestiert zu sehen, liegt darin, es zu glauben und anzuerkennen.

> *... dass die Gemeinschaft deines Glaubens wirksam werde in der Erkenntnis alles Guten, das in uns im Hinblick auf Christus ist. — Philemon 6*

Dadurch, dass du die guten Dinge, die sich im Hinblick auf Christus – d. h. in Christus – schon in dir befinden, zunehmend erkennst und anerkennst, bringst du deinen Glauben dazu, wirksam zu werden.

Die meisten Christen wenden mit dem Hinweis auf Römer 7 jedoch ein: »In mir wohnt überhaupt nichts Gutes!«

Denn ich weiß, dass in mir, ***das ist in meinem Fleisch****, nichts Gutes wohnt. — Römer 7,18*

Um diesen Vers richtig interpretieren zu können, müssen wir den Einschub richtig verstehen. Hätte Paulus den Zusatz »das ist in meinem Fleisch« weggelassen, wäre dies keine zutreffende Feststellung gewesen; denn Gott selbst wohnte in Paulus sowie alles, was Gott ist und er ihm gegeben hatte – und das alles ist gut. Aber Paulus spezifizierte seine Aussage und sprach ausdrücklich von seinem Fleisch – von seinem materiellen, fleischlichen, natürlichen, nicht wiedergeborenen Ich. Es ist gut, wenn ein Christ versteht, dass er in seinem Fleisch – also unabhängig von Christus – nichts ist. Aber in Christus kann er alles tun, und in Christus wohnt viel Gutes in ihm. Um im Sieg zu leben, müssen wir darauf konzentriert sein, wer wir in Christus sind!

Genau auf diesen Punkt zielt Satan in seiner Kriegsführung. Er nimmt ganz spezifisch dein Verständnis und deine Erkenntnis dessen, wer du in Christus bist und was du in ihm hast, ins Visier. Alles, was er dabei aufbieten kann, sind Lügen und Täuschung. Der Teufel hat genauso wenig Macht, dich in irgendeinem Bereich deines Lebens zum Scheitern zu bringen, wie im Falle von Adam und Eva. Er muss dich täuschen.

In Christus vollkommen

Wenn du versuchen würdest, Adam und Eva zu täuschen, was hättest du dann anstelle des Teufels getan? Die beiden hatten nie gesündigt, kannten keinerlei Probleme und lebten, überreich versorgt, im Paradies. Im Grunde genommen waren sie perfekte

Menschen, die in einer perfekten Welt ein perfektes Leben lebten. Wie führt man solche Menschen in Versuchung?

Mit Geld konnte Satan es nicht tun, weil es keins gab. Für jedes Bedürfnis war im Überfluss gesorgt. Auch mit Ehebruch konnte er sie nicht versuchen, weil niemand existierte, mit dem man Ehebruch hätte begehen können. Er konnte sie nicht mit Verletztheit, Schmerz und Bitterkeit aufgrund vergangener Erfahrungen versuchen; denn in ihnen gab es nichts, bei dem Depression oder Entmutigung hätte ansetzen können. Perfekte Menschen, die in einer perfekten Welt leben, können nicht durch Geld, Sex, Macht, Ruhm und dergleichen versucht werden. Womit konnte man Adam und Eva denn überhaupt in Versuchung führen?

Satan log sie an und behauptete: »Ihr habt gar nicht alles. So gut das alles hier auch ist, es gibt noch mehr!« Die Wahrheit ist, dass sie tatsächlich alles hatten. Doch der Teufel verleitete sie dazu, darüber zu spekulieren, was sein würde und sein könnte. Dadurch gelang es ihm, perfekte Menschen, die in einer perfekten Welt ein perfektes Leben lebten, zu Fall zu bringen.

Adam und Eva warfen alles weg, weil eine sprechende Schlange sie davon überzeugt hatte, sie besäßen nicht genug. Heutzutage würden die meisten Menschen alles darum geben, in einer solch perfekten Situation zu leben. Wenn man schon perfekte Menschen, die ohne materielle Probleme im Paradies lebten, von dem Gedanken überzeugen konnte, sie hätten nicht alles, sodass sie Gottes Wort anzweifelten und seine Güte infrage stellten, dann garantiere ich dir, dass man Menschen, die in einer gefallenen Welt leben und überall um sich herum Schmerz, Tragödien, Mangel und Not sehen, erst recht davon überzeugen kann, dass sie nicht alles haben.

Die Wahrheit aber ist, dass man tatsächlich alles hat, wenn man wiedergeboren ist. Du bist in Christus vollkommen (Kol 2,10). Dir wurde schon alles gegeben, was du jemals brauchen wirst. Du befindest dich nicht im Kampf gegen eine dämonische Wesenheit mit überlegener Macht und Autorität, sondern bekämpfst stattdessen lediglich Satans Lügen und Täuschungsmanöver – dieselben, die er schon gegen Adam und Eva einsetzte. (In meinem Buch »Die Vollmacht des Gläubigen« gehe ich viel genauer auf dieses Thema ein.)

Prozesse in deinen Gedanken

Die Schlacht gegen den Teufel wird in unseren Gedanken ausgetragen. Deshalb ist Gottes Wort so unbedingt lebensnotwendig! Satans einzige Macht liegt in der Täuschung. Er lügt und stellt sich selbst viel mächtiger dar, als er ist. Aber Wahrheit ist das Gegenmittel gegen die Täuschung: »… und ihr werdet die Wahrheit erkennen, und die Wahrheit wird euch frei machen« (Joh 8,32).

Wenn wir die Wahrheit kennen, dann wird diese Wahrheit uns freisetzen.

> *Denn obwohl wir im Fleisch wandeln, kämpfen wir nicht nach dem Fleisch; denn die Waffen unseres Kampfes sind nicht fleischlich, sondern mächtig für Gott zur Zerstörung von* ***Festungen****; so zerstören wir* ***überspitzte Gedankengebäude*** *und jede* ***Höhe****, die sich gegen die* ***Erkenntnis*** *Gottes erhebt, und nehmen jeden* ***Gedanken*** *gefangen unter den Gehorsam Christi … — 2. Korinther 10,3–5*

Beachte, dass sich unser Kampf gegen Gedanken, Gedankengebäude (Berechnungen, Beurteilungen), Festungen und jede Höhe (stolzes Erheben) richtet, die das Wort Gottes angreifen. Bei all dem handelt es sich um Prozesse in deinen Gedanken.

Solange du den Lügen Satans nicht glaubst und nicht auf seine Täuschungen hereinfällst, ist er machtlos. Die meisten Christen glauben, der Teufel habe gewaltige Macht und Autorität, viel mehr als wir physischen menschlichen Wesen. Das ist einfach nicht wahr. Satan ist ein besiegter Feind. Doch obwohl er schon geschlagen wurde, geht er »umher wie ein brüllender Löwe und sucht, wen er verschlingen kann« (1Petr 5,8). In Wirklichkeit aber ist der Teufel gar kein Löwe, sondern läuft bloß herum und brüllt wie einer – alles in dem Versuch, den Leib Christi einzuschüchtern. Doch die Wahrheit ist, dass ihm sämtliche Zähne gezogen wurden und er lediglich noch an dir »nuckeln« kann. Satan kann dir rein gar nichts stehlen, es sei denn, du gibst ihm die Macht dazu, indem du seinen Lügen glaubst. Er benutzt Unwissenheit, Furcht und Unglauben, um zu unterdrücken und zu zerstören.

KAPITEL 14

Befreit!

Der Teufel stellt einen Faktor dar, aber nicht, weil er an Macht und Autorität überlegen wäre. Er täuscht die Menschen, und sie unterwerfen sich ihm dann aus Furcht, und nur das verleiht ihm überhaupt Macht. Tatsächlich benutzt Satan die Angst eines Menschen und setzt sie gegen ihn ein, um sich an ihm zu vergreifen und ihn anschließend noch auszulachen.

Mein Bewusstsein für die geistliche Dimension wuchs dramatisch, als ich 1968 zum ersten Mal wirklich Feuer für den Herrn fing. Zu dieser Zeit wurde mir nicht nur klar, dass Gott lebt und »gut drauf« ist, sondern auch, dass viele Dinge, die in dieser Welt geschehen, durch Dämonen verursacht werden. Ich war in einer christlichen Glaubensgemeinschaft groß geworden, in der man der Überzeugung war, dass sich sämtliche Teufel in Afrika aufhielten. Die Menschen dort glaubten, dass es hier in Amerika so etwas wie »Dämonen« nicht gebe. Das war einfach kein Thema und so sprach man natürlich auch nicht darüber. Als ich jedoch anfing, mich intensiv mit dem Wort Gottes auseinanderzusetzen, sprang mir folgende Wahrheit aus der Bibel förmlich ins Auge: Viele Probleme – besonders Krankheit, Gebrechen und emotionale Probleme – hatten, wie mir der Heilige Geist zeigte, einen dämonischen Ursprung. Also fing ich an, für Menschen zu beten und erlebte, dass sie befreit wurden.

Wir alle hatten damals so gut wie keine Ahnung, aber Gott tat einige wunderbare Dinge. So wurden Drogensüchtige ohne jegliche

Entzugserscheinungen spontan von ihrer Sucht befreit. Auch Homosexuelle wurden vollkommen freigesetzt. Obwohl wir einige große Erfolge verbuchten, waren wir immer noch ziemlich ahnungslos, was Satans Täuschungen anging. Wir wussten, dass Krieg herrschte, aber wir wussten nicht genau, nach welchen Regeln er ablief. Es war, als würden wir blindlings und aufs Geratewohl auf den Teufel einschlagen. Hin und wieder trafen wir ihn dann auch wirklich einmal und erlebten einige bemerkenswerte Teilsiege.

Fehler

Aber nicht alles, was dabei herauskam, war gut. So las ich z. B. ein Buch über Befreiung, dessen Autor sich beinahe ausschließlich auf diesen Aspekt des christlichen Dienstes konzentrierte. Als ich seinen Namen einmal in einem Bibelkreis erwähnte, kam im Anschluss daran eine Frau zu mir, die jahrelang ein Mitglied seiner Gemeinde gewesen war. Sie erklärte mir, dass der Teufel sie sowie ihre Familie während der Jahre ihrer dortigen Mitgliedschaft einfach zerstört hatte. Aufgrund ihrer persönlichen Erfahrung damit, wie sehr dieser Mann und sein Dienst durch dämonische Mächte geplagt wurden, bestätigte sie mich darin, dass alles, was ich aus dem Wort Gottes über Satan mitgeteilt hatte, zutraf. Aus purer Verzweiflung lasen wir also das Buch dieses Mannes und versuchten so, mehr über Befreiung herauszufinden.

Er lehrte, dass man körperliche Manifestationen – wie z. B. Erbrechen – sehen musste, wann immer jemand Befreiung erfuhr. Seiner Lehre zufolge musste man auch mit den Dämonen reden und sie nach ihren Namen fragen. Sobald man dann den Namen des »Machthabers« herausgefunden hatte, musste man ihn an einen bestimmten Ort verbannen. Man konnte Dämonen demzufolge also nicht einfach austreiben, sondern musste ihnen sagen, wohin sie zu gehen hatten. Weiterhin behauptete besagter Autor, dass man das alles nicht allein tun könne, sondern dass man wenigstens zu zweit sein müsse. Das sei so, weil die Dämonen eine Einzelperson leicht überwältigen könnten. Darüber hinaus gab es in seinem Buch noch viele andere Dinge, für die im Wort Gottes ebenfalls kein einziger Präzedenzfall existierte. Alles drehte sich lediglich um die persönliche Erfahrung dieses Mannes. Ich sage nicht, dass ihn der Teufel geschickt hatte, sondern nur, dass er einige Fehler machte.

Auch mir ist beim Beten für Befreiung so mancher Fehler unterlaufen! Viele davon gingen auf Informationen zurück, die wir besagtem Buch entnommen hatten. Damals machten wir für gewöhnlich mit den Menschen drei Wochen Seelsorge, um sie auf die Befreiung »vorzubereiten«. Manche Menschen fordern das auch heute noch. Ich kenne jemanden hier in Colorado Springs, der Befreiung haben wollte und zunächst einmal einen fünfseitigen Fragebogen ausfüllen musste. Dann musste er einen Termin ausmachen und 45 Tage darauf warten, von den Dämonen freigesetzt zu werden. So etwas ist völliger Blödsinn! Bei Jesus musste niemand einen Fragebogen ausfüllen. Auch musste keiner eineinhalb Monate auf Gebet warten. Ich verurteile hier niemanden, denn ich habe es ja schließlich auch so gemacht. Aber seither habe ich bessere Methoden entdeckt, Dämonen auszutreiben.

Völlig außer sich

Zu der Zeit, als wir zum ersten Mal eine dämonische Manifestation erlebten und uns dieser Tatsache ganz sicher waren, rechneten meine Freunde und ich uns noch entfernt den Baptisten zu. Und für Baptisten waren wir ganz schön radikal, glaubten wir doch an übernatürliche Dinge wie Dämonisierung und das Sprachengebt. Einmal besuchte eine Frau unsere kleine Baptistengemeinde und nahm den Herrn Jesus an. Obwohl sie sich wirklich bekehrt hatte, gab es in ihrem Leben immer noch einige Probleme, die mit ihrer homosexuellen Vergangenheit zusammenhingen.

Eines Tages drehte sie bei der Arbeit völlig durch. Sie wusste plötzlich nicht mehr wie sie hieß, woher sie kam oder was sie in diesem Gebäude zu suchen hatte. Sie hatte buchstäblich ihren Verstand verloren und wusste überhaupt nichts mehr. In dieser Situation kam jemand auf sie zu, sprach sie mit ihrem Namen an und meinte: »Wir treffen uns dann nach der Arbeit und ich bringe dich nach Hause.« So erfuhr sie, wie sie hieß. Nachdem ihre Kollegin sie dann zu Hause abgesetzt hatte, schaute sie in ihre Handtasche, fand ein paar Schlüssel und konnte mit einem tatsächlich die Haustür öffnen. Und dort fanden wir sie dann – zu Hause und völlig außer sich.

Wir waren davon überzeugt, dass die ganze Sache dämonisch war. Wenn wir diese Frau einer staatlichen Institution überantwortet hätten, wäre sie in irgendeiner Psychiatrie gelandet, mit Psychopharmaka vollgepumpt worden und wahrscheinlich nie wieder dieselbe gewesen. Uns war klar: Die Lösung musste auf der geistlichen und nicht auf der physischen Ebene liegen.

Zuerst einmal sperrten wir sie in einem Zimmer ein. Es war offensichtlich, dass der Teufel seine Finger im Spiel hatte, doch mehr wussten wir nicht. Deshalb beteten wir einfach und sangen Lieder. Doch jetzt wurde die Frau gewalttätig. Als wir sie dann auf dem Boden festhielten, packte sie mit einer Hand zwei von uns und schleuderte sie gegen die Wand. Das nennt man übernatürliche Kraft, ganz wie bei dem Dämon in der Bibel, der den Namen Legion trug (Lk 8,29–30).

Damals sahen wir zum ersten Mal überhaupt eine dämonische Manifestation. Wir ließen die Frau einfach in dem Zimmer und bewachten sie abwechselnd, fest entschlossen, auf keinen Fall aufzugeben. Obwohl wir nicht genau wussten, wie wir für ihre Befreiung beten sollten, fuhren durch unsere Hartnäckigkeit und unseren Glauben im Verlauf einer Woche dann alle möglichen Dämonen aus. Das sprach sich natürlich herum, und wir erhielten deshalb einigen Zulauf. Wir erlebten viele Befreiungen, gerieten aber ebenso auf geistliche Abwege (d. h., wir verliehen dem Teufel Macht und schenkten ihm viel mehr Aufmerksamkeit, als er verdient).

»Nicht heute Abend!«

Zu dieser Zeit hielten wir in der Mitte der Woche immer einen Gottesdienst ab, zu dem eines Mittwochabends ein homosexueller Mann erschien, den wir schon seit einigen Wochen auf seine Befreiung vorbereiteten. Er brachte einen anderen Homosexuellen mit, der auch Befreiung brauchte. Der besagte Mann erklärte mir: Heute Abend bin ich für die Befreiung bereit!

Meine Antwort war: »Nicht heute Abend.«

»Warum nicht?«

»Weil ich hier allein bin und der Co-Pastor auf einer Konferenz ist.«

Der Co-Pastor und ich waren diejenigen, die Dämonen austrieben.

Er erwiderte: »Wenn ich hier weggehe, dann ohne diese Dämonen!«

»Aber ich werde sie nicht austreiben!«, entgegnete ich.

Er sah mir direkt in die Augen und erklärte: »Du unternimmst jetzt besser etwas, denn ich meine es wirklich ernst.«

Ich wusste wirklich nicht, was ich tun sollte, und deshalb holte ich Jamie. Zu dieser Zeit war sie noch nicht meine Frau, doch wir waren Gebetspartner. Sie war noch nie dabei gewesen, wenn ein Dämon aus jemandem ausgetrieben wurde. Tatsächlich war sie noch nicht einmal mit dem Heiligen Geist getauft! Doch Jamie ging mit mir zusammen in das Hinterzimmer der Gemeinde.

Der Raum hatte auf zwei Seiten Fenster und an den Wänden standen viele Stapel Stühle. Ich redete mit dem einen der beiden Männer und erklärte ihm erneut: »Ich mache das nicht!«

Er antwortete: »Du solltest lieber das Blut anwenden!« Das war auch so ein merkwürdiges Konzept, das man uns beigebracht hatte. Wir mussten »das Blut anwenden«, um die Dämonen davon abzuhalten, in uns hineinzufahren, nachdem sie bei jemand anderem ausgefahren waren. Diese Vorstellung ist total falsch!

Ich fing also an zu beten: »Vater, ich weiß nicht, was ich tun soll!« Augenblicklich fiel dieser Mann zu Boden und bellte wie ein Hund, wand sich wie eine Schlange und warf Stühle gegen die Fenster. Der andere Dämonisierte kletterte auf einen Stapel mit zehn Stühlen. Jamie stand nur da und betete so schnell und grimmig wie sie nur konnte!

Kinderleicht

Weil ich nicht wusste, was ich tun sollte, fragte ich nun die Dämonen nach ihrem Namen: »Wie heißt du? Im Namen Jesu, sag mir deinen Namen!« Ich will hier nicht ins Detail gehen, doch hatten wir ausgeklügelte Methoden, Dämonen zu klassifizieren und mit ihnen zu reden. Sobald ich die Fragen gestellt hatte, ereigneten sich alle erdenklichen dämonischen Manifestationen.

Diese Dämonen hielten mich zum Narren. Sie manifestierten sich, nannten ihren Namen und waren auch schon wieder verschwunden, bevor sich dann der nächste manifestierte. Verzweifelt betete ich: »O Gott, hilf mir!« Da erinnerte der Herr mich einfach daran, dass er den bösen Geistern befohlen hatte zu schweigen und auszufahren (Mk 1,25). Ich dachte: *Nun, das wäre schön!* Also erklärte ich: »Im Namen Jesu befehle ich euch allen, zu schweigen und aus diesem Mann herauszukommen!« Und augenblicklich kehrte Stille ein.

Der Mann fiel zu Boden und erschien wie tot. Doch als ich ihn umdrehte, pries er Gott und betete: »Danke Jesus! Ich bin frei! Sie sind weg! Danke!« Er war völlig freigesetzt worden. Unserer Vermutung nach waren mindestens zehn Dämonen aus diesem Mann ausgefahren.

Ich dachte: *Verglichen mit dem, was wir normalerweise tun, war das ja kinderleicht!* Es war uns zur Gewohnheit geworden, mit Dämonen zu reden, sie nach ihren Namen zu fragen und noch viele andere Dinge zu tun. Deshalb entschied ich: *Ich habe dem Teufel zu viel Raum gegeben.* Ich hatte in der Annahme gelebt, dass ich »das Blut anwenden« musste, mindestens zwei Leute anwesend zu sein hatten und so weiter und so fort. Aber das alles spielte überhaupt keine Rolle! Ich sprach einfach im Glauben – und schon waren sie weg! Meine Kühnheit nahm noch zu, als ich während meiner Bibelstudien entdeckte, dass Jesus genauso gehandelt hatte.

Körperliche Angriffe

Während dieser Zeit konzentrierte ich mich unbeabsichtigterweise zu sehr auf den Teufel. Da so viele Menschen mit dem Wunsch nach Befreiung zu uns kamen und so viele dämonische Dinge geschahen, sprachen wir permanent über Satan. Ich ertappte mich dabei, dass ich im »Gebet« mehr Zeit damit verbrachte, mit dem Teufel zu sprechen als mit Gott (damals betete ich täglich zwei bis vier Stunden).

Ich wusste: Hier konnte etwas nicht stimmen! Auch heute noch betreiben viele Menschen gerne diese merkwürdige Art »geistlicher Kriegsführung«. Ihr ganzes »Gebetsleben« ist völlig davon in Anspruch genommen, den Teufel zu binden und in seine Schranken zu verweisen. Dabei sprechen sie Satan während ihrer Gebetszeit häufiger an als Gott und reden auch mehr mit ihm. Da stimmt etwas nicht!

Zur damaligen Zeit war ich gerade im Begriff, in Arlington, Texas, das *Arlington Christian Center* zu eröffnen. Wir hatten ein Gebäude gemietet, das früher einmal ein Ordenshaus gewesen war, und wollten den Komplex in ein Zentrum umwandeln, in dem wir Menschen mit dämonischen Problemen aufnehmen und für sie beten konnten. Mit dem Anstreichen waren wir schon fertig und steckten gerade mitten in den Reinigungsarbeiten.

Eines Abends fand dort unter meiner Leitung eine Gebetsnacht meiner Gemeinde statt. Alle waren schon gegangen und ich war als Letzter noch im Gebäude. Als ich noch weiter betete, griff mir plötzlich irgendetwas in diesem Raum an die Kehle. Obwohl ich niemanden sah, wurde ich doch tatsächlich gewürgt und geschlagen. Dämonen griffen mich körperlich an!

»Was meinst du damit?«

Ich rannte aus dem Gebäude, schloss die Tür hinter mir ab und sprang in meinen Wagen. Mit quietschenden Reifen raste ich rückwärts die Auffahrt hinunter und wollte gerade mit Vollgas davonbrausen, als mich der Herr ansprach. Er fragte mich: »Wo willst du denn hin?«

Ich antwortete: »Gott, ich haue hier ab! In dem Gebäude da gibt es Dämonen!«

Gott sprach ruhig weiter: »Die Waffenrüstung aus Epheser 6, die gegen den Teufel zum Einsatz kommt, bietet aber nur für die Vorderseite deines Körpers Schutz. Es gibt in dieser Rüstung kein Teil für die Rückenpartie.«

Obwohl ich noch fragte: »Was meinst du damit?«, kannte ich in meinem Herzen doch schon die Antwort: Ich durfte dem Teufel nicht den Rücken zukehren, sondern musste ihm frontal entgegentreten. Dennoch fragte ich ein zweites Mal: »Herr, was meinst du damit? Du willst doch nicht etwa, dass ich wieder in dieses Gebäude zurückgehe, oder?« – Stille.

Der Herr streitet sich nicht mit uns. Wenn er einmal eine Bemerkung gemacht hat, überlässt er uns die Entscheidung, was wir damit anfangen. Es war ungefähr zwei oder drei Uhr morgens und ich blieb einfach noch eine kleine Weile im Auto sitzen. Dann fuhr ich die Einfahrt wieder hoch, stellte den Motor ab und ging ins Haus. Dort schloss ich mich ein und kämpfte bis sechs Uhr morgens gegen diese dämonischen Mächte. Danach war das Haus frei und die Dämonen waren verschwunden.

Zu dieser Zeit hatte ich auch eine Reihe von Träumen, während derer Satan mich körperlich attackierte. Manchmal wachte ich auf und dachte, dass es ja nur ein Traum war, doch wenn ich dann ins Badezimmer ging, stellte ich fest, dass ich blutete. Ich habe definitiv einige dämonische Manifestationen am eigenen Leibe erlebt!

Zu große Aufmerksamkeit

Einige Menschen sagen jetzt vielleicht: »Das liegt daran, dass der Teufel mächtig ist und du sein Territorium verletzt hast.« Nein, ich maß Satan damals in meinem Leben ständig zu viel Bedeutung bei, weil ich so viel Zeit damit zubrachte, ihn zu binden und zurückzuweisen, Dinge über ihn zu lernen und meine Aufmerksamkeit auf ihn zu richten. Der Herr zeigte mir, dass ich den Teufel verherrlicht und ihm mehr Macht gegeben hatte, als er tatsächlich besaß. Sofort tat ich Buße (kehrte um) und traf die Entscheidung, dass Angriff die beste Verteidigung sei. Deshalb bemühte ich mich von da an um große Beständigkeit und Kühnheit im Lobpreis und der Anbetung Gottes. Ich glaubte, dass Satans Möglichkeiten, auf mein Leben Zugriff zu nehmen, völlig zunichtegemacht würden, wenn ich mich beständig auf den Herrn konzentrierte.

Mittlerweile sind über dreißig Jahre vergangen und ich selber habe nie wieder eine derartige dämonische Manifestation erlebt. Wohl haben sich schon Teufel bei Menschen in meiner unmittelbaren Umgebung manifestiert, ganz so wie in den Situationen, in denen ich sie bei jemandem austreibe. (Ich habe sogar einige Bandaufnahmen, auf denen man diese unmenschlichen Stimmen und Schreie aus dem Mund von Menschen hören kann.) Ich selber musste jedoch nie mehr körperlich gegen einen Dämon kämpfen. Diese Dinge geschahen damals nur aus einem Grund: Aufgrund meiner eigenen Furcht und der unangemessenen Bedeutung, die ich ihm in meinem Leben zuschrieb, hatte ich dem Teufel Macht verliehen.

Genau das passiert heutzutage im Leib Christi ständig. Wir schenken Satan zu große Aufmerksamkeit. Natürlich stellt er einen Faktor dar, denn er geht umher und sucht danach, wen er verschlingen kann. Doch der Teufel kann einem Menschen nur dann wirklich etwas antun, wenn der Betreffende ihm durch Furcht Macht verleiht. Vieles von dem, was heute als »geistliche Kriegsführung« vermittelt wird, schreibt dem Teufel mehr Macht und Autorität zu, als er tatsächlich hat.

Konferenzen über »Geistliche Kriegsführung« präsentieren Ideen, die im Widerspruch zu Gottes Wort stehen, denn sie schreiben dem Teufel große Macht zu und reden davon, dass man über geografischen Gebieten regierende »Herrschaften« binden müsse, bevor dort irgendetwas Positives geschehen könne. Satan hat keinerlei Macht und besitzt nicht die geringste Autorität. Alles, worüber er verfügt, ist Täuschung. Doch veranlassen diese falschen Konzepte viele Christen tatsächlich dazu, sich dem Teufel zu ergeben und ihm Macht zu verleihen!

KAPITEL 15

Der Triumphzug

Und euch, die ihr tot wart in den Vergehungen und in dem Unbeschnittensein eures Fleisches, hat er mit lebendig gemacht mit ihm, indem er uns alle Vergehungen vergeben hat. Er hat den Schuldschein gegen uns gelöscht, den in Satzungen bestehenden, der gegen uns war, und ihn auch aus unserer Mitte fortgeschafft, indem er ihn ans Kreuz nagelte; ***er hat die Gewalten und die Mächte völlig entwaffnet und sie öffentlich zur Schau gestellt. In ihm hat er den Triumph über sie gehalten.*** *— Kolosser 2,13–15*

»Völlig entwaffnen« bedeutet, einem besiegten Feind alles, was er hat, zu nehmen.

Satan selbst sowie die Gewalten und Mächte der Finsternis und alle anderen dämonischen Kräfte sind entwaffnet worden. Durch das Kreuz und die Auferstehung hat Jesus Christus den Teufel all seiner Macht und Autorität entkleidet. Der erste Adam hatte dem Feind beim Sündenfall seine ganze Macht und Autorität ausgehändigt, aber der letzte Adam nahm bei der Auferstehung alles wieder an sich. Satan besitzt jetzt weder Macht noch Autorität. Seine einzige Waffe ist die Täuschung. Wenn du dich den Lügen des Teufels ergibst, dann handelt es sich um deine eigene Macht und Autorität, die er gegen dich benutzen wird.

»Zur Schau stellen« ist die Übersetzung desselben griechischen Wortes, von dem auch die Wörter »Ausstellung« und »ausstellen«

stammen. Mit anderen Worten: Gott stellte Satan zur Schau – d. h., er machte ihn zu einem Ausstellungsstück.

Im Biologieunterricht in der Schule musstest du vielleicht Insekten oder anderes Kleingetier fangen. Man musste sie dann töten, auf ein Stück Karton aufstecken und dann ein kleines Schild mit dem Namen des Tieres darunter befestigen. Da waren sie nun, auf einer Pinnwand jeweils mit einer Nadel aufgespießt. Das nannte man dann ein »Schaustück«.

Genauso sehe ich den Teufel: aufgespießt, mit denselben Nägeln, die zuvor Jesus durchbohrt hatten, ans Kreuz genagelt! Er ist ein Schaustück – völlig entblößt von allem, was Wert hat. Jesus Christus hat Satan zur Schau gestellt, aus ihm ein Ausstellungsstück gemacht!

Die Siegesparade

Die Wendung »den Triumph über sie gehalten« nimmt wörtlich Bezug auf eine Siegesparade (Kol 2,15). Es war eine römische Sitte, nach einem erfolgreichen Kriegszug die besiegten Feinde mitsamt der eroberten Kriegsbeute dem Volk in einer festlichen Parade vorzuführen. Wenn die Römer in den Kampf auszogen und den Feind besiegt hatten, kehrten sie zurück und hielten diese festlichen Siegesparaden ab. Falls sie aber nicht gewannen, fiel der Triumphzug aus.

Die römischen Bürger wussten, dass ein gefährlicher und gefürchteter Feind so lange noch nicht endgültig besiegt war, bis eine Siegesparade stattgefunden hatte. Bis dahin lebten sie in Furcht und Sorge über den Ausgang eines Feldzugs. Die Römer mochten zwar schon eine große Schlacht gewonnen haben, aber wenn sie den gegnerischen Heerführer oder König noch nicht völlig besiegt und besagte Parade abgehalten hatten, dann lebte die römische Bevölkerung noch in ständiger Furcht, der Gegner könnte sich mit seinen Kriegstruppen Rom erneut entgegenstellen.

War der Feind jedoch endgültig besiegt, führten die Römer den gegnerischen Heerführer oder König – tot oder lebendig – dem Volk vor. Wenn er tot war, wurden sein abgetrennter Kopf und sein lebloser Körper zur Schau gestellt. Man bevorzugte es jedoch, den Feind, z. B. einen König, lebend gefangen zu nehmen. Dann entkleidete man ihn restlos seiner Rüstung, seiner königlichen Gewänder und seines Schmucks, die ihn zuvor stark und wichtig hatten erscheinen lassen. Vollkommen nackt und gedemütigt band man ihn hinter ein Pferd oder einen Streitwagen. Entweder ging er durch die Straßen oder er wurde hinterhergeschleift. Vorher hatte man ihm beide Daumen und beide großen Zehen abgehackt, sodass er nie wieder in der Lage sein würde, ein Schwert zu halten oder in einer Schlacht zu stehen. Auf diese Weise führten die Römer ihre besiegten Feinde vor.

Dieser Triumphzug bewies allen römischen Bürgern, dass ihr Feind bezwungen worden war. Das machte jegliche Furcht zunichte, dass jener König oder Feldherr jemals wieder imstande sein würde, einen Krieg gegen sie anzuzetteln. Die Parade stellte den Gegner auch deshalb in einer solchen Weise bloß, damit das gewöhnliche Volk ihn verspotten, schlagen und bespucken konnte. Zweck dieser Parade war es, dem Volk restlos die Angst zu nehmen.

Die Bibel führt uns ganz deutlich vor Augen, dass Jesus genau solch eine Parade mit dem Teufel abgehalten hat. Er hat ihn in jeglicher Hinsicht vollständig besiegt. Christus zerstörte den, »der die Macht des Todes hatte«, und »befreite [all diejenigen], die durch Todesfurcht ihr ganzes Leben hindurch in Knechtschaft gehalten wurden« (Hebr 2,14–15 SLT). Beachte, dass es die Furcht vor dem Tod ist, die die Tür zur Knechtschaft öffnet. Satan besitzt jetzt keine eigene Macht mehr. Das Einzige, womit er noch gegen dich vorgehen kann, ist Täuschung; denn Jesus hat uns von aller Herrschaft Satans befreit.

Die Parade verpasst?

Es hat eine Siegesparade stattgefunden – ein Triumphzug! Hier in dieser Bibelstelle – Kolosser 2,13–15 – wird ein vollständig besiegter Teufel vorgeführt und als völlige Null zur Schau gestellt. Er ist ein Nichts!

Das Problem ist, dass ein Großteil des Leibes Christi diese Parade verpasst hat – besonders die Anhänger der »geistlichen Kriegsführung«. Satan lebt zwar noch und es tobt auch immer noch eine Schlacht, aber sie findet nicht in der Himmelswelt mit dämonischen Wesen statt, die ungeheure Macht und große Autorität hätten. Alles, was der Teufel noch hat, ist seine enorme Fähigkeit, zu lügen und zu täuschen. Gib Satan keine Ehre! Schreib ihm keine Macht zu, die er in Wirklichkeit gar nicht besitzt! Stelle dich seinen Lügen entgegen und glaube der Wahrheit! Richte deine Aufmerksamkeit auf Gott und nicht auf Dämonen! Die wirkliche Schlacht findet in deinem Kopf statt. Denk deshalb immer an die Siegesparade!

Viele Anhänger der »geistlichen Kriegsführung« denken, man müsse alle erdenklichen Dinge unternehmen, bevor man sich in eine geografische Region vorwagen und dort das Evangelium effektiv predigen könne. Man müsse »geistliche Landkarten« erstellen und herausfinden, was in der Vergangenheit dort an unmenschlichen Dingen geschehen sei und »geistliche Festungen« geschaffen habe. Anschließend müsse man »Fürbitter« dorthin entsenden, die dann Monate, Jahre, ja Jahrzehnte damit zubringen, zu beten und die dämonischen Mächte in ihre Schranken zu weisen und sie zu binden. So könne das Wort Gottes dann schließlich einen Einfluss ausüben. Falsch, falsch, falsch!

Im Wort Gottes findet sich dafür kein einziger Präzedenzfall! So etwas lässt sich im gesamten Neuen Testament nirgendwo finden. Es ist absolut falsch!

Ja, es gibt dämonische Mächte. Ja, es gibt eine Hierarchie unter den Dämonen. Ja, sie sind bestimmten geografischen Regionen zugeordnet. Aber nein, man befasst sich dennoch nicht auf diese Weise mit ihnen! Es ist der falsche Ansatz zu predigen, dass nicht mehr Menschen von neuem geboren und freigesetzt würden, weil wir nicht genug gebetet und »geistliche Kriegsführung« betrieben hätten.

Jesus selbst sandte nie jemanden voraus, um zu beten, den Teufel zu binden und einen Ort oder eine Region vorzubereiten, damit das Wort Gottes dort verbreitet werden könnte. Er sandte seine Jünger wohl vor sich her, um die Menschen wissen zu lassen, dass er kam. Die Jünger wirkten auch Wunder und zogen so die Menschen an, damit sie Jesus hörten. Aber weder Jesus noch Petrus oder Paulus sandten jemals Gläubige voraus, allein um zu beten und all diese anderen Dinge zu tun. Das ist absolut falsch. (Ausführlicher befasse ich mich mit diesem Thema in meinem Buch »Ein besserer Weg zu beten«.)

Altes Testament kontra Neues Testament

Im Alten Testament finden sich verschiedene Beispiele von Menschen, die für bestimmte Städte und spezifische Personen beteten. Abraham tat für Sodom und Gomorra Fürbitte (1Mo 18). Mose trat vor Gott für seine Geschwister und die Kinder Israels ein (4Mo 12.14). Beide flehten einen zornigen Gott an, der sein

Strafgericht gegen Sünde verhängen wollte. Die damalige Situation unterscheidet sich jedoch grundlegend von der heutigen. (Diese Themen werden in meinem Buch »Die Vollmacht des Gläubigen genauer behandelt.)

Es existiert ein gewaltiger Unterschied zwischen dem, was im Alten Testament geschah, und dem, was jetzt im Neuen Testament geschieht. Zur Zeit des alten Bundes hatte Jesus noch keine Sühne für unsere Sünden geleistet. Er war noch nicht in den Hades gefahren und war noch nicht zu unserem ewigen Fürbitter geworden (Hebr 7,25). Aus diesem Grund war es für die Heiligen des Alten Testaments angemessen, um Gnade zu flehen, da Gnade noch nicht in vollem Umfang gewährt worden war. Sie wurde in einem gewissen Maß gezeigt, doch handelte es sich dabei mehr um eine Art Darlehen als um tatsächliches »Gnadenguthaben«. Die Sühnung am Kreuz hatte noch nicht stattgefunden.

Doch jetzt, in der Zeit nach dem Kreuz, gibt es einen sehr deutlichen Unterschied hinsichtlich der Beschaffenheit unserer Beziehung zu Gott. Heutzutage gießt Gott unablässig Barmherzigkeit und Gnade aus, und keinen Zorn (2Kor 5,19). Er rechnet den Menschen Sünde nicht mehr an. Es ist absolut falsch zu denken, Gott sei wegen unserer Sünden zornig auf uns und bereit, dieses Land zu richten. Es ist auch nicht korrekt zu glauben, Gott stehe im Begriff, sein Strafgericht zu entfesseln, es sei denn, wir täten Buße und die Fürbitter vereinigten sich, um ihn anzubetteln und anzuflehen, von seinem Zorn Abstand zu nehmen. Jesus Christus hat am Kreuz schon für jegliche Sünde gebüßt. Er ist der große Fürbitter, der jegliche Fürbitte dieser Art beendet hat!

Es gibt heutzutage eine göttliche Form der Fürbitte. Sie besteht darin, einfach zu sagen: »Vater, ich weiß, dass du ein guter Gott bist. Du liebst uns. Du hättest Sodom und Gomorra verschont, wenn dort nur zehn Gerechte gelebt hätten. In diesem Land gibt es mehr als zehn Gerechte. Ich weiß, dass all die sogenannten Prophetien, die besagen, du würdest Untergang, Verhängnis und Zerstörung senden, wenn wir nicht Buße tun, nicht von dir sind. Danke, Vater, dass du uns nicht richten willst.«

Ich möchte nicht missverstanden werden – natürlich hat Sünde Konsequenzen. Wenn Menschen Gott hassen und ihn nicht länger suchen, werden sie gemein und selbstsüchtig. Verbrechen und Probleme eskalieren. Tragödien und Terroranschläge ereignen sich, aber das ist das Ergebnis des Prinzips von Saat und Ernte. Wenn man eine schlechte Saat sät und dann eine negative Ernte einfährt, ist das etwas anderes, als würde Gott seinen Zorn senden. Gott verhängt in der heutigen Zeit kein Zorngericht gegen Menschen. Es wird der Tag kommen, an dem er das tut, und das wird dann auch gerechtfertigt sein. Aber jetzt, im Zeitalter der Gemeinde, setzt er fortwährend Barmherzigkeit und Gnade frei.

Fürbitte im Neuen Testament

Ein Fürbitter des Neuen Testaments erkennt, dass Gott sich aufgrund des Sühnewerks, das Jesus Christus geleistet hat, von seinem Zorn abgewandt hat. Es ist nicht mehr nötig, ihn um Erbarmen anzuflehen, wie es Mose tat (2Mo 32,12).

Jesus hat am Kreuz nicht nur für unsere, sondern für die Sünden der ganzen Welt gebüßt. Gott hat sich von seinem Zorn abgewandt und bietet seine Barmherzigkeit und Gnade nun allen Menschen überall an.

Für einen wiedergeborenen Gläubigen ist es falsch, vor Gott zu stehen und ihn, wie Mose es tat, zur Reue aufzufordern. Für Mose war das nicht falsch, weil sich zu jener Zeit Gottes Zorn noch auf die Menschheit ergoss. Wir jedoch leben in einem neuen Bund.

… nämlich dass Gott in Christus war und die Welt mit sich selbst versöhnte, ihnen ihre Übertretungen nicht zurechnete … — 2. Korinther 5,19

Wenn wir beten: »O Gott, lass ab von der Glut deines Zornes! O Gott, gieße deine Kraft aus! Bitte wirke doch!«, bedeutet das, wir verleugnen das Sühneopfer und die Fürbitte des Herrn Jesus Christus.

Zwischen der Art und Weise, wie man im Alten Testament Fürbitte tat, und unserer Art von Fürbitte im Neuen Testament, liegt ein gewaltiger Unterschied. Vieles von dem, was heutzutage als »Fürbitte« und »geistliche Kriegsführung« gelehrt wird, entspricht einer absolut alttestamentlichen Mentalität. Es ist anti-Christus. Es leugnet die Wahrheit, dass Jesus den Teufel völlig entwaffnet und ihm alle Macht und Autorität genommen hat. Es verherrlicht Satan. Grundsätzlich tun so etwas nur Menschen, die die Siegesparade verpasst haben!

Das Gegenmittel gegen die Täuschung

Wahre geistliche Kriegsführung spielt sich auf der persönlichen Ebene ab. Man widersteht den Lügen und der Täuschung des Teufels. Das macht man hauptsächlich, indem man die Wahrheit erkennt.

… und ihr werdet die Wahrheit erkennen, und die Wahrheit wird euch frei machen. — Johannes 8,32

Die Wahrheit zu verstehen, ist das Gegenmittel gegen die Täuschung.

Macht und Stärke der Täuschung beruhen auf der Tatsache, dass man sich der eigenen Täuschung nicht bewusst ist. Sobald man jedoch den richtigen Sachverhalt – die Wahrheit – erkennt, verliert Täuschung sofort ihre Macht.

Wenn dich jemand terrorisieren und damit bedrohen würde, dich zu töten, hättest du Angst. Wenn ich dir jedoch die Leiche deines Widersachers zeigte, würde dich die Angst augenblicklich verlassen. Sobald du über die Wahrheit seines Ablebens Bescheid wüsstest, würden dich seine Drohungen nicht länger einschüchtern.

Gottes Wort ist Wahrheit (Joh 17,17). Ich nehme Gottes Wort und meditiere darüber. Durch das Wort liebe ich Gott und habe vertrauten Umgang mit ihm. Ich habe auch Gemeinschaft mit dem Volk Gottes und bleibe positiv, indem ich meine Gedanken immer auf Gott gerichtet halte. Dies sind nur einige praktische Methoden, mit denen ich persönlich geistliche Kriegsführung betreibe. Die beste Verteidigung ist ein gut geführter Angriff!

Lobpreis ist eine äußerst schlagkräftige Waffe gegen den Teufel und treibt ihn buchstäblich aus. Satan kann es nicht ertragen, sich auch nur in der Nähe von Lobpreis und der Anbetung Gottes aufzuhalten. Zwar kommt es alle paar Monate vor, dass ich den Teufel in seine Schranken verweise und ihn in irgendeiner Sache binde, aber nicht deshalb, weil er diese furchterregende Macht gegen mich besäße. Ich tue es, weil die Schlacht in meinem Verstand – meinen Gedanken – so intensiv geworden ist, dass ich meinen Widerstand dann verbalisiere: »Im Namen Jesu weise ich diese Gedanken in ihre Schranken. Satan, du hast nicht das geringste Recht an mir und auch keinerlei Macht über mich!« Die meiste Zeit muss ich aber noch nicht einmal etwas laut aussprechen. Ich entkräfte die Lügen, mit denen ich konfrontiert werde, durch die Wahrheit und lebe weiterhin in einer Haltung des anhaltenden Lobpreises.

Falls dich der Teufel aber schon lange Zeit dominiert hat, mag diese Strategie zu Anfang nicht aggressiv genug sein. Wenn du dämonisiert bist und versuchst, dem zu entkommen, wirst du Dämonen vielleicht wesentlich nachdrücklicher in die Schranken verweisen und die Wahrheit laut proklamieren müssen. Sobald du aber einmal frei bist, ist es ganz leicht, diese Freiheit zu behalten, indem du einfach in der Wahrheit bleibst.

Sende Wahrheit hinein!

Wenn früher Menschen zu mir kamen, wies ich für gewöhnlich erst einmal die Dämonen in ihre Schranken. Mir ist jedoch klar geworden, dass ich Christen in Wirklichkeit einen schlechten Dienst erweise, wenn ich Dämonen lediglich auf der Grundlage meines eigenen Glaubens austreibe (Mt 12,43–45). Wenn Menschen die Wahrheit nicht erkennen, verstehen und gegen die Lügen einsetzen, die sie früher geglaubt haben, kehren die bösen Geister nämlich einfach wieder zu ihnen zurück.

Der beste Weg zur Befreiung besteht darin, jemandem die Wahrheit zu sagen. Unterweise den Betreffenden im Wort Gottes. Unterrichte ihn über den Triumphzug und den Sieg, der ihm in Jesus gehört. Hilf ihm, Gottes Verheißungen im Hinblick auf sein Problem zu verstehen, und ermutige ihn dazu, diese spezifische Wahrheit dann unablässig auf seine Gedanken anzuwenden. Ich könnte Hunderte von Zeugnissen über Menschen geben, die meine Botschaft über die Wahrheit von Gottes Wort hörten und von Dämonen einfach befreit wurden, ohne dass ich überhaupt irgendeinen Teufel zurechtweisen musste. Ich spreche hier über schwere Dämonisierung – über Menschen, die zu nichts mehr zu gebrauchen waren oder unter dem Einfluss von Psychopharmaka standen und sich in psychiatrischen Kliniken aufhielten. Sie wurden vollständig befreit, und das einfach aufgrund der Tatsache, dass sie der Wahrheit zuhörten und sie in ihren Herzen empfingen. Diese Menschen wurden befreit, ohne dass ich überhaupt für sie betete!

Bei anderen Gelegenheiten wiederum treibe ich tatsächlich Dämonen aus. Manchmal hat Satan bestimmte Lügen so tief in den Gedanken eines Menschen verankert, dass derjenige, obwohl er die Wahrheit eingesehen und angenommen hat, dennoch eine andere Person braucht, die mit ihm betet und die Lügengedanken in ihre Schranken verweist. Deshalb treibe ich oft Dämonen aus, wenn ich für Menschen gegen Krankheit, Depression und Ähnliches bete. Die Dämonen räumen das Feld, und die Menschen werden frei. Doch gebe ich den Betreffenden auch immer einige Wahrheiten aus dem Wort Gottes mit auf den Weg, damit sie diese zu ihrem Schutz benutzen und den Teufel an der Rückkehr hindern.

Meine geistliche Kriegsführung in Bezug auf eine Stadt oder ein Land besteht darin, die Wahrheit dort hineinzusenden. Ich mache das, indem ich den Menschen Gottes Wort durch Fernsehen, Radio, CDs, Bücher, Videos und das Internet mitteile. Wenn Menschen die Wahrheit hören, öffnen sich ihre Herzen und werden für das Evangelium empfänglicher. Anschließend komme ich – oder ich schicke andere, die dafür ausgebildet sind –, um das Wort persönlich zu verkünden und zu lehren. Wahre geistliche Kriegsführung bringt immer die Wahrheit von Gottes Wort zu den Menschen!

KAPITEL 16

Verkünde das Wort!

Paulus ist ein großartiges Beispiel für wahre geistliche Kriegsführung. In Kapitel 19 der Apostelgeschichte diente der Apostel in der Stadt Ephesus, wo er auf viel Widerstand stieß. Tatsächlich überlegte Paulus sogar, die Stadt zu verlassen, aber der Herr gab ihm die Anweisung, zu bleiben und die Gläubigen aufzubauen. Im weiteren Verlauf der Kirchengeschichte wurde Ephesus zu einem der aktivsten und wichtigsten Zentren des Christentums. Trotz des erbitterten Widerstandes verzeichnet die Bibel an keiner Stelle etwas darüber, dass Paulus die Gläubigen jemals aufgefordert hätte, zur Fürbitte zusammenzukommen, geistliche Kriegsführung zu betreiben und die dämonischen Mächte über der Stadt in ihre Schranken zu weisen.

Zu dieser Zeit war Ephesus für die heidnische Göttin »Artemis von Ephesus« bekannt. Man zählte ihren majestätischen und reich verzierten Tempel zu den Weltwundern. Die Legende besagt, dass ihr Standbild direkt vom Himmel in diesen Tempel gefallen war. Aus diesem Grund kamen ihre Verehrer aus ganz Kleinasien nach Ephesus, um sie dort anzubeten.

Dennoch mobilisierte Paulus die Gläubigen nie, die Artemis der Epheser in ihre Schranken zu weisen. Er rief die Gläubigen nie dazu auf, geistliche Kriegsführung gegen sie zu betreiben. Was tat er stattdessen? Paulus predigte die Wahrheit. Er konfrontierte falsche Vorstellungen und lehrte die Menschen das Wort Gottes. Durch die kühne Predigt des Evangeliums brach Paulus die Macht der Artemis und erlebte, dass in der Stadt Massen von Menschen den Herrn Jesus Christus empfingen.

Das ist die biblisch korrekte Methode: Predige das Wort Gottes! Genau diesen Rat gab Paulus auch Timotheus, da dieser junge Mann die wachsende Gemeinde in Ephesus, die sein geliebter Mentor gegründet hatte, als Pastor leitete.

> *Alle Schrift ist von Gott eingegeben und nützlich zur Lehre, zur Überführung, zur Zurechtweisung, zur Unterweisung in der Gerechtigkeit, damit der Mensch Gottes richtig sei, für jedes gute Werk ausgerüstet.* ***Ich ermahne dringend*** *vor Gott und Christus Jesus, der Lebende und Tote richten wird, und bei seiner Erscheinung und seinem Reich:* ***Predige das Wort****, stehe bereit zu gelegener und ungelegener Zeit; überführe, weise zurecht, ermahne mit aller Langmut und Lehre!*
> *— 2. Timotheus 3,16–4,2*

Mit Artemis kurzen Prozess machen?

Über Ephesus lag eine dämonische Macht, die diese Stadt beherrschte, aber Paulus versammelte keine »Fürbitter« und »Gebetskämpfer«, um eine Schlacht gegen sie zu führen. Er sagte den Menschen die Wahrheit, erlebte, wie sie von neuem geboren und befreit wurden, und machte sie zu Jüngern, damit sie hinausgingen und dasselbe täten. Was die Menschen frei machte, war das Wort Gottes. Und es war die Wahrheit, die die Macht der Artemis der Epheser brach.

Vor einigen Jahren reisten Leiter von Organisationen für Fürbitte und geistliche Kriegsführung nach Ephesus, das in der heutigen Türkei liegt. Sie glaubten, Gott habe ihnen gesagt, dass die

Artemis der Epheser die größte dämonische Macht unserer Zeit darstelle. Sie nahmen an, diese Artemis sei die geistliche Gewalt, die in Wirklichkeit die zahlreichen Moslems in den Teilen der Welt kontrollierte, die noch am wenigsten erreicht sind und das »10/40-Fenster« genannt werden. So versammelten sie im Amphitheater von Ephesus (den Ruinen aus Paulus' Zeit) ungefähr 20.000 »Fürbitter« und »Gebetskämpfer« aus aller Welt. Sie taten dort nichts weiter, als zu beten und »geistliche Kriegsführung« zu betreiben, um die Artemis der Epheser zu »zerstören«.

Sie predigten nicht das Evangelium. Sie waren nicht dorthin gekommen, um den Menschen die Wahrheit des Wortes Gottes mitzuteilen und sie für den Herrn zu gewinnen. Stattdessen versammelten sie sich alle und hielten einen Gebets- und Lobpreisgottesdienst ab, in dem sie vermeintlich mit der Artemis der Epheser »kurzen Prozess« machten. Das ist das genaue Gegenteil dessen, was Paulus tat.

Ich persönlich glaube, dass diese »Artemis der Epheser« heute überhaupt kein Faktor ist. Sie wurde bereits vor 2000 Jahren durch Paulus und die sich schnell ausbreitende Wahrheit des Evangeliums besiegt. Kein Mensch betet heutzutage noch die Artemis an! Natürlich würden die Anhänger »geistlicher Kriegsführung« behaupten, sie sei genau dieselbe dämonische Wesenheit, die hinter dem Islam steht. Das ist jedoch ein völlig subjektives Argument und beruht lediglich auf Eindrücken. Das Ganze lässt sich keinesfalls anhand der Bibel darlegen und nachweisen. Deshalb glaube ich nicht, dass es wahr ist.

Natürlich agieren heutzutage dämonische Wesenheiten in der Welt. Sie sind da, weil Menschen ihnen Macht gegeben haben, indem sie sich ihren Lügen überließen. Eine Veränderung dieser Situation wird jedoch nicht dadurch erreicht, dass man die Dämonen im Gebet direkt konfrontiert. Dämonen wird die Macht entzogen, wenn Menschen die Wahrheit glauben. In dem Maße, wie einzelne Personen, Familien und Gemeinden aus der Täuschung herauskommen, werden dämonische Mächte geschwächt und gebrochen.

Wer war zuerst da?

Viele Christen nehmen an, dass dämonische Mächte der Homosexualität über San Francisco schweben und die Menschen beider Geschlechter dort in Knechtschaft halten. Wahrscheinlich gibt es dort tatsächlich eine größere Konzentration dieser speziellen Geister als an anderen Orten, aber wie geht man mit ihnen um?

Die Anhänger »geistlicher Kriegsführung« versuchen, den Teufel mit Fürbittegebeten, »geistlichen Landkarten«, Gebetsmärschen und ähnlichen Aktivitäten zu binden. Das entspricht nicht dem biblischen Modell des Neuen Testaments. Diese dämonischen Mächte stellen eigentlich keinerlei Faktor mehr dar, außer dass Menschen sich ihnen unterworfen und dadurch Macht verliehen haben. Man kann diese Mächte nicht einfach binden und ihnen befehlen, das Feld zu räumen.

Manche Christen denken, man brauche sich einfach nur der dämonischen Mächte zu entledigen, und dann würden die Menschen auch schon dazu befreit, auf das Evangelium zu reagieren. Es ist aber genau umgekehrt! Wenn Menschen auf die Wahrheit reagieren, verlieren Dämonen ihre Macht und ziehen ab.

Wer war zuerst in San Francisco – die Dämonen oder die Homosexuellen? Einige Menschen, die selber homosexuell waren oder mit homosexuellen Menschen sympathisierten, wurden in einflussreiche Regierungspositionen gewählt. Neben anderen Regelungen verabschiedeten sie Gesetze, die besondere soziale und gesetzliche Leistungen garantierten und San Francisco dadurch für Homosexuelle attraktiv machten. Deshalb strömten homosexuelle Menschen aus dem ganzen Land und der gesamten Welt nach San Francisco. Die dämonischen Kräfte, die diese Leute anzogen, waren nicht schon vorher dort gewesen, sondern die Homosexuellen kamen und brachten ihre Dämonen mit.

Man wird die dämonischen Kräfte der Homosexualität nicht los, indem man sich in die Himmelswelt begibt und sie dort direkt bekämpft. Stattdessen muss man die Wahrheit predigen. In dem Maße, wie diese Menschen dann verstehen und glauben, dass Gott sie liebt und Adam und Eva schuf, nicht Adam und Ewald, werden sie frei. Dann werden sie diesen Teufeln mit der Wahrheit entgegentreten und das gesamte geistliche Klima über San Francisco wird sich verändern.

»Die Seele, die sündigt, sie soll sterben«

Ich habe Freunde, die glauben, dass es in den Vereinigten Staaten erst dann eine Erweckung geben wird, wenn für die Gräueltaten, die den amerikanischen Ureinwohnern in der Vergangenheit angetan wurden, Buße getan und Vergebung empfangen wird. Sie meinen, wir müssten »geistliche Kriegsführung« betreiben, um die Dämonen zu vertreiben, die durch Bundesbruch und das Vergießen unschuldigen Blutes in unserem Land vor Jahrhunderten an die Macht gelangt seien. Noch einmal, das widerspricht dem, was im Neuen Testament steht. Du magst in der Lage sein, einige Verse aus dem Alten Testament zu zitieren, doch stehen die nicht im Einklang mit der Aussage von Gottes Wort im Neuen Testament (nach dem Kreuz).

Hesekiel prophezeite, dass jeder einzelne Mensch unter dem neuen Bund für seine eigene Sünde – und nicht für die eines anderen – Rechenschaft ablegen würde.

> *Was gebraucht ihr da für ein Sprichwort im Land Israel, das besagt: »Die Väter haben saure Trauben gegessen, und die Kinder bekommen stumpfe Zähne!« [d. h.: »Generationenfluch«] So wahr ich lebe, spricht GOTT, der Herr,* ***ihr sollt dieses Sprichwort künftig in Israel nicht mehr gebrauchen!*** *Siehe, alle Seelen gehören mir! Wie die Seele des Vaters mir gehört, so gehört mir auch die Seele des Sohnes.* ***Die Seele, die sündigt, soll sterben!*** *— Hesekiel 18,2–4 SLT*

Gott verurteilt heutzutage keine Kinder für die Sünden ihrer Eltern (Hes 18,20).

Gegen die Indianer, die amerikanischen Ureinwohner, wurden viele schreckliche Gräueltaten verübt. Auch in den Adern meiner Frau fließt Indianerblut, aber sie hegt keinerlei Bitterkeit und lässt über das, was vor Jahrhunderten geschah, keinen Schmerz aufkommen. Wenn ich jedoch einen amerikanischen Ureinwohner treffen würde, der wegen dem, was mein Ur-Ur-Ur-Urgroßvater seinem Volk angetan hat, gegen mich aufgebracht wäre, dann würde ich ihn um Entschuldigung bitten. All diese Dinge waren falsch und hätten niemals geschehen dürfen, doch nicht sie sind es, die eine solche Person oder irgendjemanden sonst heute in Knechtschaft halten.

Ein Mensch steht als Einzelner vor Gott. Er ist nicht das Produkt dessen, was vor 300 Jahren geschah. Zwar mögen diese Dinge Einfluss auf ihn gehabt haben, doch liegt die Wahl über Leben und Tod ganz allein bei ihm. Wenn er verstehen und glauben kann, dass Jesus Christus am Kreuz ein für alle Mal mit jeder Sünde aufgeräumt hat, würde Vergebung ihn frei machen. Täuschung ist das, was uns in Gefangenschaft hält, und die Wahrheit ist es, was uns freisetzt.

Ich weigere mich einfach, dem Teufel Macht zu verleihen. Indem man behauptet, Erweckung könne erst dann geschehen, wenn wir all diese Dinge tun, gibt man Satan Macht, die er gar nicht wirklich besitzt.

Europa

Christen sind sogar noch einmal den alten Routen der Kreuzzüge (des elften, zwölften und dreizehnten Jahrhunderts) durch Europa gefolgt. Dabei haben sie den Nachkommen der Menschen, die Jahrhunderte zuvor ihrer Überzeugung nach von ihren Vorfahren verletzt worden waren, gegenüber Buße getan und Abbitte geleistet. Das alles taten sie in dem Glauben, Europa bliebe so lange in geistlicher Finsternis, bis diese »Versöhnung« stattfände. Falsch!

Was hält denn Europa in geistlicher Finsternis? Die Menschen in Europa haben Gottes Wort nicht gehört und geglaubt! Meine Programme werden von europäischen Fernsehanstalten strikt zensiert. Dabei wird meine Lehre so stark geschnitten, dass sie dadurch eine Menge ihrer Kraft einbüßt. Einmal wurde eine meiner Aussagen über die Maßregelung von Kindern durch einen schrillen Pfeifton ersetzt, als hätte es sich dabei um eine Obszönität gehandelt. Ich kann in Europa nicht einfach sagen: »Jesus ist der Weg, die Wahrheit und das Leben.« Stattdessen muss ich erklären: »Die Bibel sagt, dass Jesus der Weg, die Wahrheit und das Leben ist.« Ich muss das als eine Meinung präsentieren und nicht als eine Tatsache. Gottes Wort ist auf den europäischen Fernsehkanälen sehr stark behindert worden. Es ist gerade dieser Mangel an der Wahrheit des Wortes Gottes, der Europa fest im Griff Satans hält.

In ganz Europa sind Gesetze gegen die Predigt des Evangeliums erlassen worden. In Frankreich ist es sogar illegal geworden, zu evangelisieren. Wenn man jemandem die Hände auflegt und dafür betet, dass er geheilt wird, kann man dafür wegen Ausübung ärztlicher Tätigkeiten ohne Approbation ins Gefängnis kommen. All diese Dinge richten sich gegen das Evangelium. Dass Europa sich in seinem jetzigen Zustand befindet, liegt daran, dass es nicht offen für die gute Nachricht ist, nicht aber an den dämonischen Mächten.

Die dämonischen Mächte sind an all dem beteiligt. Sie inspirieren Menschen, besagte Schritte zu unternehmen. Aber man kann das Problem nicht einfach dadurch lösen, dass man »geistliche Kriegsführung« betreibt und Dämonen bindet. Man muss das Wort Gottes in die Herzen der Menschen bringen!

Predigt und Lehre

Christen haben Millionenbeträge ausgegeben, um in Länder zu reisen, die vom Evangelium noch kaum berührt sind. Sie fliegen dorthin und unternehmen »Gebetsmärsche«; d. h., sie gehen umher und »binden« geistliche Mächte. Man schärft ihnen ausdrücklich ein, niemandem Zeugnis zu geben, sondern nur zu beten. Hätte man dieselben Geldbeträge dafür ausgegeben, jenen unerreichten Menschen das Evangelium zu predigen, gäbe es dort Erweckung! Das sind die falschen Ansätze und sie funktionieren nicht!

Besagtes Treffen in Ephesus mit seinen 20.000 Teilnehmern, die ausschließlich beteten und »geistliche Kriegsführung« betrieben, fand vor den Terroranschlägen vom 11. September 2001 statt.

Die Gebete dort waren also nicht in der Lage gewesen, die dämonischen Mächte, die durch muslimische Extremisten agierten, zu brechen. Das wird auch nie der Fall sein. Es ist keine biblische Methode, sich mit dämonischen Einflüssen im Leben von Menschen auseinanderzusetzen.

Ich tue alles in meiner Macht Stehende, um das Wort Gottes zu den Menschen zu bringen. Wir lehren Gottes Wort in Amerika, Europa und der ganzen Welt durch Fernsehen und Radio. Jedes Jahr verteilen wir viele Tausende CDs. Unser Material (d. h. Audiolehren, Artikel und ein Bibelkommentar) stehen großteils zur freien Verfügung im Internet. Darüber hinaus unterstützen wir internationale christliche Arbeiter, die kühn das Evangelium predigen. So sollte der Ansatz der gesamten Gemeinde aussehen.

KAPITEL 17

Ein Trick des Teufels

»Geistliche Kriegsführung«, wie sie heutzutage gemeinhin präsentiert wird, ist in Wirklichkeit ein Trick des Teufels. Begutachte die Früchte: Christen ermutigen Christen, nicht mehr das Evangelium zu predigen, sondern stattdessen nur zu »beten«. Du fragst dich jetzt vielleicht: *Warum will der Teufel, dass Gläubige mehr beten?* Ganz einfach! Er hat Vergnügen daran, wenn wir uns fruchtlosen, religiösen Gebeten widmen.

Wer »inspirierte« deiner Meinung nach die sogenannten Gebete der Schriftgelehrten, Pharisäer und Heuchler, die Jesus so leidenschaftlich anprangerte? Sie ließen Fanfaren erklingen, standen an den Straßenecken und führten all das andere religiöse Zeug auf, wenn sie »beteten«. Falls du der Ansicht bist, der Teufel würde niemals Menschen zum »Gebet« ermutigen, befindest du dich leider im Irrtum. Die Kirchengeschichte ist voll von Beispielen dafür, wie der Feind Christen zu allen möglichen, eindrucksvoll erscheinenden – aber kraftlosen – geistlichen Gymnastikübungen verlockt hat.

Als Gläubige sollten wir uns darauf konzentrieren, das Evangelium zu predigen und allen Menschen überall die Wahrheit von Gottes Wort zu verkündigen. Es gibt heutzutage jedoch Gruppen, die Unsummen ausgeben, um Hunderte, ja Tausende von Christen mit der Anweisung, nicht das Evangelium zu predigen, auf sogenannte Missionsreisen um die ganze Welt schicken. »Gebt niemandem Zeugnis! Eure Aufgabe besteht darin, zu marschieren, zu beten und geistliche Kampfführung zu betreiben!« Obwohl die

Teilnehmer das Herz am rechten Fleck haben mögen und das Leben mancher von ihnen auch einen positiven Impuls in Richtung Mission erhält, ist dieser Ansatz, insgesamt betrachtet, jedoch falsch, falsch, falsch! Wenn man dieselben Geldbeträge und Anstrengungen in die Verkündigung des Evangeliums, das Verteilen von Traktaten und die Verbreitung der Wahrheit in jenen Nationen investierte, würde man ungleich bessere Ergebnisse erzielen.

Predige und bete

Es geht nicht darum, entweder zu predigen oder zu beten. Beides sollte Hand in Hand gehen. Gebet ist das, was Wasser für einen Samen bedeutet. Wenn ein Same gepflanzt worden ist, muss er bewässert werden. Man kann natürlich auch laufend unfruchtbaren Boden bewässern, und trotzdem wird er keinen Ertrag bringen. Menschen werden durch den unvergänglichen Samen von Gottes Wort wiedergeboren (1Petr 1,23). Deshalb muss man zuerst einen Samen pflanzen, bevor man bewässert!

Als Paulus auszog, das Evangelium zu predigen, bat er seine Freunde, für ihn zu beten: »… damit mir Rede verliehen werde, wenn ich den Mund öffne, mit Freimütigkeit das Geheimnis des Evangeliums bekannt zu machen« (Eph 6,19).

Er sagte nicht: »Betet dafür, dass die Ohren der Menschen geöffnet werden und sie hören. Betet dafür, dass dämonische Mächte (wie z. B. Artemis von Ephesus) das Feld räumen.« Nein! Paulus bat die Menschen, dafür zu beten, dass er mit Offenbarung, Autorität und Vollmacht sprechen könnte und in dem mächtigen Namen Jesu Wunder geschähen.

Gebet ist ein wichtiger Bestandteil des Evangeliums, doch kann es niemals die Predigt von Gottes Wort ersetzen. Die Macht der

Artemis der Epheser wurde buchstäblich durch Paulus' Kühnheit in der Verkündigung der Wahrheit zerstört. Am Ende versammelten sich Demetrius und die anderen Silberschmiede, weil sie fast keine Arbeit mehr hatten. Die Menschen kauften keine heidnischen Götterfiguren mehr. Auf der Versammlung erklärten sie:

> *Nicht allein aber ist für uns Gefahr, dass dieses Geschäft in Verruf kommt, sondern auch, dass der Tempel der großen Göttin Artemis für nichts erachtet und auch ihre herrliche Größe, die ganz Asien und der Erdkreis verehrt, vernichtet wird. — Apostelgeschichte 19,27*

Gottes Wort besitzt eine solche Macht, dass die Artemis der Epheser für fast 2000 Jahre in der Bedeutungslosigkeit versank. Erst die sogenannten Fürbitter der »geistlichen Kriegsführung« haben sie in jüngerer Zeit wieder ausgegraben und ihr eine Macht verliehen, die sie zuvor nie hatte.

Gott hat bereits alles vollbracht. Und auf der geistlichen Ebene hat er uns das alles schon gegeben. Der einzige Krieg, den wir führen, ist der Krieg darum, die materielle Manifestation dieser Vorsorge zu empfangen.

Die Wahrheit macht Menschen frei

Wie führt man diesen Krieg? In der Himmelswelt? Müssen wir uns auf Wolkenkratzer begeben und Flugzeuge mieten, um gegen die geistlichen Mächte der Bosheit in der Himmelswelt zu kämpfen? Müssen wir Menschen in aller Herren Länder schicken, um den Teufel dort in seine Schranken zu weisen?

Falls dämonische Kräfte nach der Behauptung dieser sogenannten Fürbitter wirklich eine solche Macht darstellten, müsste man dennoch weder Hochhäuser besteigen noch Flugzeuge mieten, um nahe genug an sie heranzukommen. Man müsste auch keine Menschen in fremde Länder entsenden, da unsere Gebete keinesfalls nur in einem Umkreis von hundert Metern wirken. Selbst wenn diese Vorstellung also tatsächlich zuträfe, könnte man Dämonen einfach von da aus binden, wo man sich gerade aufhielte. Solch eine Macht besitzt Gebet!

Aber du brauchst all diese Dinge gar nicht zu tun. Predige stattdessen das Evangelium und sage den Menschen die Wahrheit! Verbreite sein Wort durch Radio, Fernsehen und Internet. Verteile Traktate, Bücher und andere gute Literatur. Bilde Jünger aus und schick sie in die Welt. Eröffne überall Bibelschulen und Gemeinden oder werde zumindest Partner eines Dienstes und unterstütze die Arbeit von jemandem, der diese Dinge tut. Das Neue Testament legt den Schwerpunkt auf die Verkündigung von Gottes Wort!

Doch die Betonung der Predigt von Gottes Wort genießt keine Popularität. Stattdessen interessieren sich die meisten Anhänger der »geistlichen Kriegsführung« für alle möglichen Verrücktheiten. Ich habe sogar schon Berichte von öffentlichen Veranstaltungen gehört, bei denen Frauen auf Männern lagen und so taten, als würden sie gebären. Sie nennen das »Wehen« und »geistliche Kriegsführung«. In Wirklichkeit ist so etwas schlichtweg unzüchtig und absolut scheußlich. Der Herr hat noch niemals jemanden dazu veranlasst, solche Dinge zu tun!

Bin ich gegen echte geistliche Kampfführung? Nein! Bin ich gegen wahre Fürbitte? Nein! Ich bin einfach gegen diese Verrücktheiten, die man heutzutage als »geistliche Kriegsführung« und »Fürbitte« ausgibt. Der Leib Christi muss diese Lehrrichtungen im

Licht von Gottes Wort und dem neuen Bund einer erneuten Überprüfung unterziehen.

Der einzige Grund, warum Satan ein Faktor ist, liegt darin, dass ihm so viele enttäuschte Menschen Macht verleihen und seine Doktrinen unterstützen. Wenn wir einfach nur die Wahrheit predigten, würde der Teufel auf ein Nichts reduziert. Da aber so viele Irrtümer im Umlauf sind – nicht nur in der Welt, sondern auch im Leib Christi – werden wir, bis Jesus zurückkommt, ständig Lügen mit der Wahrheit bekämpfen müssen. Keiner von uns ist jedoch im Besitz der vollen Wahrheit, deshalb erneuern wir ständig unsere Denkweise anhand der Wahrheit. Es gibt Dinge, gegen die wir kämpfen, und geistliche Kriegsführung ist real. Aber das liegt nicht daran, dass Satan all diese Macht besäße, sondern daran, dass er so viele Menschen getäuscht hat. Das Gegenmittel hierfür ist nicht Fürbitte – dämonische Mächte zu binden und Millionen von Christen für »Gebet« anzuwerben –, sondern Menschen die Wahrheit zu sagen und sie freizusetzen.

Erweckung

Dasselbe gilt für Erweckung. Ich bin ganz dafür. Ich möchte erleben, dass die positiven Auswirkungen von Erweckung Amerika und die ganze Welt treffen. Wir brauchen Erweckung, aber wie nehmen wir sie in Angriff?

Die »Fürbitter« erklären, dass wir intensiver und länger beten und mehr und mehr Menschen – hundert, tausend, eine Million, zehn Millionen – rekrutieren müssen, um zusammen zu beten und zu fasten. In ihren Augen ist Gott für das Kommen von Erweckung verantwortlich und enthält sie uns aus unerfindlichen Gründen vor. Sie tun Buße, leisten Wiedergutmachung und tun auch sonst noch alles Mögliche, um diesen Gott, der »kein Wohlgefallen hat«, zu besänftigen und dazu zu bringen, dass er Erweckung sendet.

Gott ist bereits besänftigt worden! Jesus Christus hat vor 2000 Jahren für alle Sünde Sühne geleistet. Gott ist nicht mehr zornig. Durch seinen Tod, seine Grablegung und seine Auferstehung hat Jesus schon vor langer Zeit alle Macht, die man für eine gewaltige, weltweite Erweckung braucht, freigesetzt. Wir haben diese Macht bis jetzt nur noch nicht in Empfang genommen.

Wir müssen an das glauben, was Gott bereits getan hat, anstatt ihn um Erweckung anzubetteln und anzuflehen. Fang du einfach an, für andere ein Gefäß für die Wunder Gottes zu sein! Fang du damit an, Kranke zu heilen und Tote aufzuerwecken! Und ich garantiere dir, dass du die Auswirkungen von Erweckung erleben wirst. Tatsächlich wirst du so viel Erweckung haben, wie du nur bewältigen kannst! Ich bin auf jeden Fall für Erweckung. Aber sie wird nur in dem Maße kommen, wie Menschen sich Gott überlassen, und nicht dadurch, dass wir ihn durch »Fürbitte« und »geistliche Kriegsführung« dazu überreden.

Ich weiß, dass viele diese Wahrheiten, die ich hier mitteile, ablehnen werden, weil sie in einem so krassen Gegensatz zur heutigen Durchschnittstheologie im Leib Christi stehen. Aber auch wenn momentan nur wenige Diener Gottes diese Botschaft predigen, fordere ich dich auf, selber einen neuen Blick auf Gottes Wort zu werfen. Studiere das Werk, das Jesus am Kreuz vollbracht hat. Folge dem Beispiel der Apostelgeschichte. Du wirst im Wort diese Art von »Fürbitte« oder »geistlicher Kriegsführung«, wie sie heute angepriesen wird, nicht finden. Satan ist ein Faktor, aber nicht die mächtige Bedrohung, zu der ihn diejenigen Menschen gemacht haben, die den Triumphzug anlässlich seiner völligen Niederlage verpasst haben.

Stell dir diese triumphale Prozession bildlich vor! Sieh Satan besiegt, all seiner Macht und Autorität entkleidet und ans Kreuz genagelt! Erlaube dieser Vision vom Teufel – aufgespießt und zum Ausstellungsstück gemacht –, tief in dein Herz zu sinken. Wenn du an der Siegesparade teilgenommen hast, wirst du Satan nie mehr fürchten. Er wird nicht mehr in der Lage sein, dich weiterhin so einzuschüchtern, wie er es in der Vergangenheit getan hat. Dann wirst du frei und fähig sein, anderen kühn die Freiheit Gottes zu bringen!

KAPITEL 18

Lass deinen Glauben arbeiten!

Du brauchst nicht mehr Glauben – versuche also nicht länger, ihn zu bekommen. Wenn du wiedergeboren bist, dann wurde dir bereits der gesamte Glaube, den du jemals benötigen wirst, gegeben. Gerade jetzt besitzt du mehr als genug Glauben. Du bist lediglich unwissend in Bezug darauf, was du hast und wie du es benutzen sollst.

Die Jünger hatten dasselbe Problem. Beachte ihre Reaktion auf die folgende Lehre Jesu:

> *Habt acht auf euch selbst: Wenn dein Bruder sündigt, so weise ihn zurecht, und wenn er es bereut, so vergib ihm! Und wenn er siebenmal am Tag an dir sündigt und siebenmal zu dir umkehrt und spricht: Ich bereue es; so sollst du ihm vergeben. Und die Apostel sprachen zu dem Herrn: Mehre uns den Glauben! — Lukas 17,3–5*

Jesus hatte Tote auferweckt, Blinde sehend und Taube hörend gemacht, Leprakranke geheilt, Teufel ausgetrieben und viele andere übernatürliche Dinge getan, die kein anderer je getan hatte. Es war jedoch sein Gebot, anderen fortwährend zu vergeben – und nicht diese anderen Dinge –, die seine Jünger zu der Bitte veranlasste: »Herr, mehre uns den Glauben!«

Glaube gehört zu unserem Alltagsleben. Er ist nicht nur dazu da, Dinge wie übernatürliche Heilungen und finanzielle Durchbrüche herbeizuführen. Diese Dinge sind zwar wichtig, aber es sind unsere zwischenmenschlichen Beziehungen im Alltag, die unseren Glauben am meisten fordern. Wenn wir annehmen, Glaube sei in erster Linie für ausweglose Situationen da – wenn der Arzt sagt, man müsse sterben, oder wenn man kurz vor dem Bankrott steht –, dann liegen wir damit falsch. Glaube findet sicherlich auch in unseren Krisen Anwendung, aber hauptsächlich brauchen wir Glauben für die Menschen, mit denen wir tagtäglich, Woche für Woche zusammenleben und -arbeiten. Wie sonst könnte man die andere Wange hinhalten, wenn man verletzt wird?

Wir brauchen Glauben, um ständig bedingungslos zu lieben und unseren Ehepartnern, Kindern, Eltern Kollegen und Nachbarn zu vergeben. Die Jünger waren durch Jesu Gebot, zu vergeben – und sei es nur bis zu sieben Mal täglich – dermaßen überfordert, dass sie ausriefen: »Herr, vermehre unseren Glauben!«

Mehr als genug Glaube

Jesus antwortete: Wenn ihr Glauben habt wie ein Senfkorn, so würdet ihr zu diesem Maulbeerfeigenbaum sagen: Entwurzele dich und pflanze dich ins Meer! Und er würde euch gehorchen. — Lukas 17,6

In gewisser Weise erscheint es so, als hätte Jesus der Bitte der Jünger gar nicht wirklich entsprochen. Sie hatten gebeten: »Vermehre unseren Glauben!«, und er antwortete: »Wenn ihr Glauben habt, der nur so groß wie ein Senfkorn ist, könntet ihr so oft vergeben.« Was der Herr ihnen damit eigentlich erklärte, war: »Freunde, ihr braucht nicht mehr Glauben. Ihr habt kein Glaubensproblem, ihr benutzt den Glauben bloß nicht, den ihr schon habt.«

Das Senfkorn gehört zu den kleinsten Samen überhaupt. Es ist so winzig, dass man es kaum fühlen kann, wenn man es zwischen Daumen und Zeigefinger hält. Jesus sagte: »Wenn dein Glaube auch nur so groß wäre – so groß wie ein Senfkorn –, könntest du diesem Baum sagen, er solle sich ins Meer pflanzen, und er würde dir gehorchen.« Mit anderen Worten: Man braucht keinen »großen« Glauben, geschweige denn »mehr« Glauben, man muss lediglich lernen, wie man den Glauben, den man schon hat, auch benutzt.

Dieses Konzept ist den meisten Christen heutzutage unbekannt. Sie sind überzeugt, dass Glaube funktioniert, denken aber, dass ihrer unzureichend ist. Das ist eine Irreführung des Teufels! Satan hat uns blind gemacht für das, was wir bereits besitzen!

Dir gehört schon Glaube in derselben Menge und Qualität, wie auch Jesus ihn besaß, als er in seinem menschlichen Körper hier auf der Erde lebte. Dieser Glaube befindet sich im Innern eines jeden wiedergeborenen Glaubenden. Satan lügt die Christen an, um sie davon abzuhalten, genau das zu verstehen. Die meisten Christen glauben zwar, dass Glaube funktioniert, aber nicht, dass sie genug davon besitzen. Sie nehmen an, Glaube komme und gehe, mal sei er stark und mal schwach. Es scheint, als könnten sie ihn nicht in den Griff bekommen, ihn nicht festhalten und nicht kontrollieren, weil er für sie nicht greifbar ist. Diese Einstellung gegenüber dem Glauben ist völlig falsch. Du besitzt – gerade jetzt – mehr als genug Glauben. Du musst ihn einfach nur benutzen!

Ein Diener namens »Glaube«

In den Versen 7 bis 10 von Lukas 17 leitet Jesus dann sofort zu einem Gleichnis über, um seine Aussage zu veranschaulichen. Wenn man versteht, dass man bereits Glauben besitzt, und das, was man bekommen hat, einfach nur benutzen muss, dann ergibt dieses Gleichnis einen Sinn. Setzt man jedoch von einer anderen Seite an, leuchtet das Gleichnis nicht ein. Der Kontext bestimmt seine Bedeutung.

> *Wer aber von euch wird zu seinem Knecht, der pflügt oder weidet, wenn er vom Feld heimkommt, sogleich sagen: Komm her und setze dich zu Tisch? Wird er nicht vielmehr zu ihm sagen: Bereite mir das Abendbrot, schürze dich und diene mir, bis ich gegessen und getrunken habe, und danach sollst du essen und trinken? Dankt er wohl jenem Knecht, dass er getan hat, was ihm befohlen war? Ich meine nicht! 10 So sollt auch ihr, wenn ihr alles getan habt, was euch befohlen war, sprechen: Wir sind unnütze Knechte; wir haben getan, was wir zu tun schuldig waren! — Lukas 17,7–10 SLT*

Jesus sagte damit: »Ihr müsst den Glauben, den ihr schon habt, benutzen! Auch wenn er nur so groß wie ein Senfkorn ist, reicht er aus, um einen Baum ins Meer zu werfen. Wenn man einen Knecht hat, dann lässt man ihn doch arbeiten, oder? Ihr besitzt Glauben, lasst ihn jetzt also arbeiten!«

Knechtschaft und sogar Sklaverei waren zu Jesu Zeiten ganz normale Bestandteile des täglichen Lebens. Wenn man einen Bediensteten hatte, dann erwartete man von ihm, dass er einem diente. Es spielte keine Rolle, ob er gerade müde von einem langen Arbeitstag auf dem Feld zurückgekehrt war. Wenn Essenszeit kam, erwartete man von ihm, dass er servierte. Erst wenn man selber mit dem Essen fertig und vollkommen gesättigt war, kam dann auch für die Bediensteten die Zeit, zu essen. Knechte aßen nicht mit den Herren, und sicherlich aßen sie nicht zuerst. Schließlich war man ja Herr!

In der übermäßig gefühlsbetonten, politisch korrekten Denkweise der heutigen Zeit würden die meisten sagen: »Nun, so sollte man einen Bediensteten nicht behandeln!« Doch zu der Zeit, als Jesus dieses Gleichnis erzählte, wurden Diener und Knechte nicht verwöhnt, sondern man machte einfach Gebrauch von ihnen. Man ließ sie nicht den ganzen Tag nichts tun und faul herumliegen, um sie nur ja nicht zu bedrängen. Man ging auch nicht freundlich und sanft mit ihnen um. Man befahl ihnen, zuerst für ihre Herren zu sorgen, bevor sie für sich selbst sorgen durften. Man musste dabei nicht gemein und böse sein, aber als Herr gab man seinem Bediensteten auf jeden Fall Befehle. Besaß man einen Knecht, ließ man ihn arbeiten.

In gleicher Weise sollte man auch seinen Glauben arbeiten lassen und ihn nicht verwöhnen. Seinen Glauben nicht zu benutzen, ist, wie einem Diener zu erlauben, den ganzen Tag auf dem Sofa zu sitzen und fernzusehen. Anstatt stärker und durch Gebrauch geübter zu werden, würden seine Muskeln schwinden und seine Fähigkeiten verkümmern. Auf den Glauben bezogen, würde man sich dann fragen, warum er nichts zustande bringt. Man hat ihn nicht arbeiten lassen! Man setzt ihn nicht ein! Wir müssen anfangen, unseren Glauben so arbeiten zu lassen, wie damals ein Herr seine Bediensteten arbeiten ließ. Es geht nicht darum, dass du den »Diener« nicht hast, sondern darum, dass du das, was du hast, nicht nutzt!

Gottes Gabe

Die meisten Gläubigen sind sich des Glaubens, den sie bereits haben, nicht bewusst. Würde ich dir einige Zeugnisse darüber geben, was der Glaube schon bewirkt hat – Tote auferweckt, Blinde und Taube geheilt, übernatürliche Versorgung –, würdest du sagen: »Preis dem Herrn! Ich glaube auch, dass solche Dinge geschehen.«

Wenn wir zusammen in einem Gottesdienst wären, wo gerade jemand gestorben ist, und ich dann fragte: »Wie viele glauben, dass der Herr diesen Menschen hier von den Toten auferwecken kann?«, wärst du wahrscheinlich einer Meinung mit mir, dass Gott das kann. Würde ich dann fragen: »Wie viele von euch glauben, dass dieser Mensch wieder ins Leben zurückkehrt, wenn ich jetzt für ihn bete?«, wärst du sicherlich immer noch ganz dabei. Tatsächlich würdest du dich wahrscheinlich nach vorne drängeln, um dieses Wunder aus nächster Nähe mitzuerleben. Aber wenn ich dann plötzlich sagen würde: »Gut, wenn ihr daran glaubt, dann betet nun selber hier vorne für ihn!«, würde ich die Zustimmung der meisten Anwesenden verlieren. Mit einem Mal würde sich deine freudige Erwartung in Furcht verwandeln. Warum? Weil du, wie die meisten Menschen, nicht davon überzeugt wärst, dass dein Glaube dafür ausreicht. Du bezweifelst nicht, dass Glaube wirkt. Du glaubst nur nicht, dass du über die Menge oder Qualität an Glauben verfügst, die du benötigst.

Ich könnte also die meisten Christen zu dem Bekenntnis bringen: »Ich brauche einfach mehr Glauben«, und sie dann sogar noch beten lassen: »O Gott, bitte gib mir mehr Glauben!« Das würde jedoch gegen alles verstoßen, was wir bisher aus dem Wort Gottes gelernt haben. Du besitzt bereits Glauben. In dir lebt schon dieselbe Kraft, die Jesus Christus von den Toten auferweckt hat. Du hast kein Glaubensproblem; du hast ein Erkenntnisproblem. Du weißt weder, was du hast, noch kennst du die Gesetze, nach denen der Glaube funktioniert!

> *Denn aus Gnade seid ihr gerettet durch* ***Glauben, und das nicht aus euch, Gottes Gabe ist es; nicht aus Werken, damit niemand sich rühme****. — Epheser 2,8–9*

Diesen Vers kann man auf mindestens zwei verschiedene Arten interpretieren. Das Wort *es* bezieht sich auf deine Errettung, die eine Gabe Gottes ist und nicht aus deinen eigenen Werken resultiert. Besagtes *es* kann sich jedoch auch auf die Tatsache beziehen, dass Glaube im Spiel ist, und zwar der Glaube, den du tatsächlich benutzt hast, um deine Errettung zu empfangen. Und dieser *Glaube* kommt nicht aus dir selbst, sondern ist *Gottes Gabe*. Kannst du das sehen?

Gottes Wort trägt Glauben in sich

Der Glaube, der nötig ist, um Errettung zu empfangen, kommt durch das Hören von Gottes Wort.

> *Wie sollen sie nun den anrufen, an den sie nicht geglaubt haben? Wie aber sollen sie an den glauben, von dem sie nicht gehört haben? Wie aber sollen sie hören ohne einen Prediger? Wie aber sollen sie predigen, wenn sie nicht gesandt sind? Wie geschrieben steht: »Wie lieblich sind die Füße derer, die Gutes verkündigen!« Aber nicht alle haben dem Evangelium gehorcht. Denn Jesaja sagt: »Herr, wer hat unserer Verkündigung geglaubt?« Also ist der Glaube aus der Verkündigung [o. dem Hören], die Verkündigung [o. das Gehörte] aber durch das Wort Christi. — Römer 10,14–17*

Du kannst schlichtweg so lange nicht glauben, bis du das Wort Gottes hörst. Gottes Wort trägt den Glauben in sich!

Jedes Wort, das über die Lippen kommt, ist ein Behälter. Ich kann Worte aussprechen, die dich aufbauen und ermutigen. Ja, ich könnte bei dir sogar Freudentränen hervorrufen, wenn ich dich über die Maßen lobte. Doch kann ich auch Worte gebrauchen, die dich runterziehen und entmutigen. So könnte ich dich sogar dazu bringen, aus Kummer und Schmerz, aus Trauer und Leid oder aus Wut zu weinen. Worte haben Macht!

Worte enthalten entweder Glauben oder Unglauben. Gottes Worte sind voll von Glauben. Gott selbst ist voll von Glauben, und die Worte, die er spricht, sind mit Glauben gefüllt. Sie sind kleine Behälter, angefüllt mit Gottes eigenem Glauben. Du kannst nicht glauben, dass Gott dich errettet, wenn nicht zuerst Gottes Wort seinen Glauben zu dir gebracht hat. Denn man benötigt wahrhaft übernatürlichen Glauben, um von neuem geboren zu werden.

Du trägst Gottes übernatürlichen Glauben in dir, und es ist nicht so, dass dieser Glaube kommt und geht. »Denn die Gnadengaben und die Berufung Gottes sind unbereubar« (Röm 11,29). Wir nutzen einfach nicht, was wir besitzen, und zwar hauptsächlich deshalb, weil wir nicht wissen, was wir besitzen.

KAPITEL 19

Übernatürlicher Glaube

Die Gemeinde, in der ich aufwuchs, benutzte verschiedene Beispiele zur Veranschaulichung der Tatsache, dass jeder Mensch Glauben besitzt. So stellten sie einen Stuhl vor mich hin und sagten: »Es ist Glaube, sich auf diesen Stuhl zu setzen. Denn woher willst du wissen, ob er dich auch trägt?« Des Weiteren wurde erklärt: »Es ist Glaube, bei Grün über eine Ampelkreuzung zu fahren. Du benutzt den Glauben daran, dass die Autofahrer auf der anderen Seite auch tatsächlich vor ihrer roten Ampel anhalten.« Genauso wurde uns gesagt: »Es ist Glaube, sich in ein Flugzeug zu setzen, da du nicht weißt, wie es funktioniert, und auch den Piloten nicht kennst. Bei all diesen Dingen, die du regelmäßig tust, ist Glaube im Spiel.« Tatsächlich ist das alles in einem gewissen Maß Glaube – aber es ist rein menschlicher Glaube.

Gott ist ein Glaubenswesen und wir Menschen wurden nach seinem Ebenbild geschaffen. Deshalb trägt jeder – errettet oder nicht – Glauben in sich, weil dieser Glaube ein Teil Gottes ist und nun auch Teil von uns ist. Diese Art von Glauben aber – auf einem Stuhl zu sitzen, über eine Kreuzung zu fahren oder in einem Flugzeug zu fliegen – ist menschlicher Glaube. Er basiert vollständig auf dem, was wir sehen, fühlen, hören, riechen und schmecken können. Würden wir feststellen, dass bei dem Stuhl ein Bein fehlt und er sowieso schon wackelt, dann würden wir erst gar nicht Platz nehmen. Wenn man ein schrilles Geräusch aus dem Triebwerk eines Flugzeugs hören und daraus Rauch aufsteigen sehen würde, dann würde man die Maschine erst gar nicht besteigen. Genauso wenig würde man bei Grün über die Kreuzung fahren, wenn aus der anderen Richtung ein Fahrzeug angerast käme. Wissen, das auf sinnlicher Wahrnehmung beruht – also auf dem, was man sehen, fühlen, hören, riechen und schmecken kann –, beeinflusst diesen menschlichen Glauben.

Um jedoch Errettung zu empfangen, mussten wir an Dinge glauben, die unsere natürlichen Sinne nicht wahrnehmen konnten. Wir haben noch nie Gott oder den Teufel gesehen. Genauso wenig haben wir jemals den Himmel, die Hölle oder Sünde gesehen. Zwar haben wir Menschen sündigen sehen, aber wie sieht »Sünde« überhaupt aus? Sünde kann man nicht sehen und Sündenvergebung auch nicht. Und doch mussten wir an all diese unsichtbaren und immateriellen Dinge glauben. Das kann man nur mit einem übernatürlichen, gottgegebenen Glauben.

Gottes Glaube

Gottes Art von Glauben ist nicht auf die Ebene physikalischer Beweise beschränkt. Er ruft das Nichtseiende und nennt Dinge beim Namen, noch bevor es irgendeine sichtbare Manifestation gibt.

> *… vor dem Gott, dem er [Abraham] glaubte, der die Toten lebendig macht und das Nichtseiende ruft, wie wenn es da wäre. — Römer 4,17*

Gott weckt die Toten auf und ruft das, was noch nicht ist (physikalisch beweisbar), als sei es schon da. In dieser Bibelstelle machte Gott aus Abram (mein Vater ist erhaben) Abraham (Vater einer

Menge), noch bevor dieser überhaupt sein erstes Kind hatte. Das ist Gottes Art von Glauben!

Gott schuf die Himmel und die Erde. Er sagte: »Es werde Licht! Und es wurde Licht« (1Mo 1,3). Danach, Tage später, schuf er die Sonne, den Mond und die Sterne. Ich bin mir zwar nicht sicher, wie das alles funktionierte, aber das Wort zeigt ganz eindeutig auf, dass Gott das Licht erschuf, noch bevor es eine Quelle gab, von der es ausgehen konnte. Gottes Glaube ist nicht beschränkt, wie es der menschliche Glaube ist.

Errettung zu empfangen ist, als würde man sich auf einen Stuhl setzen, den man nicht sehen kann. Das kann menschlicher Glaube nicht leisten. Man würde sich nicht selber in die Lage bringen, hinzufallen und sich zu verletzen, falls man nicht das Geringste sehen oder fühlen kann. Dennoch haben wir geglaubt, dass Gott – den wir nicht körperlich sehen oder fühlen können – uns unsere Sünden vergibt, die wir ebenfalls nicht mit unseren fünf Sinnen wahrnehmen können. Wie haben wir das gemacht? Indem wir Gottes übernatürlichen Glauben benutzt haben.

Sowohl die Errettung als auch der Glaube, sie zu empfangen, sind Gaben von Gott (Eph 2,8–9). Gottes Wort enthält seinen Glauben. Deshalb müssen wir es hören, um von neuem geboren zu werden.

Denn ihr seid wiedergeboren nicht aus vergänglichem Samen, sondern aus unvergänglichem, durch das lebendige und bleibende Wort Gottes. — 1. Petrus 1,23

Gottes Wort enthält den Glauben, der nötig ist, um daran zu glauben, dass Gott Fleisch wurde, ein vollkommenes Leben lebte und in seinem Tod unsere Strafe erlitt. Man braucht Gottes übernatürlichen Glauben, um zu glauben, dass Jesus von den Toten auferstand und dass unsere Sünden jetzt vergeben sind. Mit rein menschlichem Glauben kann man diese Dinge nicht glauben. Erst Gottes Wort hat uns diesen Glauben gebracht.

Wir haben Gottes übernatürlichen Glauben benutzt – nicht einfach menschlichen Glauben –, um Errettung zu empfangen. Er war eine Gabe, die kam, als wir sein Wort empfingen. Wir haben nicht bloß unseren Glauben *in Gott* gesetzt – wir wurden *durch den Glauben Gottes* von neuem geboren. Als Sünder waren wir so hilflos, dass wir uns nicht selbst retten konnten, ja noch nicht einmal glauben konnten, dass unsere Sünden vergeben sind. Gottes gute Nachricht (das Evangelium) musste zuerst zu uns kommen, damit wir seinen übernatürlichen Glauben, der darin enthalten ist, empfangen und für unsere Errettung benutzen konnten.

Der Glaube Christi

Du hast *den Glauben Jesu Christi* benutzt, um gerechtfertigt zu werden.

> *Aber da wir wissen, dass der Mensch nicht aus Gesetzeswerken* ***gerechtfertigt*** *wird, sondern nur durch den Glauben an Christus Jesus [o.* ***Glauben Christi Jesu****],* ***haben wir auch an Christus Jesus geglaubt****, damit wir aus Glauben an Christus [o.* ***Glauben Christi****]* ***gerechtfertigt*** *werden und nicht aus Gesetzeswerken, weil aus Gesetzeswerken kein Fleisch gerechtfertigt wird.*
> *— Galater 2,16*

Du hast daran geglaubt, was Jesus getan hat, aber du hast *den Glauben Christi* benutzt, um gerechtfertigt zu werden.

Nachdem du nun von neuem geboren bist, lebst du deshalb auch durch *den Glauben des Sohnes Gottes.*

> *Ich bin mit Christus gekreuzigt, und nicht mehr lebe ich, sondern Christus lebt in mir; was ich aber jetzt im Fleisch lebe,* ***lebe ich im Glauben, und zwar im Glauben*** *an den Sohn Gottes [o.* ***des Sohnes Gottes****], der mich geliebt und sich selbst für mich hingegeben hat — Galater 2,20*

Ich bin mir der Tatsache bewusst, dass es in anderen Übersetzungen heißt: »Ich lebe durch den Glauben an den Sohn Gottes«, aber nach langem Studium bin ich zu der Schlussfolgerung gekommen, dass die wirklich korrekte Wiedergabe lauten muss: »Ich lebe durch den Glauben des Sohnes Gottes.«

Deshalb wurdest du »gerechtfertigt [gerecht gemacht, von neuem geboren] … durch den Glauben Christi Jesu« und lebst jetzt »im Glauben des Sohnes Gottes« (Gal 2,16.20) Das ist sehr wichtig!

Wir wurden also nicht nur durch Gottes eigenen Glauben von neuem geboren, sondern leben auch durch ihn. Deshalb sagte Jesus sinngemäß: »Ihr braucht nicht mehr Glauben. Ihr müsst nur lernen, wie ihr das, was ihr bereits bekommen habt, arbeiten lasst. Der Glaube, den ihr besitzt, reicht aus, um einen Baum zu entwurzeln und ins Meer zu werfen. Benutzt das, was ihr habt!« (Lk 17,6–10).

Tun, was Jesus tat

Da es sich bei dem Glauben, durch den wir von neuem geboren wurden und durch den wir nun auch leben, um den übernatürlichen Glauben von Gottes eigenem Sohn handelt, besitzt dieser Glaube das Potential, alles zu tun, was Jesus tat.

Wahrlich, wahrlich, ich sage euch: Wer an mich glaubt, der wird auch die Werke tun, die ich tue, und wird größere als diese tun … — Johannes 14,12

Wie können wir denn die Werke tun, die Jesus getan hat, ganz zu schweigen von größeren Werken? Wie können wir Wunder wirken, Worte der Weisheit und der Erkenntnis empfangen, die andere Wange hinhalten, die Extrameile gehen, Dämonen austreiben und in bedingungsloser Liebe wandeln? Wir können es, weil wir alle denselben Glauben besitzen, den auch Jesus benutzte, um diese Dinge zu vollbringen. Da es sein übernatürlicher Glaube ist – nicht unser menschlicher Glaube –, ist dieser imstande, all das zu tun, was Jesus getan hat!

Die meisten Christen sagen allerdings: *Aber ich bin nur ein Mensch, weißt du. Bloß ein einfacher Mensch!* So zu denken ist völlig verkehrt! Ich *war* nur menschlich, aber dann wurde ich von neuem geboren. Jetzt gibt es einen Teil von mir, der ganz und gar Heiliger Geist ist. Jetzt gibt es einen Teil von mir, der den Glauben des Sohnes Gottes besitzt. Gut, der fleischliche Teil ist noch imstande, auf ganzer Linie und in jeder Hinsicht zu versagen. Doch der wiedergeborene Teil von mir ist mächtig.

Wenn du dir der Tatsache bewusst bist und darauf konzentriert bleibst, dass du den Glauben des Sohnes Gottes besitzt, wirst du einen Unterschied in deinen Hoffnungen, Erwartungen und Überzeugungen feststellen. Wenn du wahrhaft glaubst, dass du dieses Potential in dir trägst, dann wirst du dich nicht mehr mit Niederlage, Entmutigung und einem profanen, natürlichen Leben abfinden. Du besitzt den Glauben von Jesus Christus selbst und du lebst jetzt auch durch diesen Glauben!

Das Maß des Glaubens

Gott hat jedem wiedergeborenen Gläubigen *das* Maß des Glaubens gegeben.

> *Denn ich sage durch die Gnade, die mir gegeben wurde, jedem, der unter euch ist, nicht höher von sich zu denken, als zu denken sich gebührt, sondern darauf bedacht zu sein, dass er besonnen sei, wie* ***Gott einem jeden das Maß des Glaubens zugeteilt hat****. — Römer 12,3*

Es handelt sich nicht um *ein* Maß, sondern um *das* Maß des Glaubens!

Die meisten Christen denken, dass Gott Glauben in ganz unterschiedlichem Maße austeilt. Sie nehmen an, dass er dem einen eine ganze Kelle und dem anderen nur einen Esslöffel voll gibt. Einer erhält einen Teelöffel voll und ein anderer einen Tropfen aus der Pipette. Diese Vorstellung ist völlig falsch! Gott gibt jedem Gläubigen dasselbe Maß des Glaubens – eine große Kelle voll –, weil es sich um *das* Maß des Glaubens handelt.

Reinhard Bonnke, der große deutsche Evangelist mit einem weltweiten Heilungsdienst, der in Afrika fast ständig vor einem Millionenpublikum sprach, wurde einmal von einem US-Fernsehsender interviewt. Ein Studiogast stellte folgende Frage: »Warum sehen Sie in Übersee so viel mehr Wunder als hier in den Vereinigten Staaten? Liegt das daran, dass die Menschen dort mehr Glauben besitzen?« Sofort spitzte ich die Ohren, um seine Antwort nur ja nicht zu verpassen.

Bonnke erklärte: »Amerikaner sind meiner Erfahrung nach das einzige Volk, das das Konzept von ›mehr Glauben‹ hat. Aber eigentlich glaubt jemand oder er glaubt nicht. Man muss keinen

›großen Glauben‹ besitzen.« Dann führte er einige Beispiele von Menschen an, die einfach empfingen, als sie Gottes Wort zum ersten Mal hörten. Abschließend erklärte er: »Dieses ganze Konzept, das von ›großem Glauben‹ und ›kleinem Glauben‹ spricht, ist falsch. Es stimmt einfach nicht!«

Glaube ist eine Frucht

Vielleicht fragst du dich jetzt: Aber was ist mit dem römischen Hauptmann in Matthäus 8? Denn als der Herr hörte, was er sagte, »wunderte er [Jesus] sich und sprach zu denen, die nachfolgten: Wahrlich, ich sage euch, bei keinem in Israel habe ich so großen Glauben gefunden« (Mt 8,10). Einige weisen darauf hin und sagen: »Genau hier haben wir den biblischen Präzedenzfall. Jesus selbst spricht an dieser Stelle von ›großem Glauben‹«.

Hier spielen mehrere Faktoren eine Rolle. Zum einen fand das Ganze vor der Etablierung des neuen Bundes und der Gabe der Wiedergeburt statt (der neue Bund trat formal betrachtet erst dann in Kraft, als das Versöhnungswerk Christi ganz vollendet war). Unter dem alten Bund (vor dem Kreuz) glaubten die Menschen mit ihrem menschlichen Glauben an die Verheißungen Gottes. Ich sage hier nicht, dass sie keinen Glauben besaßen, doch unterschied er sich von dem, den ein Gläubiger des Neuen Testaments (nach der Auferstehung) besitzt. Durch die neue Geburt empfangen wir einen wiedergeborenen Geist. In diesem Geist wohnen deine neue Natur und unter anderem auch der Glaube Christi. Menschen im Alten Testament hatten zu diesem Segen keinen Zugang.

Zum anderen gehört Glaube zur Frucht des Geistes.

Die Frucht des Geistes aber ist Liebe, Freude, Friede, Langmut, Freundlichkeit, Güte, Glaube …
— Galater 5,22 KJV

Heilige im Alten Testament lebten nicht mit der dauernden Anwesenheit des Heiligen Geistes. Er kam *auf* sie, doch lebte er nicht *in* ihnen, so wie er es bei den Gläubigen des Neuen Testaments tut. So bedeutete es für den Hauptmann und seine Zeitgenossen etwas anderes, an Gott zu glauben, schließlich war Jesus noch nicht für die Sünden der Menschheit gestorben und von den Toten auferstanden, sodass die Menschen noch nicht von neuem geboren werden konnten.

Aber selbst wenn Menschen schon wiedergeboren sind, manifestiert sich bei manchen großer Glaube und bei anderen, falls überhaupt, nur sehr kleiner Glaube. Dennoch ist es ungenau zu sagen, manche Christen besäßen »großen« Glauben und andere »kleinen«. Viele Menschen benutzen nur einen kleinen Teil des Glaubens, den Gott ihnen gegeben hat. In Wahrheit aber besitzt jeder von neuem geborene Gläubige *das* Maß des Glaubens – den Glauben des Sohnes Gottes (Röm 12,3; Gal 2,20).

Erkenne, was du hast!

Du hast kein Glaubensproblem; du hast ein Erkenntnisproblem. Um zu erleben, dass dein Glaube arbeitet, musst du das, was du besitzt, erkennen und verstehen.

Paulus betete, »dass die Gemeinschaft deines Glaubens wirksam werde in der Erkenntnis alles Guten, das in uns im Hinblick auf Christus ist« (Phlm 6).

Bitte Gott nicht um mehr, indem du betest: »Herr, vermehre meinen Glauben.« Glaube stattdessen dem Wort Gottes und erkenne von jetzt an, dass Gott dir seinen übernatürlichen Glauben verliehen hat, als du wiedergeboren wurdest.

KAPITEL 20

Das Gesetz des Glaubens

Petrus besaß besagtes Maß des übernatürlichen Glaubens Gottes. Er heilte einen gelähmten Mann am Eingang des Tempels (Apg 3,6–8); Menschen wurden geheilt, wenn nur sein Schatten auf sie fiel (Apg 5,15), und er erweckte Dorkas sogar von den Toten auf (Apg 9,39–40). All diese Dinge wurden durch Petrus' Glauben hervorgebracht.

Beachte, an wen er seinen zweiten Brief adressierte:

> *Simon Petrus, Knecht und Apostel Jesu Christi,* ***denen, die einen gleich kostbaren Glauben mit uns empfangen haben*** *durch die Gerechtigkeit unseres Gottes und Retters Jesus Christus: ... — 2. Petrus 1,1*

Petrus hatte sich diesen Glauben nicht durch gute Werke verdient, sondern hatte ihn »durch die Gerechtigkeit unseres Gottes und Retters Jesus Christus« empfangen, als er von neuem geboren wurde.

Zusammen mit Petrus hast auch du diesen »gleich kostbaren Glauben« erhalten, als du von neuem geboren wurdest. Dabei handelt es sich um »*das* Maß des Glaubens« (Röm 12,3). Wenn du daran nicht glaubst, kannst du den zweiten Petrusbrief genauso gut aus deiner Bibel herausreißen und wegwerfen! Warum? Weil er an die gerichtet ist, »die einen gleich kostbaren Glauben ... empfangen haben« (2Petr 1,1).

Du hast kein Glaubensproblem; du besitzt bereits den Glauben des Sohnes Gottes. Aber um solche übernatürlichen Ergebnisse wie Petrus zu erzielen, musst du lernen, wie du ihn ausüben kannst.

Entdecke, wie man Glauben benutzt

Am 23. März 1968 wurde ich während einer wunderbaren Begegnung mit dem Herrn im Heiligen Geist getauft. Augenblicklich erfuhr ich eine innere Belebung und begann, Dinge zu verstehen. Leidenschaft und eine neue Motivation stiegen in mir auf, und ich erlebte auch gleich schon, wie ein paar Menschen geheilt wurden – von Krebs, Taubheit und allen möglichen anderen Krankheiten. Obwohl ich immer noch nur einen kleinen Prozentsatz der vielen Menschen, für die ich gebetet hatte, geheilt sah, war das viel besser als vorher! Mein Glaube hatte seine Arbeit aufgenommen und ich fing an zu realisieren, dass es sich bei diesem Glauben um eine mächtige Kraft handelte. Zu diesem Zeitpunkt wusste ich jedoch noch nicht, dass ich *das Maß des Glaubens* besaß – den Glauben des Sohnes Gottes selbst.

Deshalb wandte ich mich an den Herrn und bat ihn um mehr Glauben, noch mehr Glauben und immer noch mehr Glauben. Während dieses Prozesses stellte sich bei mir jedoch große Frustration ein. Schließlich offenbarte mir Gott diese Wahrheit, die ich hier mit dir teile. Sie bewirkte in meinem Leben einen gewaltigen Unterschied! Anstatt den Herrn weiterhin anzuflehen, mir mehr Glauben zu geben, pries ich ihn jetzt und dankte ihm für das, was er mir bereits gegeben hatte. Immer mehr tauchte ich nun regelrecht in Gottes Wort ein – nicht um Glauben zu bekommen –, sondern um besser zu verstehen, was ich schon hatte und wie es funktionierte. Dadurch, dass ich die Bibel zum Thema »Glauben« studierte, verstand ich allmählich die Gesetze, die den Glauben regieren, und wie ich mit ihnen kooperieren musste.

Der Glaube für unsere Errettung kommt durch das Hören von Gottes Wort (Röm 10,17). Wenn wir dann einmal von neuem geboren sind, haben wir Gottes übernatürlichen Glauben in uns (Röm 12,3; Gal 2,16.20). Deshalb ist Glaube also schon da, wenn wir als Christen die Bibel studieren und das Wort Gottes in einer Predigt hören. Wir entdecken einfach, was wir bekommen haben und wie wir es benutzen können.

Das ist auch der Grund, warum wir ermutigt sind, wenn wir 2. Petrus 1,1 lesen und ehrlichen Herzens bekennen können: »Ich habe einen gleich kostbaren Glauben wie Petrus. Er besaß das Maß des Glaubens, und ich besitze das Maß des Glaubens. Paulus besaß den Glauben des Sohnes Gottes, und auch ich besitze den Glauben des Sohnes Gottes. Ich kann alles tun, was Petrus tat, und genauso alles, was Paulus tat. Ich kann alles tun, was Jesus tat. Ehre sei Gott!«

Glaube gehorcht Gottes Gesetzen

Gnade und Friede werde euch immer reichlicher zuteil in der Erkenntnis Gottes und Jesu, unseres Herrn! Da seine göttliche Kraft uns alles [Glaube gehört sicherlich mit dazu] zum Leben und zur Gottseligkeit geschenkt hat durch die Erkenntnis dessen, der uns berufen hat durch seine eigene Herrlichkeit und Tugend, durch die er uns die kostbaren und größten Verheißungen geschenkt hat, damit ihr durch sie Teilhaber der göttlichen Natur werdet. — 2. Petrus 1,2–4

Vor unserer Errettung bringt das Hören von Gottes Wort Glauben zu uns. Wenn wir das Wort annehmen, können wir dann unter Nutzung des Glaubens, der durch das Wort zu uns gekommen ist, von neuem geboren werden. Sind wir dann erst einmal wiedergeboren, haben wir bereits Glauben in unserem Innern. Er ist Teil der Frucht des Geistes. Doch erst wenn wir das Wort Gottes lesen und verstehen, vermittelt es uns Erkenntnis darüber, was wir bereits besitzen. Das Wort lehrt uns, wie Glaube arbeitet, damit wir dann mit diesen Gesetzen kooperieren und die Segnungen unserer Errettung in der materiellen Welt vollständiger empfangen können.

Du selbst besitzt den übernatürlichen Glauben des Sohnes Gottes, aber da es sich um seinen Glauben handelt, muss er auch seinen Gesetzen folgen. Du kannst Gottes Glauben nicht einfach benutzen, um deine eigenen Interessen zu verfolgen. Er gehört nicht dir, sondern Gott! Du leihst ihn dir gewissermaßen aus. Dieser übernatürliche Glaube wird nur dann zu Ergebnissen führen, wenn du ihn so benutzt, wie Gott das von dir erwartet.

Rein formal betrachtet, handelt es sich gar nicht um deinen Glauben. Manche Menschen sagen: »Ich gehöre der baptistischen Glaubensrichtung an«, und andere erwidern: »Ich der episkopalen, ... der methodistischen« oder »der presbyterianischen« – so, als gäbe es vom christlichen Glauben mehrere Varianten. Epheser 4,5 offenbart uns jedoch, dass es nur »einen Herrn« und »einen Glauben« gibt – den Glauben Gottes. Wir können uns nicht einfach aussuchen, nach irgendeinem alten Muster zu glauben; denn wenn wir falsch glauben, wird dieser Glaube nicht funktionieren. Wir müssen Glauben so benutzen, wie Gott das will, weil es sein übernatürlicher Glaube und nicht unser menschlicher Glaube ist.

Gottes Wort spricht vom »Gesetz des Glaubens«.

Wo bleibt nun der Ruhm? Er ist ausgeschlossen. Durch was für ein Gesetz? Der Werke? Nein, sondern durch das Gesetz des Glaubens. — Römer 3,27

Obwohl das nicht die Hauptaussage von Römer 3 ist, so ist es dennoch eine zutreffende Feststellung. Gottes Glaube in dir arbeitet gemäß dem »Gesetz des Glaubens«.

Konstant und allgemeingültig

Glaube arbeitet gemäß den Gesetzen, die Gott dazu geschaffen hat, dass sie den Gebrauch des Glaubens regulieren. Nach diesem Verständnis bedeutet das Wort »Gesetz«: »konstant, ohne Schwankungen oder Abweichungen« und »allgemeingültig«. Das bedeutet, dass Glaube bei jedem, überall und auf dieselbe Weise funktioniert, ganz wie das Gravitationsgesetz.

Schwerkraft ist immer konstant – ohne Schwankungen oder Abweichungen – und allgemeingültig (d. h., jeder auf diesem Planeten unterliegt ihr). Deshalb bezeichnen wir sie auch als »Gesetz«. Ich wende das Gesetz der Schwerkraft z. B. hier in Colorado an, um auf meinem Stuhl zu sitzen. Könntest du aus irgendeinem Grund in China nicht dasselbe tun, würde es sich bei der Schwerkraft lediglich um ein »Phänomen« und nicht um ein Gesetz handeln. Damit etwas als »Gesetz« gelten kann, muss es auf dieselbe Weise für jedermann überall Gültigkeit besitzen.

Die meisten Menschen betrachten Glauben nicht als etwas, das von Gesetzmäßigkeiten beherrscht wird. Sie denken, Gott könne alles frei nach Belieben tun, wenn sie ihn nur bitten und »glauben«. Sie verstehen nicht, dass es bestimmte Beschränkungen gibt, die der Herr sich selbst auferlegt hat. Gottes Glaube wird sich deshalb immer an diese Gesetze halten.

Noch einmal: Diese Wahrheit ist im Bereich der materiellen Welt anhand des Gravitationsgesetzes nachweisbar. Was passiert, wenn jemand vom Empire State Building hinunterspringt? Will Gott, dass derjenige stirbt? Bestraft der Herr ihn? Nein! Aber Gott wird das Gravitationsgesetz dennoch nicht außer Kraft setzen, nur um das Leben dieses Betreffenden zu retten. Gott will nicht, dass Menschen durch Schwerkraft verletzt und getötet werden. Doch wenn man das Gravitationsgesetz missachtet, dann geschieht genau das.

Dann ist es so!

Glaube wird von Gesetzen regiert. Das hat Gott zu unserem Nutzen so eingerichtet. Er will nicht, dass wir an Krankheiten sterben, finanzielle Fehlschläge erleiden oder an mentalen und emotionalen Problemen leiden. Wenn wir jedoch nicht lernen, wie Glaube funktioniert, und zu kooperieren beginnen, dann werden uns dieselben Gesetze (die als Segen gemeint waren) töten, wenn wir gegen sie verstoßen. Das ist eine bemerkenswerte Wahrheit.

Gott kann nicht gegen seine eigenen Gesetze verstoßen, weil er das nicht will. Es ist seiner gerechten und heiligen Natur zuwider. Wenn Gott etwas sagt, dann ist es so. Er verändert Dinge, die er einmal festgesetzt hat, nicht nur wegen unserer Launen, Nöte oder Unkenntnis. Menschen – die Gott von ganzem Herzen liebt – sterben nicht deshalb, weil es Gottes Wille wäre, sondern weil sie Gottes Gesetzen des Glaubens zuwiderhandeln.

KAPITEL 21

Glaube spricht

Eines der Gesetze des Glaubens ist: Du wirst das haben, was du sagst.

> *Von der Frucht des Mundes eines Mannes wird sein Inneres satt, am Ertrag seiner Lippen isst er sich satt. Tod und Leben sind in der Gewalt der Zunge, und wer sie liebt, wird ihre Frucht essen. — Sprüche 18,20–21*

Tod und Leben stehen in der Gewalt deiner Zunge! Das ist ein Gesetz des Glaubens.

Gott erschuf die Welten durch Glauben, indem er sie in Existenz sprach (1Mo 1). Alles Natürliche – alles Physische, also alles, was wir sehen, schmecken, hören, riechen und fühlen können – wurde durch Worte erschaffen. Das, was dieses Universum gebildet hat und es beständig zusammenhält, sind Gottes mit Glauben erfüllte Worte (Hebr 1,3; 11,3). Sollte Gott seine eigenen Worte – die von ihm geschaffenen Gesetze – brechen, würde sich das gesamte Universum selbst zerstören. Warum? Weil die Schöpfung durch die Kraft des lebendigen Wortes Gottes zusammengehalten wird!

Gottes Schöpfung wird von Gesetzen regiert. Eines der Gesetze Gottes ist, dass wir haben, was wir sagen. Worte enthalten Kraft. Wir sprechen Worte.

Die Fähigkeit, zu sprechen, spiegelt die Tatsache wider, dass wir in Gottes Ebenbild geschaffen sind. Dies ist ein sehr wichtiges

Charakteristikum, das die menschliche Schöpfung von Pflanzen und Tieren unterscheidet – wir sprechen Worte. In gewisser Hinsicht bedeutet das, Gott ähnlich zu sein, denn Worte haben die Fähigkeit, zu erschaffen.

Lerne, Leben zu sprechen

Jesus bestätigte dieses Gesetz (Mt 21,18-22; Mk 11,12-14; 20–24). Er sprach zu einem Feigenbaum und befahl ihm abzusterben. Am nächsten Morgen stellten seine Jünger fest, dass über Nacht mit dem Baum tatsächlich genau das geschehen war. Auf ihr Erstaunen reagierte Jesus mit der Erklärung:

> *Habt Glauben an Gott! Denn wahrlich, ich sage euch:* ***Wenn jemand*** *zu diesem Berg* ***spricht****: Hebe dich und wirf dich ins Meer!, und in seinem Herzen nicht zweifelt,* ***sondern glaubt, dass das, was er sagt,*** *geschieht,* ***so wird ihm zuteilwerden, was immer er sagt****.* — *Markus 11,22–23 SLT*

Glaube wird durch Worte freigesetzt. Das ist eines der Gesetze, die den Glauben regieren. Tod *und* Leben – nicht nur Leben allein – liegen in der Macht unserer Zunge (Spr 18,21).

Wenn du von neuem geboren bist, besitzt du den Glauben des Sohnes Gottes. Weil die meisten Christen das aber nicht wissen, benutzen sie diesen Glauben nicht. Doch selbst die wenigen, die tatsächlich glauben, erleben möglicherweise trotzdem nicht, dass er richtig funktioniert, weil sie die Gesetze, die den Glauben regieren, nicht verstehen und nicht mit ihnen kooperieren.

Wenn dein Arzt dir eröffnete, dass du bald sterben wirst, dann werden deine Worte einen Einfluss darauf haben, was du empfängst. Falls du wüsstest, dass Gott dich bereits geheilt hat, und du versuchen würdest, daran zu glauben, dann würden deine Worte im Weiteren bestimmen, was für Erfahrungen du machen wirst. Je nachdem was du sagst, wird Leben oder Tod für dich dabei herauskommen. Wenn dich jemand fragt, wie es dir geht, und du sagst: »Ich werde sterben. Der Arzt sagt, ich hätte nur noch eine Woche zu leben«, wirst du mit dieser Antwort Tod freisetzen. Wenn du bereits deine eigene Beerdigung planst und dich der Trauer hingibst, verleihst du dadurch dem Tod Macht. Obwohl du den Glauben des Sohnes Gottes in dir hast, wird er nicht freigesetzt. Stattdessen wird durch solche Worte des Todes das freigesetzt, was Satan will. So mächtig sind deine Worte!

Herz und Mund zusammen

Vielleicht hast du eine extreme Version dieser Wahrheit durch die »Glaubens-« oder »Bekenntnisbewegung« gehört. Manche Menschen haben das auf die Formel *Sag es und hab es!* gebracht.

Diese Wahrheit – du hast, was du sagst – ist in vielerlei Hinsicht missbraucht worden. Wenn jemand z. B. sagte: »Ich lach mich tot!«, dann trat sofort die selbst ernannte »Bekenntnispolizei« auf den Plan und tadelte denjenigen. Römer 10,10 klärt diesen Sachverhalt jedoch auf:

Denn mit dem Herzen wird geglaubt zur Gerechtigkeit,
und mit dem Mund wird bekannt zum Heil.

Nur wenn Herz und Mund im Glauben zusammenarbeiten, wird auch das geschehen, was man bekannt hat. Der Grund dafür, dass Menschen nicht sofort tot umfallen, wenn sie eine Redensart wie »Ich lach mich tot!« verwenden, ist, dass sie es in ihrem Herzen gar nicht so meinen. Ich sage damit nicht, dass es gut ist, ständig solche Sprüche zu machen. Doch kommt das Gesagte nicht zustande, weil die Worte nicht das ausdrücken, was das Herz wirklich glaubt.

Doch egal, wie diese Wahrheit auch verdreht und missbraucht worden ist – es handelt sich dennoch um die Wahrheit. Vielen Christen entgeht das, was Gott bereits in der Dimension des Geistes für sie zur Verfügung gestellt hat, weil sie ihre Worte nicht richtig gebrauchen. Wir müssen lernen, Leben statt Tod zu sprechen!

Sprich zum Berg!

Deinen Glauben aber lediglich auszusprechen, ist unzureichend; du musst auch den Berg direkt ansprechen.

> *Wer zu diesem Berg sagen wird: Hebe dich empor und wirf dich ins Meer! … — Markus 11,23*

Die meisten Christen reden dauernd mit Gott über ihren Berg, anstatt mit ihrem Berg über Gott zu sprechen. Der Berg repräsentiert dein Problem oder das, was auch immer du verändert sehen möchtest. Sprich es an!

Sag nicht: »O Gott, ich bin krank. Bitte nimm diese Krankheit von mir!« oder »Vater, bitte schaff mir diese Schulden vom Hals!« Das ist ein Verstoß gegen das Gebot der genannten Bibelstelle; denn du redest ja mit Gott über deinen Berg. Sprich die Krankheit an! Rede mit deinen Rechnungen! Sprich zu deiner Depression oder was immer dein Problem sein mag! Erkläre dem widrigen Umstand, dass Gott dich schon befreit hat, und befiehl ihm dann, dich in Ruhe zu lassen. Um das zu tun, musst du die dir von Gott verliehene Autorität und ihre Arbeitsweise verstehen. In meinem Buch »Die Vollmacht des Gläubigen« behandle ich diese Themen ausführlich.

Als ich einmal in Charlotte, North Carolina, diente, wohnte ich bei einem Ehepaar, das sich während meines Aufenthalts das Video »Niki Ochenski: The Story of a Miracle« ansah. Dieses Zeugnis, wie die Offenbarung von Gottes Gnade und Glauben einem Teenagermädchen an der Schwelle des Todes dabei half, ihre Heilung zu empfangen, berührte die Ehefrau zutiefst, hatte sie doch eine Freundin, die an derselben Krankheit litt (Fibromyalgiesyndrom und Überempfindlichkeit gegen chemische Substanzen). Sofort lud sie diese Freundin ein, vorbeizukommen, damit ich mit ihr beten und ihr dienen konnte.

Als diese Frau dann vor mir saß, brachte ich eine halbe Stunde lang damit zu, ihr das Wort Gottes darzulegen und ihren falschen Denkmustern entgegenzuwirken. Schließlich war sie dann bereit zu beten und ich befahl sämtlichen Schmerzen, ihren Körper zu verlassen, und – BUMM! – waren sie auch schon verschwunden. Sie dankte Gott, stellte aber wenige Minuten später fest: »Ich habe da immer noch so ein Brennen im Lendenwirbelbereich. Warum ist das nicht zusammen mit den anderen Schmerzen weggegangen?«

Ich las der Frau Markus 11,23 vor und erklärte: »Die Bibel sagt, dass du den Berg ansprechen musst. Du hast zu mir gesagt, du hättest am ganzen Körper Schmerzen. Und deswegen habe ich zu den Schmerzen gesprochen. Nun pass auf, jetzt spreche ich das Brennen an!« Ich befahl dem Brennen also im Namen Jesu wegzugehen. Sofort war es verschwunden, und wieder lobte sie Gott!

Ich erklärte ihr danach, wie sie auf dem Wort stehen und was sie tun konnte, falls irgendein Symptom zurückkehren sollte. Als sie dann zwanzig Minuten später gehen wollte, sagte sie: »Das Brennen ist wieder da.«

Ich erklärte ihr: »Ich habe dir ja Instruktionen gegeben, was du in dem Fall tun musst. Und jetzt möchte ich, dass du betest und dem Brennen einen Verweis erteilst.«

Also betete sie: »Vater, ich danke dir dafür, dass es dein Wille ist, mich zu heilen, und du mich schon geheilt hast. Durch deine Striemen bin ich geheilt worden. Ich beanspruche meine Heilung jetzt, ich stelle mich auf diese Tatsache und ich danke dir dafür in Jesu Namen.« Das war ein wirklich gutes Gebet für eine Frau, die noch vor weniger als einer halben Stunde geglaubt hatte, Gott habe ihr diese Krankheit geschickt, um sich dadurch zu verherrlichen.

Ich wusste jedoch, dass das Brennen noch nicht weg war. Deshalb fragte ich sie: »Wie fühlst du dich?«

»Das Brennen ist immer noch da«, erwiderte sie.

Ich fragte also weiter: »Weißt du auch warum?« Sie verneinte.

»Du hast mit Gott über deinen Berg geredet, anstatt mit deinem Berg über Gott zu reden. Du hast den Berg nicht angesprochen.«

»Was meinst du damit?«, fragte sie.

»Du hast das Brennen nicht angesprochen«, erklärte ich ihr.

»Du meinst, dass ich es wirklich beim Namen nennen und mit ihm reden soll?«

»Ja«, ermutigte ich sie, »genau das sollst du machen! Sprich zu diesem Brennen.«

Viele Menschen denken, das sei merkwürdig, aber Jesus sprach mit einem Feigenbaum. Tatsächlich sagt das Wort, dass er dem Feigenbaum »antwortete« (Mk 11,14 lt. Fußnote der *Elberfelder Bibel*).

Man kann nicht antworten, wenn man nicht zuerst angesprochen wurde. Aus diesem Grund musst du auch deinen Kontoauszügen antworten, wenn sie dich ansprechen und behaupten: »Gottes Wort funktioniert nicht. Du wirst es nie schaffen, du steckst schon wieder in den roten Zahlen!« Du musst ihnen dann entgegnen: »Gottes Wort funktioniert sehr wohl! Gott heißt El Schaddai – ›Mehr-Als-Genug‹! Bankkonto, ich befehle dir jetzt im Namen Jesu, wieder ins Plus zu kommen und dort zu bleiben!« Du musst deinen Berg direkt ansprechen!

Dieses Mal sagte die Frau: »Brennen, im Namen Jesu …« Hier hielt sie auch schon inne und rief: »Es ist weg!« Sie kam noch nicht einmal mehr dazu, ihm zu befehlen. Der Schmerz hatte sie augenblicklich verlassen, und zwar allein aufgrund der Tatsache, dass sie ihn direkt angesprochen und ihren Glauben an Jesus benutzt hatte. Das ist ein ganz erstaunliches Beispiel für die Anwendung dieses Prinzips.

Elektrizität

Worte sind wichtig! Man kann nicht Tod, Entmutigung, Niederlage und Depression aussprechen und dann die Erwartung hegen, Segnungen zu empfangen. Das wird nicht funktionieren! Warum? Eines der Gesetze, die Glauben regieren, besagt, dass man das haben wird, was man sagt. Aber man muss nicht nur Gottes Wort im Herzen glauben und dann mit seinem Mund damit übereinstimmen, sondern man muss auch sein Problem direkt ansprechen und ihm befehlen, sich dem Willen Gottes unterzuordnen. Danke Gott für das, was er schon getan hat, und befiehl dann deinem Körper, nicht länger zu schmerzen, befiehl deinen Finanzen zu florieren und dem Teufel, die Finger von dir zu lassen usw. Ergreife deine

Autorität und gebrauche sie. Dies sind einige der Gesetze, die den Glauben regieren.

Du besitzt bereits den Glauben des Sohnes Gottes und musst nur noch lernen, wie du ihn benutzen kannst. Sobald du verstehst, wie er funktioniert, und anfängst zu kooperieren, wirst du auch zunehmend Ergebnisse sehen.

Gott schuf Naturgesetze, die den Bereich der Elektrizität regieren. Auch wenn der Mensch diese Gesetze und ihr Funktionsprinzip erst vor relativ kurzer Zeit entdeckt hat, so existieren sie doch schon seit den ersten Anfängen der Erde. Der Mensch hätte Elektrizität also schon vor 6000 Jahren nutzen können, doch kannte er die für sie maßgeblichen Gesetze nicht. Nachdem wir nun die Elektrizitätsgesetze entdeckt haben, benutzen wir Elektrizität – und zwar ständig; denn sie funktioniert zuverlässig.

Gott enthielt den Menschen die Elektrizität nicht vor, weil sie schlecht waren. David zum Beispiel war ein sehr gottesfürchtiger Mann, aber auch er wusste über Elektrizität nicht Bescheid – genauso wenig wie Mose, Gideon oder Salomo. Es war einfach ihre Unkenntnis über Elektrizität und deren Anwendungsgesetze, was sie daran hinderte, in den Genuss ihrer Vorteile zu kommen. Hätten sie Bescheid gewusst, dann hätten sie davon profitieren können.

Heutzutage verletzen Menschen sich und sterben – aber nicht etwa, weil sie schlecht wären, sondern weil sie die Gesetze des Glaubens missachten. Gott ist nicht gegen sie. Er hat lediglich Gesetze im Hinblick darauf festgelegt, wie seine Kraft fließt – und diese Menschen kooperieren nicht damit.

Finde heraus, welche Gesetze es gibt, und setze sie zu deinem Nutzen in die Praxis um. Jedoch wird Gott bis dahin nicht die ganze Schöpfung für dich manipulieren. Er wird nicht das Gravitationsgesetz außer Kraft setzen, und dadurch Millionen andere Menschen töten, nur weil du vom Empire State Building springst!

So funktioniert das nicht. Entdecke die Gesetze, die den Glauben regieren und kooperiere mit ihnen!

Setz deinen Glauben frei!

Ich habe bis jetzt lediglich einige wenige Gesetze behandelt, die sich überwiegend auf das Sprechen beziehen, doch gibt es natürlich noch sehr viele andere. Wenn du Gottes Wort studierst, wirst du sie kennenlernen. Du lernst dann z. B., dass Jesus Menschen ermutigte, auch ihrem Glauben entsprechend zu handeln. Da »Glaube ohne Werke tot [ist]« (Jak 2,26), ist Handeln ein weiterer sehr wichtiger Weg, deinen Glauben freizusetzen. Anderen zu vergeben (Mk 11,25–26), gehört auch zu den Gesetzen des Glaubens.

Gottes Wort bringt dir seinen ursprünglichen Glauben, wenn du von neuem geboren wirst. Nachdem du Errettung erfahren hast, lehrt es dich dann, wie dieser Glaube funktioniert. Wenn du glauben kannst, dass du denselben Glauben, der Jesus Christus von den Toten auferweckt hat, schon in dir hast, dann besteht der Rest deines Lebens als Christ nur noch darin, zu lernen, wie du mit den Gesetzen kooperieren kannst, die bestimmen, wie er funktioniert.

KAPITEL 22

Aggressives Empfangen

Das Markusevangelium dokumentiert ein wunderbares Beispiel für die Gesetze des Glaubens in Aktion. Eine Frau, die unter Blutfluss litt, kam zu Jesus, weil sie Heilung suchte. Sie berührte lediglich den Saum seines Gewandes und wurde sofort geheilt. Der Herr fühlte, wie Kraft von ihm ausging, wandte sich um und fragte: »Wer hat mein Gewand angerührt?« (Mk 5,30).

Seine Jünger reagierten überrascht; denn schließlich wurde Jesus von einer riesigen Menschenmenge umringt, und jeder drängte auf ihn ein. Doch mit der Berührung dieser Frau hatte es etwas ganz anderes auf sich. Sie berührte Jesus im Glauben – und augenblicklich floss die Kraft Gottes!

Die meisten Menschen glauben, dass Jesus alle Dinge wusste, weil er ja Gott war. Deshalb halten sie auch seine Frage: »Wer hat mein Gewand angerührt?« für rein rhetorisch. Obwohl Jesus in seinem Geist ganz Gott war, lebte er dennoch in einem biologischen Körper. Obschon es sich um einen sündlosen menschlichen Körper handelte, offenbart uns Lukas 2,52: »Und Jesus nahm zu an Weisheit und Alter und Gunst bei Gott und Menschen.«

Sie sagte es

In seinem menschlichen Verstand wusste Jesus nicht alles. Ich glaube, dass er genau meinte, was er sagte, als er die Frage »Wer hat mich angerührt?« stellte.

Das ist ein wichtiger Punkt. Wenn Jesus nicht wusste, wer ihn berührt hatte, wie konnte dann die Heilungskraft Gottes aus ihm herausfließen und die Genesung der Frau bewirken? Denk einmal darüber nach!

Die meisten Menschen glauben, dass Gott uns erst einmal abschätzt, wenn wir mit einer Bitte zu ihm kommen. Sie stellen sich vor, dass er unser Anliegen gewährt oder abschlägt, je nachdem, wie viel wir gebetet, das Wort studiert, gefastet und andere Dinge getan oder wie heilig wir gelebt haben. Aber das war hier nicht der Fall. Wie empfing diese Frau dann also ihre Heilung?

Sie setzte die Gesetze des Glaubens in Gang und automatisch floss Gottes Kraft.

> *Denn sie **sagte**: Wenn ich nur sein Gewand anrühre, werde ich geheilt werden. — Markus 5,28*

Es ist ein Gesetz Gottes, dass wir haben, was wir sagen (Mk 11,23). Sie sagte es und sie empfing es.

Ernsthaftes Handeln

Ein anderes Gesetz Gottes ist, dass »der Glaube ohne die Werke nutzlos ist« (Jak 2,20 SLT). Diese Frau handelte nach ihrem Glauben. Denn sie redete nicht nur darüber, geheilt zu werden, sondern handelte auch auf der Grundlage eben dieses Glaubens. Dabei ging sie sogar ein großes persönliches Risiko ein.

Zur damaligen Zeit war ein Mensch, der an Blutfluss litt, unrein, und jeder, den er berührte, wurde ebenfalls unrein. Deswegen musste jemand mit einer solchen Unreinheit Menschenmengen meiden, weil er sonst ja jeden, mit dem er in Körperkontakt kam, verunreinigt hätte. Wenn das Geheimnis dieser Frau bekannt geworden wäre, hätte die Menschenmenge sie zu Tode steinigen können. Wahrscheinlich zögerte die Frau auch aus diesem Grund, öffentlich zu ihrer Tat zu stehen.

Beachte auch, dass sie die Quaste von Jesu Gewand berührte (Lk 8,44). Wie aber berührt man die Quaste (sie befindet sich am Saum) eines Gewandes, wenn sich dessen Träger in einem Gewimmel von Menschen befindet? Die einzig logische Erklärung dafür ist, dass die Frau auf allen vieren durch die Menschenmenge kroch.

Warum ist das so wichtig? Es veranschaulicht ein weiteres Gesetz des Glaubens – Ernsthaftigkeit. Man kann die Dinge Gottes nicht empfangen, wenn man sie lediglich passiv begehrt.

> *Und sucht ihr mich, so werdet ihr mich finden, ja, fragt ihr mit eurem ganzen Herzen nach mir … — Jeremia 29,13*

Solange du ohne deine Heilung auskommen kannst, wirst du es auch müssen. Aber wenn du, wie diese Frau, aggressiv wirst, sodass du sogar bereit bist, dein Leben zu riskieren, um etwas zu empfangen, dann wirst du Erfolg haben.

Wer ist hier verrückt?

Die Frau litt bereits seit zwölf langen Jahren an dieser Krankheit (Mk 5,25). Sie hatte sämtliche Heilmethoden ausprobiert und dabei ihr ganzes Geld verloren; doch es ging ihr immer schlechter (Mk 5,26). Niemand machte es ihr zum Vorwurf, dass sie diese herkömmlichen Wege eingeschlagen hatte. Ich bin mir sicher, dass die Menschen ihr sogar mit viel Mitgefühl und Anteilnahme begegneten. Hätten ihre Freunde jedoch gewusst, was sie vorhatte – nämlich sich Jesus in einer Menschenmenge zu nähern –, dann hätte ihr bestimmt jemand erklärt: »Das ist doch verrückt!«

Nicht verrückt in den Augen der Menschen ist es jedoch, wenn wir Ärzte an uns herumexperimentieren lassen. Tatsächlich erlauben wir ihnen sogar, bei uns Behandlungen durchzuführen, die selbst gesunde Menschen töten würden und uns unser ganzes Hab und Gut kosten. Wenn wir aber öffentlich bekunden, dass wir in Bezug auf unsere Heilung auf Gott vertrauen, dann werden wir als »Fanatiker« abgestempelt.

Doch wenn wir wirklich von Gott empfangen wollen, bedarf es einer solch aggressiven Haltung, wie diese Frau sie an den Tag legte.

Sie setzte mehrere Gesetze des Glaubens in Gang und automatisch floss ihr die heilende Kraft Gottes zu.

Nimm es nicht persönlich!

Erinnerst du dich noch an die Elektrizitätsgesetze? Wenn jemand einen Lichtschalter betätigt, dann fließt der elektrische Strom einfach. Man muss nicht beim Elektrizitätswerk anrufen und darum bitten, dass von dort Strom geschickt werden möge. Dieser steht schon zur Verfügung. Wir müssen einfach die Autorität ergreifen, die uns verliehen wurde, und der Kraft befehlen zu fließen!

In gleicher Weise fließt elektrischer Strom aber auch dann, wenn jemand einen spannungsführenden Draht berührt und gleichzeitig geerdet ist. Das Elektrizitätswerk schätzt denjenigen nicht vorher ab und sagt dann: »Dem werden wir mal eine richtige Lektion erteilen und den Schock seines Lebens versetzen!« Nein, es gibt einfach Gesetze, die den Fluss von elektrischem Strom beherrschen. Das darf man nicht persönlich nehmen!

Bei Gott ist das auch so. Der Herr heilt nicht den einen und weist den anderen ab. Es gibt Gesetze, die bestimmen, wie Gottes Kraft wirkt. Wir können gegen diese Gesetze verstoßen und uns die Segnungen, die Gott uns schon gegeben hat, entgehen lassen, oder aber wir lernen, welche Gesetze es gibt, kooperieren mit ihnen und machen dann Erfahrungen mit diesem »überschwänglichen Leben«, das er uns zur Verfügung gestellt hat. Das liegt ganz bei uns!

Unwissenheit über Gottes Gesetze

Die Menschen hätten elektrischen Strom schon vor Tausenden von Jahren nutzen können; denn der Herr hat Elektrizität ja nicht erst in jüngerer Zeit zur Verfügung gestellt. Doch unsere Unwissenheit, also der Mangel an spezifischem Wissen, hielt uns wortwörtlich im Dunkeln.

Wenn ich das Wort »Unwissenheit« verwende, dann meine ich das nicht abfällig. Leonardo da Vinci war ein herausragender Mensch. Erfand er doch den Hubschrauber und viele andere Dinge, die ihrer Zeit um Jahrhunderte voraus waren. Aber in Bezug auf elektrischen Strom war er unwissend.

Gleichermaßen gibt es viele wunderbare Christen, die in jeder Hinsicht ernsthaft und ausgesprochen gottesfürchtig sind. Aber sie leben in völliger Unwissenheit über Gottes Gesetze des Glaubens. Und so gelangen sie auch nie zu den von ihnen ersehnten Ergebnissen. Es sind keine schlechten Menschen, nur kennen sie die Gesetze nicht, die bestimmen, wie Gottes Reich funktioniert.

Von Gott zu empfangen, hat nichts damit zu tun, wie er in Bezug auf uns empfindet. Käme es lediglich hierauf an, dann wären wir alle schon in jeder Beziehung vollkommen. Denn das wünscht sich Gott ja schließlich für jeden von uns. Aber es gibt Gesetze, die wir anwenden und einsetzen müssen, damit wir die Dinge, die Gott für uns bereithält, auch empfangen können. Es ist die falsche Anwendung dieser Gesetze, die uns buchstäblich tötet.

KAPITEL 23

Unglaube neutralisiert den Glauben

Nur weil du erkannt hast, dass du bereits den Glauben Gottes besitzt, bedeutet das noch nicht, dass er in deinem Leben auch automatisch Sieg hervorbringt. Solange du dich nicht von deinem Unglauben befreist, wird er deinen Glauben neutralisieren und kurzschließen. Dein Problem ist nicht der Mangel an Glauben, sondern vielmehr zu viel Unglaube!

Jesus und drei seiner Jünger stiegen auf den Berg der Verklärung. Dort wurde Jesus verherrlicht, und die Jünger sahen Mose und Elia, wie sie mit Jesus sprachen. Unmittelbar danach kamen sie wieder vom Berg herab und trafen auf eine Menschenmenge. Ein Mann kam auf Jesus zu »… und fiel vor ihm auf die Knie und sprach: Herr, erbarme dich meines Sohnes! Denn er ist mondsüchtig und leidet arg; denn oft fällt er ins Feuer und oft ins Wasser. Und ich brachte ihn zu deinen Jüngern, doch sie konnten ihn nicht heilen. Jesus aber antwortete und sprach: Ungläubiges und verkehrtes Geschlecht! Bis wann soll ich bei euch sein? Bis wann soll ich euch ertragen? Bringt ihn mir her!« (Mt 17,14–17).

Dieser Mann brachte seinen »mondsüchtigen« Sohn zu Jesus. In Markus 9,17–22 erfahren wir, dass ein »stummer Geist« bei dem Jungen oft heftige Anfälle auslöste, die dem ganz ähnlich waren, was wir heutzutage als »Epilepsie« bezeichnen würden. Der Vater hatte seinen Jungen zuerst zu den Jüngern gebracht, doch waren die nicht in der Lage gewesen, den Dämon auszutreiben.

Jesus missfiel das sehr! Beachte seine Reaktion:

Ungläubiges und verkehrtes Geschlecht! Bis wann soll ich bei euch sein? Bis wann soll ich euch ertragen? Bringt ihn mir her! — Matthäus 17,17

Die Reaktion Jesu ist deshalb so wichtig, weil es heutzutage im Leib Christi nicht sehr viele Menschen gibt, die in der übernatürlichen Kraft Gottes agieren. Man erlebt eben nicht oft, dass Dämonen ausgetrieben oder Menschen geheilt werden. Insgesamt erscheint die Kirche machtlos, wenn es darum geht, Teufel auszutreiben und Krankheiten zu heilen.

Nichts als Ausreden

Grundsätzlich redet sich ein Großteil des Leibes Christi mit solchen Argumenten heraus: »Nun, wir sind nur Menschen. Wir beten und bitten Gott, etwas zu tun. Aber wenn wir dann nicht erleben, dass etwas geschieht, so liegt es einfach daran, dass Gott souverän ist und es wohl nicht sein Wille war.« Oder: »Das hat alles mit den Aposteln aufgehört.« Wir warten mit allen erdenklichen Lehrmeinungen auf, um unsere Kraftlosigkeit und Wirkungslosigkeit zu rechtfertigen.

Jesus reagierte nicht so. Wäre er wie einer dieser modernen, gefühlsduseligen Wohlfühlprediger gewesen, dann hätte er wohl gesagt: »Leute, es tut mir leid! Ich hätte nicht so lange auf dem Berg bleiben sollen, um verklärt zu werden und mit meinem Vater zu sprechen. Ich habe euch hier einfach mit Problemen alleingelassen, die euch überfordert haben. Schließlich seid ihr ja auch nur Menschen. Vergebt mir! Es tut mir leid! Aber jetzt bin ich ja da. Bringt den

Jungen zu mir!« Doch das tat Jesus nicht. Stattdessen wurde er ärgerlich und donnerte: »Oh, ungläubiges und verkehrtes Geschlecht, so sollte das nicht sein! Wie lange soll ich noch bei euch bleiben? Wie lange muss ich noch hier sein und alles selber machen?«

Jesus hatte seine Jünger ausgebildet. Er hatte ihnen bereits die Autorität verliehen, Teufel auszutreiben und Kranke zu heilen. Sie hätten also in der Lage sein sollen, die Situation zu bewältigen. Im Endeffekt sagte Jesus hier: »Leute, das ist nicht akzeptabel. Ihr seid ungläubig und verkehrt. So sollte das alles nicht sein!«

Obwohl ich das Folgende in Liebe sage, bete ich, dass es zur Kenntnis genommen wird und die Wirkung erzielt, die es haben soll: *Unser heutiges Christentum ist ungläubig und verkehrt!* Die Gemeinde sollte die Antworten für die Welt bereithalten, doch wir benutzen nicht, was wir haben. Gott hat uns bereits alles gegeben, aber wir setzen es nicht frei. Wir sind kraftlos und wirkungslos. Die meisten Gläubigen haben einfach das Niveau ihrer Erwartungen mit der Feststellung gesenkt: »Wunder und übernatürliche Kraft sind zusammen mit der Gemeinde des ersten Jahrhunderts verschwunden«, und diejenigen, die noch nach Wundern suchen, gehen es so an: »O Gott, bitte mach du es!«, anstatt in Empfang zu nehmen, was Gott bereits vollbracht hat, ihre Autorität zu ergreifen, zu befehlen und selber dafür zu sorgen, dass es in Existenz kommt. So sind die Absichten des Herrn völlig verdreht worden!

Jesu Reaktion auf seine Jünger besitzt für uns heute immer noch dieselbe Gültigkeit: »Das ist falsch! So war das von mir nicht beabsichtigt!« Menschen sollten also in jeder Situation zu uns kommen können, um geheilt, befreit und gesegnet zu werden (emotional und finanziell). Aber wenn heute ein kranker Mensch zu einem typischen Diener Gottes kommt, schickt der ihn zum Arzt. Die Armen verweist man an die staatlichen Stellen oder an andere soziale Einrichtungen. Und wenn die mental oder emotional

Verwirrten um Hilfe bitten, werden sie an den Psychiater verwiesen. So sollte das jedoch nicht sein! Gottes Antworten liegen in seinem Wort und in seiner Gemeinde. Wir sollten Menschen nicht irgendwo anders hinschicken müssen! Der Leib Christi hat in diesem Bereich wirklich versagt.

Diese Tatsache ist ein wichtiger Grund dafür, dass nicht mehr Menschen zu Christus finden. Es ist der Gemeinde nicht gelungen, den Herrn als den Einen zu präsentieren, der die Lösungen für alle Lebensprobleme besitzt. Die typische Gemeinde beschäftigt sich bloß mit Fragen der Ewigkeit und überlässt alle aktuellen Probleme menschlichen Bemühungen. Folglich können Menschen die Bedeutung der Gemeinde für ihr tägliches Leben einfach nicht erkennen. So sollte das nicht sein! Das alles missfällt Jesus heute genauso, wie ihm damals die Situation mit dem an Epilepsie leidenden Kind missfiel.

Trotz früherer Erfolge

Und Jesus bedrohte ihn, und der Dämon fuhr von ihm aus; und von jener Stunde an war der Junge geheilt. Da traten die Jünger für sich allein zu Jesus und sprachen: Warum haben wir ihn nicht austreiben können? — Matthäus 17,18–19

Das war eine berechtigte Frage, denn schließlich hatte Jesus ihnen ja bereits Vollmacht über den Teufel verliehen.

Und als er [Jesus] seine zwölf Jünger herangerufen hatte, gab er ihnen Vollmacht über unreine Geister, sie auszutreiben und jede Krankheit und jedes Gebrechen zu heilen …
— Matthäus 10,1

Die Jünger besaßen nicht nur die Vollmacht, die sie brauchten, um diesen dämonisierten Jungen zu befreien, sondern sie hatten auch schon erfolgreich von ihr Gebrauch gemacht!

... und sie [die Jünger] trieben viele Dämonen aus
und salbten viele Schwache mit Öl und heilten sie ...
— Markus 6,13

Das hier waren also keine Menschen, die sich noch nie im Kraftfluss Gottes und im Bereich des Übernatürlichen bewegt hatten. Es waren die Jünger Jesu, und sie hatten bis zu diesem Vorfall offenbar eine hundertprozentige Erfolgsquote verzeichnen können. Das macht ihre Frage umso wichtiger.

Es handelte sich hier also um Gläubige, die bereits erlebt hatten, dass Gottes Kraft durch sie geflossen war, um Kranke zu heilen und Teufel auszutreiben. Sie wussten, dass dies Gottes Wille war und er ihnen die Vollmacht dazu bereits verliehen hatte. Hier hatten sie ihren Glauben nun angewendet, entsprechend gehandelt und zu dem Berg gesprochen – und waren dennoch nicht zu dem gewünschten Erfolg gelangt. Klingt das vertraut?

Vermutlich hast auch du in deinem Leben schon einmal eine Situation erlebt, in der du deinen Glauben freigesetzt, danach gehandelt, zu dem Berg gesprochen und dennoch nicht die gewünschten Resultate erzielt hast. Du hast daran geglaubt, dass Gott heilt, Wohlstand schenkt, befreit oder was auch immer tut, doch es traf nicht ein. Ich spreche hier nicht von denjenigen, die beten: »Gott, falls es dein Wille ist ...«, und dann nicht weiter überrascht sind, wenn nichts geschieht. Diese Jünger waren schockiert, verletzt und überrascht. Sie stellten ihre Frage, weil sie sehr wohl glaubten und in der Vergangenheit ja erlebt hatten, dass ihr Glaube funktionierte – nur in diesem konkreten Fall nicht.

Warum, glaubst du, fahren bestimmte Dämonen nicht aus oder werden manche Menschen nicht geheilt? Warum will manchmal der finanzielle Durchbruch nicht kommen? Und warum, meinst du, beten Menschen, und zwar mit wirklichem Glauben, doch das, worum sie gebeten haben, kommt nicht zustande? Obwohl es dafür vielfältige Gründe gibt, lautet die vorherrschende Antwort auf diese Fragen: »Dann muss es wohl nicht Gottes Wille gewesen sein.« Das ist völliger Unsinn!

»Gottes Wille?«

Gott möchte, dass wir in jedem Bereich unseres Lebens erfolgreich sind! Es ist nicht sein Wille, dass wir krank oder irgendwie bedrückt sind oder unsere Bedürfnisse nicht gestillt werden. Es ist auch nicht Gottes Wille, dass wir entmutigt und niedergeschlagen sind. Er bestraft uns nicht und versucht auch nicht, uns irgendwelche Lektionen zu erteilen. Das ist einfach nicht wahr!

Ein Großteil des Leibes Christi verbindet jedes »unerhörte« Gebet resigniert mit der Überzeugung: *Nun, Gott ist ja schließlich souverän!* Gott ist in der Tat allmächtig und kann alles tun, was er will; aber er hat schon alles getan, was er jemals tun wollte, und uns die Autorität und Vollmacht gegeben, seinen Willen zustande zu bringen.

Viele Dinge geschehen heutzutage nicht deshalb, weil es Gottes Wille ist, sondern weil wir ernten, was wir gesät haben. Betrachten wir zum Beispiel die Terroranschläge vom 11. September 2001. Viele Menschen sahen in ihnen »Gottes Strafgericht für Amerika«. Amerika hätte es zwar verdient, bestraft zu werden, aber der Herr entlädt derzeit weder sein Zorngericht noch hat er all diese Ereignisse »in seiner Souveränität« erlaubt. Gott hat das Gesetz aufgestellt, dass wir ernten, was wir säen. Mit der Frage um die Souveränität Gottes beschäftige ich mich auch in meinem Buch »Ein besserer Weg zu beten«.

Amerika versucht schon seit Langem systematisch, eine durch und durch säkulare Nation zu werden. Wir haben Gott aus unseren Schulen und unserem öffentlichen Leben verbannt. Ständig sind wir damit beschäftigt, alles selber zu regeln und Gott zu ignorieren. Wir haben ihm das Recht verwehrt, sich in unserer Gesellschaft frei zu bewegen, und damit sämtlichen Schutz aufgegeben.

Satan greift an, egal, ob man gottesfürchtig ist oder nicht. Man muss nicht unbedingt etwas falsch machen, um seine Angriffe auf sich zu ziehen. Tatsächlich könnte man auch genau das Richtige tun und dennoch angegriffen werden. David wurde von Menschen angegriffen, als er Gott suchte und ihm diente. Obwohl David immer auf der Siegerseite war, wurde er dennoch angegriffen und musste kämpfen. Es ist nur so, dass der Schaden oft größer ist, wenn die Verteidigung geschwächt ist.

»Wegen eures Unglaubens«

Wenn man sich die Frage stellt: »Warum funktionieren die Dinge nicht?«, bieten sich zwei grundlegende Betrachtungsweisen an. Beide sind allerdings falsch. Zum einen glauben viele Menschen: *Que sera, sera. Es kommt, wie es kommen muss. Schließlich ist Gott ja souverän und hat alles unter Kontrolle!* Zum anderen lautet eine sehr populäre, charismatische »Glaubensantwort«: »Die besitzen alle nicht genügend Glauben.« Das wird dann als »einzige« Ursache dafür angeführt, weshalb Menschen keine Gebetserhörung erleben. Das ist zu grob vereinfachend und verurteilt Menschen, wird ihnen doch hier gnadenlos die Alleinverantwortung aufgebürdet. Aus diesem Grund schrecken sie dann auch vor glaubensorientierter Lehre zurück. »Mangelnder Glaube« ist zwar eine Ursache, doch nicht die allein ausschlaggebende.

Wenn man für andere Menschen betet, spielt dabei natürlich auch deren Glaube eine maßgebliche Rolle. Du kannst niemanden dazu bringen, allein auf der Grundlage deines Glaubens zu empfangen. Wenn Jesus für Menschen betete, dann regte er deren Glauben an. Er forderte sie auf: »Sündige nicht mehr, damit dir nichts Ärgeres widerfährt!« (Joh 5,14), und deutete damit stillschweigend an, dass auch sie eine Rolle bei ihrer Heilung zu spielen hatten. Wir wissen, dass Jesus in perfektem Glauben operierte. Trotzdem konnte er in seiner Heimatstadt nicht viele Wunder wirken. Das lag nicht daran, dass er Probleme mit seinem Glauben gehabt hatte, sondern dass die Menschen dort voller Unglauben waren. Auch bei demjenigen, der empfangen soll, muss also ein gewisses Maß an Glauben vorhanden sein. Falls jedoch keine Heilung sichtbar wird, könnte auch bei demjenigen, der betet und dient, ein Problem mit seinem Glauben vorliegen und mit seiner Fähigkeit, von Gott zu empfangen.

Es läuft eben nicht immer nach dem einfachen Muster: *Glaube und empfange oder zweifle und geh leer aus!* Manchmal kann man glauben und dennoch nichts empfangen. Und genau das war hier den Jüngern passiert (Mt 17). Sie fragten: »Jesus, warum konnten wir den Dämon nicht austreiben? Wir haben geglaubt und auch empfangen, haben aber dennoch nicht das gewünschte Ergebnis erzielt.«

Jesus aber sprach zu ihnen: Um eures Unglaubens willen!
— Matthäus 17,20 SLT

Viele Menschen denken fälschlicherweise, man könne nicht gleichzeitig sowohl Unglauben als auch Glauben besitzen. Sie gehen davon aus, dass Glaube und Unglaube sich gegenseitig ausschließen. Das ist nicht wahr.

Als Jesus den Jüngern erklärte: »Es ist wegen eures Unglaubens«, sagte er damit nicht: »Ihr hattet keinen Glauben.« Er erwähnte nichts dergleichen. Tatsächlich machte Christus im Folgenden die Bemerkung;

> *Denn wahrlich, ich sage euch: Wenn ihr Glauben hättet wie ein Senfkorn, so würdet ihr zu diesem Berg sprechen: Hebe dich weg von hier dorthin!, und er würde sich hinwegheben; und nichts würde euch unmöglich sein. — Matthäus 17,20* SLT

Es bedarf keines »vorzüglichen« oder »großen« Glaubens, um großartige Dinge zu tun. Man muss nur den Unglauben, der dem Glauben entgegenwirkt, minimieren.

»Glaube nur!«

Deshalb antwortete Jesus auf die Bitte der Jünger »Herr, vermehre unseren Glauben!« sinngemäß mit der Bemerkung: »Freunde, ihr braucht nicht mehr Glauben. Macht einfach von dem Gebrauch, was ihr schon habt! Wenn euer Glaube nur die Größe eines Senfkorns hat, reicht das schon aus, um diesen Baum zu entwurzeln und ihn ins Meer zu verpflanzen. Nichts ist für euch unmöglich« (Lk 17,5–6).

Beachte dieselbe Ausdrucksweise in Markus 11,23:

Wahrlich, ich sage euch: Wer zu diesem Berg sagen wird: Hebe dich empor und wirf dich ins Meer!, ***und nicht zweifeln wird in seinem Herzen*** *…*

Es ist also möglich, gleichzeitig Glauben und Zweifel im Herzen zu haben!

Als Jesus unterwegs war, um der Tochter von Jairus zu dienen, berührte die blutflüssige Frau sein Gewand und empfing Heilung. Während dieser Verzögerung kam die Nachricht aus dem Haus von Jairus: »Bemühe den Meister nicht länger, deine Tochter ist tot.«

Jesus aber überhörte das Wort, das geredet wurde, und spricht zu dem Synagogenvorsteher: Fürchte dich nicht; glaube nur!
— Markus 5,36

Glaube nur! Warum sollte Jesus ihn auffordern, »nur« – und das heißt hier »ausschließlich« – zu glauben? Weil man gleichzeitig glauben und nicht glauben, d. h. zweifeln kann!

Jesus erklärte dem Vater des mondsüchtigen Jungen, der Befreiung brauchte: »Wenn du das kannst? Dem Glaubenden ist alles möglich« (Mk 9,23).

»Sogleich schrie der Vater des Kindes und sagte: Ich glaube. Hilf meinem Unglauben!« (Mk 9,24).

Jesus wies den Mann nicht dafür zurecht, dass er behauptete, er besäße sowohl Glauben als auch Unglauben. Er betete einfach für seinen Sohn und setzte ihn frei. Diese unterlassene Zurechtweisung spricht Bände!

Gottes Wort zufolge kann man echten Glauben haben – der unter normalen Umständen zur gewünschten Befreiung führen würde –, und dennoch nicht erleben, dass er die richtigen Resultate liefert. Das Problem ist nicht die Abwesenheit von Glauben, sondern die Anwesenheit von Unglauben.

Der sichtbare Effekt

Glaube und Unglaube sind einander entgegengerichtete Kräfte. Unglaube neutralisiert deinen Glauben. Anstatt den Versuch zu unternehmen, immer mehr Glauben zu erhalten, musst du dich mit deinem Unglauben auseinandersetzen, der deinen Glauben neutralisiert. Dadurch kannst du sicherstellen, dass dein Glaube funktioniert!

Wenn man ein Pferd vor ein 500-kg-Gewicht spannt und es dann genügend Zugkraft ausüben lässt, bewegt sich das Gewicht. Wenn man jedoch ein gleich starkes Pferd auf der anderen Seite anspannt und mit derselben Kraft in die entgegengesetzte Richtung ziehen lässt, wird sich das Gewicht nicht von der Stelle bewegen. Obgleich sehr große Kraft freigesetzt wird, ist der sichtbare Effekt an dem Gewicht gleich null. Genauso ist es mit Glauben und Unglauben.

Unser Glaube reicht aus. Jesus selbst sagte, dass sogar Glaube von der Größe eines Senfkorns einen Baum entwurzeln oder einen gewaltigen Berg bewegen kann. Deshalb ist unser Glaube mehr als genug, um eine Heilung zu bewirken, einen Dämon auszutreiben oder dergleichen mehr. Das Problem ist der Unglaube, der deinem Glauben entgegenwirkt und dazu führt, dass der sichtbare Effekt gleich null ist.

Ich habe Menschen getroffen, die ganz offensichtlich nicht glaubten, dass es Gottes Wille für sie sei, gesund zu sein. Wenn ich zu ihnen kam, um für sie zu beten, setzten sie sich dagegen zur Wehr. Weil sie nicht glaubten, starben sie. Damit kann man noch relativ leicht fertigwerden. Aber ich habe auch andere Menschen getroffen, die sehr wohl daran geglaubt haben, dass es Gottes Wille für sie sei, gesund zu werden. Sie beteten und versuchten, Gott im Hinblick auf ihre Heilung zu vertrauen. Einige von ihnen hatten sogar schon erlebt, dass andere Menschen geheilt wurden, oder waren vorher selbst schon einmal geheilt worden. Aber dennoch starben sie. Damit kann man nicht mehr so leicht fertigwerden.

Verwirrt

Viele von uns fragen sich: *Warum wurden diese Menschen nicht geheilt? Ich weiß doch, dass bei ihnen Glaube vorhanden war!* Ich habe Menschen getroffen, die Gott von ganzem Herzen liebten und dem Tod freudig ins Gesicht sahen, und doch in Erwartung und Vorfreude darauf lebten, die Manifestation ihrer körperlichen Heilung zu erleben. Aber trotzdem starben sie. Obwohl Glaube nicht greifbar ist, kann man, wenn man Gott sucht, doch feststellen, ob Glaube vorhanden ist oder nicht. Wenn man erkennt, dass Glaube vorliegt, aber andere Ergebnisse sieht, als das Wort Gottes verspricht, kann das zu erheblicher Verwirrung führen.

Aus diesem Grund waren auch die Jünger verwirrt, als sie den Dämon nicht aus dem mondsüchtigen Jungen austreiben konnten (Mt 17,19). Sie besaßen Glauben, Vollmacht und Autorität und hatten diese auch schon erfolgreich eingesetzt – bis zu diesem Tag. Sie sprachen zu dem Berg und befahlen dem Dämon herauszukommen. Sie handelten in Übereinstimmung mit ihrem Glauben, und dennoch standen die Ergebnisse nach wie vor im Gegensatz dazu. Warum? Wegen ihres Unglaubens (Mt 17,20 SLT).

Unglaube ist subtil. Viele Menschen erkennen ihn gar nicht. Sie sehen jemanden nur an und denken, wenn sie bei ihm Glauben wahrnehmen, wird dieser Glaube dann auch automatisch wirken. Nicht zwangsläufig! Jesus erklärte seinen Jüngern: »Es ist nicht so, dass ihr keinen Glauben gehabt hättet, sondern es ist so, dass ihr auch Unglauben hattet.« Um seine Aussage zu bekräftigen, fügte er sinngemäß hinzu: »Wenn euer Glaube nur die Größe eines Senfkorns hat, reicht das aus, um einen Berg ins Meer zu werfen« (Mt 17,20). Für dich als wiedergeborener Christ ist dein gottgegebener übernatürlicher Glaube mehr als genug, um alles, was du brauchst, zustande zu bringen – solange es keinen Unglauben gibt, der deinen Glauben neutralisiert!

KAPITEL 24

Wigglesworth hatte weniger

Kurz nachdem ich jemanden von den Toten auferweckt hatte, reiste ich nach Omaha, Nebraska, um dort zu dienen. Ich wusste, dass mein Glaube funktionierte und alles lief gut. Ein gelähmter Mann war im Rollstuhl zum Gottesdienst gekommen. In meiner Begeisterung überlegte ich: *Da mein Glaube schon so weit entwickelt ist, dass ich jemanden von den Toten auferweckt habe, kann ich bestimmt auch diesen Mann aus dem Rollstuhl holen!* Ich ging also zu ihm hin, nahm ihn bei der Hand und zog ihn aus seinem Rollstuhl hoch. Sofort fiel er vornüber auf sein Gesicht!

Augenblicklich löste sich mein Glaube in Luft auf. Die Zuhörer schnappten nach Luft, stöhnten auf und ächzten. Ich hievte den Mann wieder in seinen Rollstuhl und sagte zu ihm etwas im Sinne von Jakobus 2,16: »Geh hin in Frieden, wärme und sättige dich!«

Obwohl ich zwar noch versuchte, diesen Mann zu ermutigen, weiter auf Gott zu vertrauen, konnte ich ihm nicht wirklich helfen.

An diesem Abend kehrte ich völlig verstört in mein Hotelzimmer zurück. »Herr, was ist geschehen? Ich weiß doch, dass ich Glauben hatte!« Man braucht Glauben, um so etwas zu tun! Hast du schon mal jemanden aus dem Rollstuhl gezogen und dann mit angesehen, wie er im nächsten Moment mit der Nase auf dem Teppich landet? Die meisten von uns haben so etwas noch nie erlebt! Warum? Weil sie nicht glauben, dass der Betreffende wirklich geheilt werden wird. Ich zog diesen Mann deshalb hoch, weil ich wirklich glaubte, dass er wieder gehen würde. Doch obwohl

Glaube vorhanden war, sah ich nicht das gewünschte Ergebnis. Das stürzte mich in große Verwirrung.

Zwei oder drei Jahre lange suchte ich den Herrn wegen einer Antwort auf dieses Dilemma. Als ich ein Buch über Smith Wigglesworth las, begriff ich schließlich, worin mein Problem bestand.

Begegnung mit Smith Wigglesworth

Smith Wigglesworth lebte im England des frühen 20. Jahrhunderts und hatte einen gewaltigen Wunderdienst. Er bereiste verschiedene Länder und wirkte dort ebenfalls viele großartige Dinge. In dem Buch, das ich las, erzählte Wigglesworths' Schwiegersohn zahlreiche Zeugnisse.

Zu Beginn seiner Veranstaltungen kündigte Wigglesworth gerne kühn an: »Der Erste, der hier auf die Bühne kommt, wird geheilt!« Also kam jemand nach vorne, Wigglesworth betete für ihn, und der Betreffende wurde geheilt. Wigglesworth benutzte das, um Aufmerksamkeit zu erregen, bevor er dann seine Predigt hielt. Erst nachdem er mit dem Wort gedient hatte, betete er für die übrigen Kranken.

Eines Tages kam eine ältere Frau mit Magenkrebs zu seiner Versammlung. Der Tumor war so groß, dass die Frau aussah, als sei sie im neunten Monat schwanger. Da sie so zerbrechlich und schwach war, musste sie von ihren beiden Freundinnen rechts und links gestützt und aufrecht auf ihrem Stuhl gehalten werden. Die Frauen wussten, was Wigglesworth sagen würde. Als er also zu Beginn der Veranstaltung wieder seine übliche Ankündigung machte, sprangen sie sofort auf und brachten ihre Freundin zum Gebet nach vorne.

Wigglesworth schaute sie an, sah den großen Tumor in ihrem Bauch und sagte zu den zwei Frauen, die sie hielten: »Lasst sie los!« Sie antworteten: »Wir können sie nicht loslassen! Sie ist zu schwach!« Er erhob seine Stimme und wiederholte: »Lasst sie los!« Also gehorchten sie.

»Lasst! Sie! Los!!!«

Sie fiel vornüber genau auf ihren Tumor und schrie vor Schmerzen auf. Sofort schnappten alle Anwesenden voller Unglauben nach Luft. Das war genau dieselbe Reaktion, die ich erlebt hatte, als der Mann aus dem Rollstuhl aufs Gesicht fiel. Ich hatte damals Mitleid, Anteilnahme und Betretenheit sowohl dem Mann als auch mir gegenüber verspürt. In meiner damaligen Situation hatte ich mit Unglauben reagiert. Wigglesworth aber blieb beharrlich und sagte einfach: »Helft ihr auf!«

Die beiden Frauen halfen ihr auf. Dann sagte er: »Lasst sie los!« Sie riefen: »Wir können sie nicht loslassen!« Wigglesworth dröhnte: »Lasst sie los!« Als sie schließlich gehorchten, fiel sie wieder vornüber auf ihren Tumor. Die Menge ächzte und stöhnte. Wigglesworth sagte: »Helft ihr auf!« Also halfen sie ihr wieder auf.

Dann sagte Wigglesworth ein drittes Mal: »Lasst sie los!« Die beiden Frauen widersetzten sich: »Jetzt lassen wir sie nicht mehr los!« Wigglesworth befahl: »Ihr lasst sie los!« Ein Mann aus dem Publikum stand auf und rief: »Sie Grobian! Lassen Sie diese arme Frau in Ruhe!« Wigglesworth schnauzte zurück: »Kümmern Sie sich um Ihre Angelegenheiten. Ich weiß, was ich tue!« Er wandte sich wieder den beiden Frauen zu und bellte sie an: »Lasst! Sie! Los!!!«

Als sie ihre Freundin dieses Mal losließen, fiel der Tumor aus ihrem Kleid auf den Boden, und sie verließ vollkommen geheilt die Bühne.

Der Unterschied

Worin lag nun der Unterschied? Sowohl Wigglesworth als auch ich besaßen »das Maß des Glaubens« (Röm 12,3). Ich hatte genug Glauben, um diesen Mann bei der Hand zu nehmen und ihn in voller Erwartung, dass er wieder laufen könne, aus dem Rollstuhl zu ziehen. Aber ich besaß auch Unglauben.

Ich hatte mich einfach zu leicht von der Reaktion anderer Leute beeinflussen lassen, aber auch von Angst, Scham und von Mitleid mit diesem Mann.

> *Wie könnt ihr glauben, die ihr Ehre voneinander nehmt*
> *und die Ehre, die von dem alleinigen Gott ist, nicht sucht?*
> *— Johannes 5,44*

Unser Glaube kann behindert werden, wenn wir uns Sorgen darüber machen, ob wir in den Augen anderer gut dastehen. Wigglesworth hatte nicht mehr als ich; er hatte weniger – weniger Unglauben.

Wigglesworth wurde oft als »zu hart« kritisiert. Ab und zu stieß, schlug und trat er Menschen sogar. Als man ihn fragte, warum er das tue, antwortete er: »Ich bin einfach hinter dem Teufel her. Ich kann nichts dafür, wenn mir dabei der Körper eines Menschen in die Quere kommt!« Einmal stieß er ein Baby, das eine Kopfverletzung hatte, einfach mit dem Fuß von der Bühne in die erste Reihe hinunter. Aber anschließend war das Baby geheilt! Wigglesworth kannte den Unterschied zwischen göttlichem Mitgefühl und menschlichem Mitleid. Er hatte entdeckt, dass menschliches Mitleid die Kraft Gottes daran hindert zu funktionieren. Deshalb war Smith Wigglesworth in Bezug auf Unglauben hart, erbarmungslos und gefühllos.

Trockne ihn völlig aus!

Genau wie bei den Jüngern Jesu in Matthäus 17 waren auch bei mir damals in Omaha sowohl Glaube als auch Unglaube gleichzeitig am Wirken gewesen. Es ist nicht so, dass mein Glaube oder der der anderen zu schwach gewesen wäre. Es gab einfach zu viel Unglauben, der dem Glauben entgegenwirkte.

Stell dir zwei Außenthermometer vor: Das eine misst Glauben, das andere Unglauben. Die meisten Menschen ignorieren Unglauben und konzentrieren sich auf ihren Glauben. Wenn ihr Glaube einen Zentimeter nach oben klettert, doch das, wofür sie beten, noch nicht eingetroffen ist, meinen sie, ihren Glauben noch ein oder zwei Zentimeter weiter ansteigen lassen zu müssen. Deshalb unternehmen sie gewaltige Kraftanstrengungen, um ihren Glauben zu steigern, und bitten: »Gott, gib mir mehr Glauben. Ich brauche mehr Glauben!«

Der Herr sagte sinngemäß: »Dein Unglaube ist das Problem. Dein Glaube muss kein bisschen größer sein als ein Senfkorn, um die Arbeit zu erledige – solange es keinen Unglauben gibt, der ihm entgegenwirkt« (Mt 17,20). Anstatt den Versuch zu unternehmen, deinen Glauben ins Grenzenlose anwachsen zu lassen, dreh einfach dem Unglauben den Hahn ab! Trockne ihn völlig aus und erlebe dann, dass dein Glaube stark genug ist, um alles zu vollbringen, was du nur brauchst.

Der Grund, warum die meisten Christen das, was Gott für sie bereits zur Verfügung gestellt hat, nicht empfangen, liegt in ihrem Unglauben und nicht in ihrem mangelnden Glauben. Das sind zwei völlig entgegengesetzte Sachverhalte. Wenn jemand nicht glaubt, wird er natürlich auch nicht empfangen. Denn Glaube ist die Brücke, über die Gottes Versorgung aus der geistlichen in die physische Welt hinübergelangt. Glaube muss schon vorhanden sein. Aber das ist keine so große Angelegenheit und auch nicht mit Anstrengung verbunden. Als wiedergeborene Christen besitzen wir den übernatürlichen Glauben Gottes. Es ist einfach nur so, dass die meisten Gläubigen sich ihres Unglaubens entweder nicht bewusst sind oder sich nicht mit ihm auseinandergesetzt haben.

Was ist Unglaube? Es könnte Angst sein – oder Kummer oder Sorgen. Wenn dir der Arzt sagt, dass du sterben wirst, und du dann mit dem Versuch beginnst, Gott zu glauben, und bekennst: »Jesus, ich glaube, dass ich durch deine Striemen geheilt bin«, dich aber in deinem Verstand noch mit Sorgen beschäftigst – dann bist du wankelmütig, d. h. von geteilter Seele oder doppelherzig. Wankelmütige Menschen werden vom Herrn nichts empfangen (Jak 1,7–8).

In Markus 11,23 heißt es: »Wer zu diesem Berg sagen wird: Hebe dich empor und wirf dich ins Meer!, *und nicht zweifeln wird in seinem Herzen …*«

Du kannst nicht bloß an einige richtige Dinge glauben, sie sagen und tun, und dennoch weiterhin an deinem gespaltenen Herzen festhalten. Um die gewünschten Resultate zu erzielen, musst du unbeirrbar und mit ganzem Herzen auf den Herrn fokussiert sein. (In meinem Buch »Ein verhärtetes Herz« gehe ich auf viele Fragen zu diesem Thema ein. Diese Lehre gehört mit zu den größten Dingen, die mir der Herr jemals gezeigt hat!)

»Er zog nicht in Betracht«

Abraham gestattete sich keine Gedanken, die im Widerspruch zu dem standen, was Gott ihm gesagt hatte. Er war stark im Glauben, weil er ausschließlich auf die Verheißung schaute.

> *Er [Abraham] hat da, wo nichts zu hoffen war, auf Hoffnung hin geglaubt, dass er ein Vater vieler Völker werde, gemäß der Zusage: »So soll dein Same sein!« Und er wurde nicht schwach im Glauben und zog nicht seinen Leib in Betracht, der schon erstorben war, weil er fast hundertjährig war; auch nicht den erstorbenen Mutterleib der Sara. — Römer 4,18–19* SLT

Man kann nicht durch Dinge in Versuchung geführt werden, die man nicht denkt. Deshalb beginnt die Überwindung von Versuchung, Unglauben und Versagen in deinen Gedanken. Wenn du ausschließlich an Gott denkst, kannst du lediglich versucht sein, ihm zu glauben und zu vertrauen. Denkst du jedoch an etwas anderes als an ihn, dann kannst du genau damit in Versuchung geführt werden.

Abraham zog weder seinen eigenen toten Körper noch den erstorbenen Leib Saras in Betracht, d. h, er studierte, erwog, reflektierte, prüfte es nicht. Als Gott Abraham mitteilte, dass Sara schwanger werden und im folgenden Jahr ein Kind zur Welt bringen würde, hielt sich Abraham nicht lange mit Gedanken über sein Alter und die Tatsache auf, dass Sara schon lange über das gebärfähige Alter hinaus war. Solche Gedanken mögen ihm vielleicht in den Sinn gekommen sein, doch er zog sie nicht in Betracht.

Nur weil uns gelegentlich ein gegenteiliger Gedanke kommt, heißt das noch lange nicht, dass wir im Unglauben leben. Du kannst den Teufel nicht daran hindern, dir einen Gedanken einzugeben, aber du musst ihn nicht behalten. Wie Kenneth E. Hagin oft sagte: »Wir können einen Vogel nicht davon abhalten, über unseren Kopf zu fliegen, aber wir können ihn wohl daran hindern, dort sein Nest zu bauen.« Ein flüchtiger Gedanke bedeutet nicht, dass du im Unglauben stehst. Wenn du diesen Gedanken aber in Betracht ziehst, ihn nährst, studierst, reflektierst, prüfst und erwägst, dann wirst du durch ihn versucht werden.

In Unglauben getauft

Heutzutage würden die meisten Menschen in Abrahams Situation erbärmlich versagen. Wenn sie 99 Jahre alt wären und der Herr zu ihnen käme, um anzukündigen: »Deine Frau wird im nächsten Jahr ein Kind bekommen«, würden sie wahrscheinlich einen Arzt aufsuchen, um eine medizinische Bestätigung einzuholen: »Ist so etwas denn überhaupt möglich? Haben Sie schon einmal von jemandem gehört, der mit hundert noch ein Baby bekommen hat? Bitte untersuchen Sie meine Frau doch einmal. Schließlich hat sie keine Menstruation mehr! Es ist doch sicherlich gar nicht möglich, dass sie jetzt noch ein Kind bekommen kann?« Die Ärzte würden zustimmen und ebenfalls ihrem Unglauben Ausdruck verleihen: »Nein, so etwas hat es noch nie gegeben. Und wird es auch jetzt nicht geben!« Dann würden besagte Menschen sich im Gebet erneut an Gott wenden und fragen: »Herr, hast du das wirklich gesagt?« Und er würde dann antworten: »Ja, das habe ich!« Nachdem sie all diese widersprüchlichen Gedanken gesammelt und erwogen hätten, würden sie nun den Versuch machen, Gott zu glauben. Und in ihrem Herzen würden sie sich die Frage stellen: *Warum ist es so schwer, von Gott zu empfangen?*

Abraham war nicht deshalb ein so starker Mann des Glaubens, weil er mehr Glauben besaß als wir. Er besaß weniger – weniger Unglauben! Dieser Mann verfügte mit seinen 99 Jahren über eine dermaßen große Gedankendisziplin, dass er, als Gott ihm mitteilte, er werde ein Kind haben, weder über seinen Körper noch über die Unfruchtbarkeit Sarahs nachdachte. Abraham legte sein Augenmerk ausschließlich auf Gottes Verheißung!

Unglaube entsteht im Verlauf unserer Denkprozesse.

Man braucht keine große Menge Glauben, um von Gott zu empfangen, sondern lediglich einen reinen, einfachen, sprich kindlichen Glauben. Die meisten Christen aber sind regelrecht in Unglauben getauft. Wir sind mit der Negativität der Welt so sehr eins geworden, dass es ein Wunder ist, dass unser Glaube überhaupt noch etwas zustande bringt. Diesen ganzen Dreck inhalieren wir durch Radio, Fernsehen und Kinofilme. Nachdem wir uns dann allen möglichen schlechten Nachrichten ausgesetzt haben, fällt es uns ungeheuer schwer, Gott zu glauben, wenn er uns erklärt, dass er etwas tun wird, das im Gegensatz zur Erfahrung der restlichen Menschheit steht. Wir wissen, dass Gott uns segnen will, wir bitten ihn auch darum und sind auf seine Segnungen aus; aber wir werden von dem Gewicht dieses ganzen Unglaubens zu Boden gedrückt.

Von der Welt abgeschieden

Lester Sumrall besuchte als junger Mann einmal Smith Wigglesworth. Eine Tageszeitung unter dem Arm, klopfte er an seine Tür. Nachdem er sich vorgestellt hatte, fragte er: »Darf ich auf einen Besuch hineinkommen?« Wigglesworth antwortete: »Sie können hereinkommen, aber die Zeitung muss draußen bleiben!«

Natürlich ist es keine Sünde, wenn man die Zeitung liest. Auch ich lese sie gelegentlich – ein oder zwei Mal im Monat, und ungefähr genauso oft sehe ich mir die Fernsehnachrichten an. Im Auto höre ich mir eine zweiminütige Nachrichtenzusammenfassung im Radio an. Aber das ist eigentlich schon alles, was ich an Nachrichten so mitbekomme. Mehr mute ich mir einfach nicht zu, weil im Medienbereich so viel Negativität und Unglauben existiert.

Wigglesworth hat im Verlauf von 35 Jahren in der Zeitung wahrscheinlich kaum mehr als ein oder zwei Dutzend gute Dinge verpasst. Die hätte er in seinen Predigten womöglich als Beispiele einsetzen können, um eine Sache auf den Punkt zu bringen (wie ich das manchmal tue). Doch blieb er andererseits auch von Hunderttausenden negativer Gedanken und Aussagen verschont, die in ihm möglicherweise Unglauben hervorgerufen hätten. Genau das wollte Wigglesworth nicht riskieren!

Da Smith Wigglesworth ein solches von der Welt abgeschiedenes Leben führte, war er für Unglauben einfach nicht so anfällig wie ich, als ich versuchte, den Mann aus seinem Rollstuhl zu ziehen. Seitdem Gott mir diese Zusammenhänge aufgezeigt hat, führe auch ich ein abgeschiedeneres Leben. Ich sehe oder höre mir nicht mehr dieselben Dinge wie früher an. Das ist auch sicherlich der Grund dafür, dass mir manche Menschen sagen, mein Glaube sei stärker geworden. Tatsächlich aber ist er reiner. Er ist jetzt nicht mehr so verwässert. Ich habe nicht mehr so viele Gedanken des Unglaubens wie früher, weil ich mich nicht mehr für Dinge öffne, die mir eine Gelegenheit dazu bieten.

Das Problem

Jesus erklärte seinen Jüngern im Prinzip: »Das Problem ist euer Unglaube. Wenn ihr Glauben hättet, der nur so groß wie ein Senfkorn wäre, dann würde das schon genügen. Ihr hättet erleben können, dass dieser Junge befreit wird, wenn ihr nur geglaubt hättet« (Mt 17,20).

Ziehen wir die Parallelstelle in Markus 9,14–29 in Betracht, dann können wir einige der Gründe erkennen, warum die Jünger in diesem Fall Unglauben besaßen. Der Junge erlitt einen Anfall, fiel zu Boden und hatte Schaum vor dem Mund. Ich weiß nicht, ob du jemals miterlebt hast, wie jemand einen epileptischen Anfall hatte. Ich schon. Das kann einem einen eiskalten Schauer über den Rücken jagen!

Wenn solche Dinge geschehen, nährt das den Unglauben und fördert Sorge und Angst. Es scheint in krassem Gegensatz zu dem zu stehen, wofür man gerade betet, und wenn man diese Art des Unglaubens nicht schon vorher spezifisch bekämpft hat, wird man ihm einfach erliegen.

Genau das passierte mir, als ich den Mann aus dem Rollstuhl zog und nicht die gewünschten Resultate zu sehen bekam. Ich machte mir Sorgen darüber, was die Anwesenden wohl denken würden, und ließ mich durch den Unglauben anderer und durch meine Angst vor Ablehnung beeinflussen. Das behinderte meinen Glauben.

Bei mir war Glaube vorhanden, aber gleichzeitig auch Unglaube. Wäre ich so beharrlich wie Smith Wigglesworth gewesen, dann hätte auch mein Glaube so wie der seine funktioniert. Der Unterschied zwischen Wigglesworth und mir lag nicht in unserem Glauben, sondern in unserem Unglauben. Ich hatte mehr als Wigglesworth – mehr Unglauben!

KAPITEL 25

Deinen Unglauben ausräumen

Unglaube kommt in drei verschiedenen Formen vor: als Unwissenheit, als Zweifel und als natürlicher Unglaube.

Um Unwissenheit handelt es sich dann, wenn jemand schlichtweg die Wahrheit nicht kennt. Vielleicht ist so ein Mensch als Kind überhaupt nicht mit Kirche in Berührung gekommen, oder er ist in einer traditionellen Denomination groß geworden. Deshalb ist seine Vorstellung vom Christentum verzerrt. Möglicherweise denkt so jemand, dass Christen bloß auf den Himmel warten und man in diesem Leben niemals wirklichen Sieg erleben kann. Ein solcher Mensch besitzt Unglauben aufgrund von mangelndem Wissen.

Diese Art von Unglauben kann man verhältnismäßig leicht ausräumen. Sag diesem Menschen einfach die Wahrheit! Wenn sein Herz für den Herrn offen ist, wird er sie empfangen. Dann verschwindet die Unwissenheit und die Person wird in der Lage sein, Gott zu glauben.

Zweifel hingegen rührt daher, dass man falsch gelehrt wurde. Jemand hat uns erklärt: »Gott heilt nicht mehr, und er tut auch keine Wunder mehr. All dieses übernatürliche Zeug ist mit den Aposteln verschwunden.« Diese Behauptung geht über die Aussage hinaus: »Nun, ich habe noch nie gehört, dass heute noch Menschen geheilt werden« (Unwissenheit). Es ist die Feststellung: »Falls in der heutigen Zeit Sprachenrede, Heilungen oder Wunder auftreten, dann ist das vom Teufel!«

Zweifel zu zerstreuen ist weitaus schwieriger, als Unwissenheit zu überwinden. Ein Mensch, der falsch gelehrt wurde, besitzt Vorurteile der Wahrheit gegenüber. Ihm fällt es viel schwerer, seine Denkweise zu erneuern und von Gott zu empfangen.

Ich musste regelrecht darum kämpfen, meine Denkweise durch die Wahrheit zu erneuern. Mir waren viele Ausreden beigebracht worden, warum Gott heute keine Wunder mehr tue, wieso Sprachenrede vom Teufel sei und weshalb die übernatürlichen Dinge aus der Apostelgeschichte nun nicht mehr geschähen. Obwohl es etwas schwieriger ist, diese zweite Art des Unglaubens zu überwinden, ist das Gegenmittel dennoch dasselbe wie bei der ersten Form. Ich musste der Wahrheit von Gottes Wort den Vorrang vor menschlichen Traditionen geben, um den Unglauben überwinden zu können, der durch falsche Lehre entstanden war.

Natürlicher Unglaube

Die dritte Form von Unglauben ist eine Art, die ich als »natürlichen« Unglauben bezeichne. Hierbei handelt es sich weder um Unwissenheit noch um falsche Lehre, sondern einfach um natürliche Informationen, die im Widerspruch zur Wahrheit stehen. Der dämonisierte Junge hatte einen Anfall, und ihm stand der Schaum vor dem Mund (Mk 9,14–29 und Mt 17,14–24). Wenn so etwas geschieht, werden unser Verstand, unsere Gefühle, Augen und Ohren uns sagen: »Der Dämon ist nicht herausgekommen. Siehst du, es hat nicht funktioniert!« So etwas ist nicht notwendigerweise böse, es ist einfach natürlich.

Du empfängst in deinem Leben ständig Informationen, zum einen durch deine Sinnesorgane, wie z. B. durch deine Augen und Ohren, und zum anderen durch deine Gefühle, aufgrund derer du dann deine Entscheidungen triffst. Das ist nicht falsch oder böse, sondern einfach natürlich. Wenn du mich mit deinem Auto irgendwo hinfahren würdest, wäre es mir schon lieb, dass du über einige dieser natürlichen Informationen verfügst. Ich hätte wirklich nicht gerne, dass du mich »im Glauben« herumfährst und deine Augen dabei geschlossen hältst!

Es gibt jedoch einige Dinge, die man mit den natürlichen fünf Sinnen nicht wahrnehmen kann, und es gibt Momente, in denen der Herr dich darum bittet, einen Schritt im Glauben zu tun. Dann musst du in der Lage sein, dich über diese Art von Unglauben, der durch natürliche Einflüsse entsteht, hinwegzusetzen.

Wenn du für die Heilung eines Menschen betest und er dann tot umfällt, wird sich natürlicher Unglaube bei dir regen. Du hast schließlich für diese Person gebetet, damit sie gesund wird, doch nun ist sie tot. Was passiert jetzt? Wenn du nicht wirklich stark bist, wirst du natürlicherweise Angst verspüren, Unglauben empfinden und sagen: »Nun, das hat nicht funktioniert. Wieso? Weil ich es nicht sehen kann!«

Die meisten Menschen werden von ihren fünf Sinnen beherrscht. Und es war genau diese Art von Unglauben – natürlicher Unglaube –, der die Jünger in Matthäus 17 behinderte. Sie glaubten daran, dass sie Teufel austreiben konnten. Sie hatten es vorher schon getan. Allein die Tatsache, dass sie nachfragten: »Warum haben wir ihn nicht austreiben können?« (Mt 17,19), zeugt davon, dass sie Glauben besaßen. Die Jünger hatten dem Jungen im Glauben gedient, als er aber seine Krämpfe bekam, wurden sie mehr durch das beeinflusst, was sie sahen, als von dem, was sie glaubten.

»Diese Art«

Wie überwinden wir diese Art von Unglauben? Unwissenheit und Zweifel können überwunden werden, indem wir die Wahrheit erkennen und ihr entsprechend unsere Denkweise verändern. Wie aber setzen wir uns über das hinweg, was wir sehen und fühlen? Wie kommen wir dahin, ausschließlich zu glauben und uns z. B. nicht durch körperliche Schmerzen davon überzeugen zu lassen, dass unser Glaube keine Früchte getragen hat? In Matthäus 17,21 gab Jesus die Antwort:

> *Diese Art [von Unglauben] aber fährt nicht aus außer durch Gebet und Fasten.*

Viele Menschen haben diesen Vers falsch interpretiert. Sie glauben, dass Jesus über »diese Art von Dämon« sprach. Deshalb haben sie verschiedene Lehren entwickelt, die besagen, einige Dämonen seien stärker als andere und könnten nur durch Gebet und Fasten ausgetrieben werden. Darüber aber hat Jesus hier nicht gesprochen.

Wir werden nie einem Dämon begegnen – nicht einmal dem Teufel selbst –, der sich nicht vor dem Namen Jesu und dem Glauben an seinen Namen beugt und flieht. Unser Fasten und Beten fügt diesem Namen nichts hinzu. Wenn der Name Jesu und der Glaube an seinen Namen den Teufel nicht besiegen, dann werden unsere Gebete und unser Fasten es auch nicht tun!

Das gemeinsame Subjekt der beiden Verse Matthäus 17,20 und 21 ist das Wort »Unglaube«. »Diese Art« in Vers 21 bezieht sich auf den »Unglauben« in Vers 20 und nicht auf den Dämon in Vers 19. Deshalb sprach Jesus davon, dass diese Art von Unglauben – natürlicher Unglaube – nur durch viel Gebet und Fasten herauskommen kann.

Wir besitzen genug Glauben. Ich weiß das. Ich war persönlich daran beteiligt, als drei Menschen jeweils von den Toten auferstanden – darunter mein eigener Sohn. Ich besaß keinen »großen« Glauben. Ich besaß lediglich einfachen Glauben.

Das erste Mal hatte Gott alles regelrecht arrangiert. Monatelang hatte ich damals schon für einen Mann gebetet, der von der Taille abwärts gelähmt war. Er war zuvor nicht einmal in der Lage gewesen, sich zu bewegen, doch ich hatte ihm dazu verhelfen können, dass er seine Beine wieder gebrauchen, umherlaufen und gewisse Dinge tun konnte. Ich besuchte ihn einfach jeden Tag, betete für ihn und diente ihm.

Als ich dann eines Abends gerade unseren Gottesdienst eröffnen wollte, kam der Sohn dieses Mannes herein und winkte mich zu sich. Ich ging zu ihm hinaus und plötzlich schob er mich mitsamt meiner Gitarre unsanft in seinen Wagen, um mit mir dann geradewegs zum Haus seiner Eltern zu fahren. Im Nu waren wir da (Pritchett, Colorado, hatte zu dieser Zeit gerade mal 144 Einwohner). Ich vermutete, dass wir nun für seinen Vater beten würden, weil er vielleicht einen Herzinfarkt erlitten und Schmerzen hatte.

Doch als ich ins Haus kam, war der Sheriff da und hantierte hilflos mit einer Sauerstoffmaske herum. Die Ehefrau des Mannes war in Tränen aufgelöst und betete: »O Gott, bitte, bring Everett von den Toten zurück!« Erst da wurde mir klar, dass der Mann tot war. Da ich schon so viel Zeit und Mühe in ihn und seine Heilung investiert hatte, war mein erster Gedanke: *Das werde ich nicht zulassen!* Ich ging also zu ihm hinüber und sagte: »Everett, im Namen Jesu, komm in diesen Körper zurück!« Und: BUMM – saß er auch schon wieder quicklebendig in seinem Bett! (Noch am selben Tag untersuchte ihn der Arzt und bestätigte seine Heilung.)

Ein winziges bisschen Glauben reicht aus, solange nichts vorhanden ist, das ihn neutralisiert. Hätte man mir zwei Tage vorher erklärt, dass jemand sterben würde und ich ihn wieder von den Toten auferwecken müsste, hätte schlagartig mein Verstand eingesetzt und sich nicht wieder beruhigt. Gedanken natürlichen Unglaubens wären auf mich eingedrungen, und sehr wahrscheinlich hätte ich den Mann nicht von den Toten auferweckt. Doch die ganze Situation war eine göttliche Inszenierung. Gott brachte mich nichts ahnend dorthin. Ich betete und hatte einfach keine Zeit für Unglauben. Deshalb funktionierte es!

Gebet und Fasten

Durch unsere sinnliche Wahrnehmung setzt normalerweise jedes Mal dann Unglaube ein, wenn wir beten und trotzdem etwas Gegenteiliges geschieht. Das liegt daran, dass wir darauf trainiert worden sind, uns nach unseren fünf Sinnen zu richten – danach, was wir sehen, schmecken, hören, riechen und fühlen können. Jesus erklärte, dass diese Form von Unglauben nur durch Gebet und Fasten überwunden werden könne (Mt 17,21).

Unglaube, der unserer körperlichen Wahrnehmung entspringt, ist nicht notwendigerweise schlecht; er ist einfach natürlich. Wenn man in dieser materiellen Welt lebt, muss man berücksichtigen, was einem die fünf Sinne vermitteln.

Ein Mann versuchte einmal, »im Glauben« ein Flugzeug zu steuern, und ich war dumm genug, ihn zu begleiten. Schon nach kurzer Zeit wurde ihm klar, dass er nicht über die nötigen Fähigkeiten verfügte, die ein Pilot braucht. Er rollte sich in Embryonalstellung auf dem Boden zusammen und schrie: »Mein Gott, wir werden sterben – wir werden sterben!« Während er durchdrehte, musste ich die kleine Maschine fliegen. Ich hatte noch nie zuvor ein Flugzeug gesteuert. Und ich wusste nicht, was vor sich ging. Zu allem Überfluss befanden wir uns auch noch in einem fürchterlichen Sturm. Ich musste diese Kiste tatsächlich eine Stunde lang in der Luft halten, bis der Mann sich wieder zusammenriss und die Maschine landete!

Den Versuch, ein Flugzeug im Glauben zu steuern, kann ich wirklich nicht empfehlen. Gewisse fliegerische Grundkenntnisse sollte man schon haben und auch imstande sein, nach Instrumenten zu fliegen. Man muss in der Lage sein, auf das, was man sieht und hört, zu reagieren. Daran ist nichts falsch.

Doch gibt es Zeiten im Leben, in denen eine ausschließliche Reaktion auf das, was man sieht, schmeckt, hört, riecht und fühlt, Probleme nicht mehr lösen kann. Man muss in der Lage sein, sich über seine natürlichen Sinne hinwegzusetzen und in die geistliche Welt hineinzuversetzen. Wie man das macht? Durch Gebet und Fasten!

KAPITEL 26

Auf Gott reagieren

Was machst du, wenn dein Körper schmerzt und du schon gebetet, geglaubt, empfangen und deinem Heilungsglauben entsprechend gehandelt hast, doch die Schmerzen immer noch nicht verschwunden sind? Du bist darauf trainiert worden, unter normalen Umständen auf deinen Körper zu reagieren. Für den Fall, dass etwas immer noch wehtut, was ja auch im Gegensatz zu dem steht, wofür du gebetet hast, haben deine natürlichen fünf Sinne dich zu der Schlussfolgerung konditioniert: »Es hat nicht funktioniert!« Wie überwindest du diese Konditionierung, um so die Verwirklichung von Gottes Versorgung zu empfangen? Durch Fasten!

Durch Fasten wird unser Körper dazu umerzogen, auf Gottes Wort und auf unseren von neuem geborenen Geist zu reagieren. Wenn wir fasten, schreiben wir unserem Körper vor, was er zu tun hat. Damit brechen wir die natürliche Herrschaft und Kontrolle, die er seit jeher über uns ausübt. Unser Körper ist nicht schlecht, sondern einfach nur falsch erzogen. Folglich haben wir immer in erster Linie auf das reagiert, was wir sehen, schmecken, hören, riechen und fühlen können.

Meistens ist das in Ordnung, aber wir müssen auch lernen – und zwar aus Erfahrung –, dass der Mensch nicht nur von Brot allein lebt, sondern von jedem Wort, das aus Gottes Mund kommt (Mt 4,4). Wenn wir fasten, geben wir unserem Körper zu verstehen: *Körper, du musst einsehen, dass das Geistliche wichtiger ist als das Materielle. Es gibt Realitäten, die du mit deinem Erbsenhirn nicht wahrnehmen kannst. Als Hilfe für dich, das zu verstehen, werden wir fasten. Wenn wir nicht wie gewohnt essen oder trinken, erkennen wir an, dass Gott unsere Quelle ist. Anstatt meinem Appetit nachzugeben und meine Bedürfnisse durch Essen zu stillen, werden der Herr und sein Wort mir Stärke geben!*

Wenn du deinen Körper nicht darauf trainiert hast, rebelliert er dagegen und dein Hungergefühl spielt verrückt. Schon viele Leute haben mir erzählt, dass sie gleich am ersten Fastentag gegen Mittag bereits das Gefühl hatten, sie müssten sterben. Sie fühlten sich völlig geschwächt und litten unter Kopfschmerzen und ähnlichen Symptomen.

Wusstest du schon, dass wissenschaftlichen Erkenntnissen zufolge ein Fastentag pro Woche gut für dich ist? Das ist nicht schädlich, sondern entgiftet deinen Körper. Tatsächlich beginnt der körperliche Tod erst nach Ablauf eines rund vierzigtägigen Fastens. Davor handelt sich alles vornehmlich nur um Hunger und nicht um eine Frage körperlichen Überlebens. Viele von uns könnten ohnehin ziemlich lange von ihren Fettpolstern leben!

Wer beherrscht wen?

Wenn du fastest, wird dein Körper versuchen, die Kontrolle zu behalten. Er wird dir das Gefühl vermitteln: *Diesen Tag werde ich nie überstehen!* Deshalb wird er versuchen, Zwang auf dich auszuüben, damit du dem, was Gott dir deiner Glaubensüberzeugung nach aufgetragen hat, zuwiderhandelst. Dein Körper wird Geltung beanspruchen, und deine sinnliche Wahrnehmung – was du sehen, schmecken, hören, riechen und fühlen kannst – wird versuchen, dich zu dominieren. An diesem Punkt hast du die Wahl:

Entweder du lässt dich von deinem Körper beherrschen, oder du beherrschst deinen Körper.

Indem du dich entscheidest, dein Fasten fortzusetzen, sagst du deinem Körper: »Nimm dich zurück! Du musst lernen, dass du nicht gleich am Mittag des ersten Fastentages verhungern wirst. Du wirst jetzt umerzogen, sodass du die Dinge tun kannst, die Gott anordnet, und auch die Erfahrung machst, dass deine Bedürfnisse durch sein Wort gestillt werden.« Dein Körper wird rebellieren und antworten: »Nein, ich werde sterben!« Und was sagst du dann? »Okay, wir fasten zwei Tage.« Dein Körper wird erwidern: »Zwei Tage? Dann werde ich ganz sicher sterben!« Wie lautet deine Antwort? »Gut, drei Tage!« Dein Körper wird schnell begreifen: *Wenn ich überleben will, sollte ich besser still sein. Immer, wenn ich mich beschwere, wird das Fasten um einen Tag verlängert!* Mit der Zeit wird sich dein Körper fügen.

Nachdem man den anfänglichen Hungerschmerz überwunden hat, kann man tatsächlich einen Punkt erreichen, an dem man überhaupt kein Hungergefühl mehr verspürt. Es macht einem einfach nichts mehr aus. Wenn man für längere Zeit fastet (meine längste Zeit waren zehn oder elf Tage) – ohne Nahrung oder Flüssigkeit, mit Ausnahme von Wasser, zu sich zu nehmen –, dann kann man sogar tatsächlich einen Punkt erreichen, an dem es einem so erscheint, als müsse man nie wieder essen. Man kann seinen Körper bis zu einem solchen Grad unterwerfen, dass Gott einem dann buchstäblich auf eine übernatürliche Weise dient.

Sobald das einmal geschehen ist, und man das Fasten dann beendet, hat unser Körper etwas gelernt. Wenn er nun Schmerzen empfindet und wir ihm dann erklären: »Durch seine Striemen wurde ich geheilt«, weiß unser Körper jetzt, dass noch andere Realitäten jenseits seiner Wahrnehmungsfähigkeit existieren. Du erklärst: »Ich bin geheilt, ob ich es jetzt mit meinen fünf Sinnen wahrnehmen kann oder nicht!« Dein Körper wird zustimmen und sich unterordnen.

Wenn du aber noch nie gefastet und deinen Körper noch nie diszipliniert hast, und dann betest: »Durch seine Striemen bin ich geheilt worden«, wird dir dein Körper sagen: »Du hast immer noch Schmerzen! Du bist doch gar nicht geheilt!« Wenn du dann entgegnest: »Nein, Körper, ich bin geheilt!«, wird er dir zur Antwort geben: »Moment mal, wer bist du, dass du mir irgendetwas zu sagen hast? Ich sage dir, wann es Zeit ist zu essen, was du essen sollst und wie viel. Du hast mir seit Jahren keine Anweisungen mehr gegeben! Du wirst doch in Wirklichkeit total von deinen Sinnen beherrscht. Sag du mir nicht, was ich zu tun habe!« Dein Körper wird also rebellieren, und du wirst dich schließlich dem natürlichen Unglauben ergeben, der durch deine sinnliche Wahrnehmung gekommen ist.

Fasten bricht die Herrschaft, die deine natürlichen Lebensumstände über deinen Geist haben. Dasselbe gilt für Gebet!

Den Körper trainieren

Beten heißt, dass du mit jemandem sprichst und ihm zuhörst, den du auf körperlicher Ebene nicht wahrnehmen kannst. Dein natürlicher Verstand und deine sinnliche Erfahrung »rasten aus« und protestieren nun: »Das ist doch verrückt! Was mache ich da eigentlich?« Wenn du aber weiter betest und Beten zur Gewohnheit machst, erlebst du zunehmend, dass Wunder und andere übernatürliche Dinge geschehen. Es gibt dann so viele Beweise dafür, dass deine Gebetszeit berechtigt und dass der Gott, den du nicht sehen kannst, real ist, dass dir das hilft, deine physischen Sinne umzuerziehen. Dein Körper erkennt nun, dass es noch mehr gibt als das, was er sehen, schmecken, hören, riechen und fühlen kann. Wenn du dann möchtest, dass er sich einfach so verhält, als gehe es ihm gut, obwohl er sich nicht wohlfühlt, dann wird dein Körper mitmachen und positiv reagieren, weil er weiß, dass es mehr gibt als das, was seine natürlichen Sinne wahrnehmen können.

Das funktioniert allerdings nicht, wenn man keine Zeit mit Gebet und Fasten verbringt. Wenn jemand dann seinem Körper befehlen will, dem zuwiderzuhandeln, was er mit seinen natürlichen Sinnen wahrnimmt, wird der nur rebellieren, weil er ja nie diszipliniert worden ist.

Dein Körper ist nicht schlecht; er ist einfach nur natürlich und muss erzogen werden. Das kann dir jedoch niemand abnehmen. Du musst dich selbst trainieren und deine Sinne üben (Hebr 5,14).

Es mag dir nicht bewusst sein, aber du hast dich auch dahingehend selbst trainieren müssen, dich deinen körperlichen Sinnen zu unterwerfen. In Vietnam schob ich als Soldat viele Nächte lang Wache. Mein Gehörsinn und mein Geruchssinn wurden damals durch die permanent lebensbedrohliche Situation enorm geschärft. Normalerweise konnten wir den Feind riechen, noch bevor er für uns sichtbar wurde. Man kann sich auf diesem Gebiet tatsächlich selbst trainieren!

Der sechste Sinn

Ebenso wie unsere natürlichen fünf Sinne auf körperlicher Ebene trainiert werden können, kann man sie auch in geistlichen Dingen ausbilden. Sie müssen nicht fleischlich bleiben, sondern können trainiert werden, geistliche Wahrheiten wahrzunehmen. Genau das bewirken Fasten und Gebet!

Ich glaube, dass der Herr die Menschheit ursprünglich mit sechs Sinnen schuf. Dieser sechste Sinn war Glauben. Adam und Eva benutzten ihren Glauben ebenso häufig wie ihre anderen fünf Sinne. Als die Menschheit fiel, begann dieser Glaubenssinn so weit zu verkümmern, dass viele Menschen ihm heutzutage völlig entfremdet sind. Die Fähigkeit aber, im Glauben zu leben, existiert in uns allen. Sie muss nur gefördert und trainiert werden.

> *Die feste Speise aber ist für Erwachsene, die infolge der Gewöhnung geübte Sinne haben zur Unterscheidung des Guten wie auch des Bösen. — Hebräer 5,14*

Unsere Sinne müssen geübt werden, um im Glauben agieren zu können. Genau das bewirken Fasten und Gebet. Fasten und Gebet veranlassen Gott nicht dazu, bereitwilliger auf uns zu reagieren, sondern sie veranlassen uns dazu, bereitwilliger auf Gott zu reagieren.

Bleib dran!

Wenn wir viel Zeit in der Gegenwart Gottes verbringen, wird sein Wort für uns wie ein sechster Sinn. Wir mögen das, was Gott sagt, nicht schmecken, hören, riechen oder fühlen können, doch besitzen wir den Glauben, der auf seinem Wort beruht. Unser natürlicher Verstand akzeptiert das dann einfach und sagt: »Man kann es zwar mit den übrigen Sinnen nicht wahrnehmen, aber das ist mit Glauben eben so. Ich erkenne diese Tatsache an, und so ist es nun einmal.« Auf diese Weise können wir uns selbst trainieren!

Genau das tat Smith Wigglesworth. Er verbrachte so viel Zeit im Gebet, mit Fasten und im Wort, dass er sich gegenüber Unglauben und dem, was andere dachten, verhärtete. Er war für Gott empfänglich und anderen Dingen gegenüber hart. Wenn er für jemanden betete und nicht sofort die Manifestation sah, machte er so lange weiter, bis er sie schließlich sah!

Seitdem der Herr mir diese Dinge gezeigt hat, bleibe auch ich so lange dran, bis ich das Sichtbarwerden meiner Gebetsantwort erlebe. Wenn ich bete und keine sichtbare Verwirklichung sehe, dann führe ich sie einfach herbei. Ich weiß in meinem Herzen, dass Gott seinen Teil schon getan hat. Und ich verstehe genau, dass er seine Kraft bereits freigesetzt hat. Deshalb bitte ich ihn dann auch nicht, etwas zu tun, oder flehe ihn deswegen gar an, sondern ich empfange aggressiv das, was er bereits getan hat, und stelle mich Satan entgegen, der die Manifestation behindert. Ich ergreife meine Autorität, spreche zu dem Berg und befehle den Dingen zu geschehen!

Wenn man anderen Menschen dient, kann man gewisse Dinge tun, um ihren Glauben zu aktivieren. Manchmal nehme ich Unglauben wahr, wenn ich für jemanden bete. Das muss nicht schlecht und auch kein Zweifel sein, aber vielleicht wird die betreffende Person einfach von natürlichen Dingen beherrscht. Wenn sie Schwierigkeiten hat, von Gott Heilung zu empfangen, bewege ich mich dann einfach in den Geistesgaben. In solchen Situationen benutze ich ein Wort der Weisheit oder der Erkenntnis und spreche mit der Person über ihre emotionalen Probleme – vielleicht darüber, was sie verletzt hat, vielleicht geht es bei ihr auch um Depression, Trauer oder um eine menschliche Tragödie. Ich benutze also die Geistesgaben, um mit der Person über Dinge zu sprechen, die keinerlei Bezug zu ihrer körperlichen Heilung haben. Und plötzlich empfängt sie, weil sie sich in ihrem Herzen sagt: *Das kann er doch auf gar keinen Fall gewusst haben. Gott spricht gerade durch diesen Mann zu mir!* Mit einem Mal öffnet sie sich und Glaube beginnt zu fließen. Ist ihr Glaube erst einmal aktiviert, sagt ihr Herz: *Ja, das ist Gott. Vater, ich empfange.*

Dann komme ich wieder zum Ausgangspunkt zurück und spreche den Bereich der körperlichen Heilung an, die sich zuvor noch nicht sichtbar gezeigt hatte. Und ganz plötzlich ist die Person geheilt. Seitdem ich so vorgehe, hat sich die Zahl der geheilten Menschen mindestens verdoppelt oder sogar verdreifacht. Das verstehe ich unter Herbeiführen einer Manifestation.

Empfangsbereit

Gott hat schon alles getan, um jeden Menschen zu heilen. Es geht nicht darum, den Herrn um Heilung zu bitten, sondern vielmehr darum, die Heilung, die er schon längst zur Verfügung gestellt hat, in Empfang zu nehmen. Das ist das Grundprinzip – doch existieren Gesetze, die darüber bestimmen, wie es funktioniert. Man muss sprechen. Also spreche ich die betroffenen Körperteile der Menschen an und befehle ihnen, zu reagieren. Ich übe Autorität über den Teufel aus. Manchmal tue ich auch etwas, um den Glauben der Menschen zu aktivieren. Das aber mache ich nicht, um Gott zu manipulieren, sondern um Menschen in die Lage zu versetzen, empfangen zu können.

Seitdem ich diese mächtigen Wahrheiten verstehe und anwende, sehe ich wesentlich bessere Resultate als jemals zuvor – und bei dir wird das genauso sein!

SCHLUSSWORT

Gott hat seinen Teil schon getan. Sein Sender funktioniert perfekt – 24 Stunden am Tag. Er gibt uns ständig alles, was wir brauchen.

Nicht Gottes Sender ist das Problem, sondern unser Empfänger. Wir müssen die geistliche Welt verstehen lernen und mit ihr im Glauben kooperieren, damit wir Gottes Vorsorge dazu bringen, in der materiellen Welt Gestalt anzunehmen.

Wir müssen aufhören, dem Teufel Macht und Herrlichkeit zu verleihen. Er ist vollkommen entwaffnet und besiegt. Denk an den Triumphzug!

Wir haben Gottes übernatürlichen Glauben. Also ist nicht ein Mangel an Glauben, sondern der Unglaube unser Problem. Unser einfacher, kindlicher »Senfkornglaube« ist mehr als genug, um alles geschehen zu sehen – falls kein Unglaube ihn neutralisiert.

Wenn wir wirklich an Gottes Wort glauben und im Glauben danach handeln, aber dennoch nicht die gewünschten Resultate sehen, dann liegt in neun von zehn Fällen natürlicher Unglaube vor. Durch Gebet und Fasten können wir die Herrschaft unserer körperlichen Sinne brechen und üben, auch in unserem natürlichen Lebensbereich immer mehr auf den Herrn und sein Wort zu reagieren.

Diese grundlegende Offenbarung hat mein Leben vollkommen transformiert! Ich vertraue darauf, dass auch in dir nun dieselbe »Revolution« begonnen hat. Deshalb bete ich, *»dass der Gott unseres Herrn Jesus Christus, der Vater der Herrlichkeit, euch gebe den Geist der Weisheit und Offenbarung in der Erkenntnis seiner selbst.*

Er erleuchte die Augen eures Herzens, damit ihr wisst, was die Hoffnung seiner Berufung, was der Reichtum der Herrlichkeit seines Erbes in den Heiligen und was die überragende Größe seiner Kraft an uns, den Glaubenden, ist, nach der Wirksamkeit der Macht seiner Stärke« (Eph 1,17–19). Amen.

EMPFANGE JESUS ALS DEINEN RETTER

Jesus Christus als deinen Herrn und Retter anzunehmen, ist die wichtigste Entscheidung, die du jemals treffen wirst! Gottes Wort verspricht:

> *Denn wenn du mit deinem Mund Jesus als den Herrn bekennst und in deinem Herzen glaubst, dass Gott ihn aus den Toten auferweckt hat, so wirst du gerettet. Denn mit dem Herzen glaubt man, um gerecht zu werden, und mit dem Mund bekennt man, um gerettet zu werden. — Römer 10,9-10*
> *Denn: »**Jeder, der den Namen des Herrn anruft, wird gerettet werden**«. — Römer 10,13*

In seiner Gnade hat Gott bereits alles getan, um dir Errettung anbieten zu können. Dein Teil besteht einfach darin, zu glauben und zu empfangen. Bete laut:

> *Jesus, ich bekenne, dass du mein Herr und Retter bist. Ich glaube in meinem Herzen, dass Gott dich von den Toten auferweckt hat. Im Glauben an dein Wort empfange ich jetzt meine Errettung. Danke, dass du mich erlöst hast!*

Im selben Moment, in dem du dein Leben Jesus Christus übergibst, erfüllt sich augenblicklich die Wahrheit seines Wortes in deinem Geist. Weil du von neuem geboren bist, besitzt du jetzt ein völlig neues Ich!

EMPFANGE DEN HEILIGEN GEIST

Dein dich liebender himmlischer Vater möchte dir als seinem Kind die übernatürliche Kraft geben, die du brauchst, um dieses neue Leben auch auszuleben.

> *Denn jeder, der bittet, empfängt; und wer sucht, der findet; und wer anklopft, dem wird aufgetan … wie viel mehr wird der Vater im Himmel [den] Heiligen Geist denen geben, die ihn bitten! — Lukas 11,10.13b*

Alles, was du tun musst, ist bitten, glauben und empfangen! Bete:

Vater, ich erkenne, dass ich deine Kraft brauche,
um dieses neue Leben auszuleben.
Bitte erfülle mich mit deinem Heiligen Geist.
Im Glauben empfange ich ihn genau jetzt!
Danke, dass du mich getauft hast.
Heiliger Geist, du bist in meinem Leben willkommen!

Gratuliere, du bist jetzt mit Gottes übernatürlicher Kraft erfüllt! Einige Silben einer dir unbekannten Sprache werden nun aus deinem Herzen zu deinem Mund aufsteigen. Wenn du sie im Glauben laut aussprichst, setzt du Gottes Kraft in deinem Inneren frei und erbaust dich selbst im Geist (1Kor 14,4.14). Du kannst dies tun, wann und wo immer du möchtest!

Es spielt eigentlich keine Rolle, ob du etwas gespürt hast oder nicht, als du gebetet hast, um den Herrn und seinen Geist zu empfangen. Wenn du in deinem Herzen geglaubt hast, dass du empfangen hast, dann ist es auch so, denn Gottes Wort verspricht: *»Darum sage ich euch: Alles, um was ihr auch betet und bittet, glaubt, dass ihr es empfangen habt, und es wird euch werden.«* (Mk 11,24). Gott ist seinem Wort immer treu. Glaub es!

Bitte nimm Kontakt zu uns auf und lass es uns wissen, wenn du eines oder beide dieser Gebete gebetet hast. Wir würden uns gern mit dir freuen und dir ein Geschenk zusenden, das dir hilft, deine neue Beziehung zum Herrn zu verstehen und darin zu wachsen.

Damit wollen wir dir nun sagen: *Willkommen in deinem neuen Leben!*

GEBETS-TELEFON

Wenn du aus irgendeinem Grund Gebet brauchst, ruf unser Gebets-Telefon an unter 0049 69 643 578 578. Ein erfahrener Beter wird deinen Anruf entgegennehmen und mit dir beten.

Jeden Tag erleben wir Gott durch unser Gebets-Telefon. Egal, ob Heilungen, Wunder oder anderes – wir beten gern mit dir, wenn auch du erleben willst, wie die »Fast zu gut, um wahr zu sein«-Botschaft Menschen verändert. Wir ermutigen dich also, noch heute anzurufen!

ÜBER DEN AUTOR

Als **Andrew Wommack** am 23. März 1968 der übernatürlichen Liebe Gottes begegnete, wurde sein Leben für immer verändert. Als renommierter Bibellehrer und Autor hat Andrew es sich zur Aufgabe gemacht, die Sichtweise der Welt auf Gott zu verändern, sodass die Menschen sein wahres Wesen erkennen.

Andrews Vision ist es, das Evangelium so weit und so tief wie möglich zu verbreiten. Dabei legt er seinen Schwerpunkt auf Gottes bedingungslose Liebe und das Gleichgewicht zwischen Gnade und Glauben. Seine Fernsehsendung *Gospel Truth* erreicht potentiell fast die Hälfte der Weltbevölkerung. 1994 gründete er das *Charis Bible College* und seitdem weitere Charis-Standorte sowohl in den USA als auch rund um den Globus.

Andrew hat eine Fülle an Lehrmaterial in gedruckter Form und im Audio- und Videoformat veröffentlicht, von dem das meiste kostenlos auf seiner Website abgerufen werden kann.

Die Macht deiner Vorstellungskraft

Oft beten Gläubige ohne sichtbaren Erfolg. Das liegt daran, dass ihnen die Macht ihrer Vorstellungskraft nicht bewusst ist! Lass dir von Gott ein Bild deiner Zukunft vor dein geistiges Auge malen. Dann kann dich nichts aus der Bahn werfen und du siehst dich immer auf der Gewinnerseite!

159 Seiten, Paperback, ISBN 978-3-95933-216-3
Auch als E-Book erhältlich.

Dein neues Ich & der Heilige Geist

Was ist geschehen, als du Jesus als deinen Retter angenommen hast? Wie funktioniert das von ihm versprochene überfließende Leben? Erfahre die Antwort darauf und werde zu einem Kraftwerk der übernatürlichen Macht Gottes, indem du den Heiligen Geist und das Sprachengebet kennenlernst und empfängst.

112 Seiten, Paperback, ISBN 978-3-95933-256-9
Auch als E-Book erhältlich.

www.gracetoday.de

Heilung: Gottes Wille für dich

Jesus hat den Preis für unsere Heilung ebenso bezahlt wie den für Vergebung unserer Sünden. Heilung ist zentraler Teil seines Erlösungswerks. Erfahre, was Gott uns in seiner bedingungslosen Liebe und Gnade bereits alles zur Verfügung gestellt hat, und erhalte Antworten auf häufige Fragen.

211 Seiten, Paperback, ISBN 978-3-95933-218-7
Auch als E-Book erhältlich.

Die Vollmacht des Gläubigen

Die Vollmacht des Gläubigen in Christus wird heute kontrovers diskutiert. Andrew beleuchtet diese geistliche Wahrheit aus einer Perspektive, die all das, was du bisher erlernt hast, in ein ganz neues Licht rücken wird. Entdecke wahre geistliche Vollmacht, die zu echten Resultaten führt!

288 Seiten, Paperback, ISBN 978-3-95933-236-1
Auch als E-Book erhältlich.

www.gracetoday.de

Schärfer als ein zweischneidiges Schwert

Schärfer als ein zweischneidiges Schwert ist eine Sammlung und Zusammenfassung der 16 wichtigsten Offenbarungen, die Gott Andrew gegeben hat. Pro Kapitel wird ein bestimmtes Thema in Kurzform behandelt. Man erkennt dadurch im Gesamten, wie all diese Wahrheiten zusammenhängen.

192 Seiten, Paperback, ISBN 978-3-95933-280-4
Auch als E-Book erhältlich.

Wie man auf dem Wasser geht

Warum erleben manche Leute Wunder und andere nicht? Um wie Petrus auf dem Wasser zu gehen und Wunder zu erleben, musst du zuerst aus dem Boot steigen. Erfahre, was Andrew aus Gottes Wort über das Leben im Übernatürlichen gelernt hat, und werde auch du ein Mensch, der auf dem »Wasser« geht!

120 Seiten, Paperback, ISBN 978-3-95933-210-1
Auch als E-Book erhältlich.

www.gracetoday.de

Ein verhärtetes Herz

Ein verhärtetes Herz verhindert, dass wir die Stimme des Herrn hören und uns in unserem Alltag von ihm leiten lassen. Der Zustand unseres Herzens hängt davon ab, worauf unsere Aufmerksamkeit gerichtet ist. Verschaffe dir Klarheit, wie Glaube und Unglaube sich zueinander verhalten.

102 Seiten, Paperback, ISBN 978-3-95933-230-9
Auch als E-Book erhältlich.

Lerne von David

David war ein Mensch nach Gottes Herzen, beging aber einige schwerwiegende Fehler. Doch er tat Buße und konnte Gottes Absicht für sein Leben erfüllen. Egal, an welchem Punkt du gerade stehst – mach dir Davids Erfahrungen zunutze und erfülle auch du Gottes guten Plan für dein Leben.

208 Seiten, Paperback, ISBN 978-3-95933-418-1
Auch als E-Book erhältlich.

Weitere Bücher von
Andrew Wommack:

Lerne von Elia

Lerne von Joseph

Exzellenz

10 Gründe für ein Leben mit dem Heiligen Geist

Erfahre, wie man von Gott erfüllt bleibt

Leben in Gottes Fülle

Ein sicheres Fundament

Gnade – Die Kraft des Evangeliums

Wer hat dir gesagt, dass du nackt bist?

Begrenze Gott nicht

Ichbezogenheit: Die Wurzel allen Kummers

Mehr Informationen zu seinen Büchern
findest du auf: **www.gracetoday.de**